本书为国家社科基金一般项目（22BJL091）、安徽省经济高质量发展规律与实现路径研究团队（2022AH010089）中期成果

经济结构调整引领我国经济高质量发展的动因及路径研究

李 强 著

合肥工业大学出版社

图书在版编目(CIP)数据

经济结构调整引领我国经济高质量发展的动因及路径研究/李强著.
--合肥:合肥工业大学出版社,2024.8
ISBN 978-7-5650-5623-9

Ⅰ.①经… Ⅱ.①李… Ⅲ.①经济结构调整-关系-中国经济-经济发展-研究 Ⅳ.①F121②F124

中国版本图书馆 CIP 数据核字(2021)第 257560 号

经济结构调整引领我国经济高质量发展的动因及路径研究

JINGJI JIEGOU TIAOZHENG YINLING WOGUO JINGJI
GAOZHILIANG FAZHAN DE DONGYIN JI LUJING YANJIU

李　强　著

责任编辑	张择瑞
出版发行	合肥工业大学出版社
地　　址	(230009)合肥市屯溪路 193 号
网　　址	press.hfut.edu.cn
电　　话	理工图书出版中心:0551-62903204
	营销与储运管理中心:0551-62903198
开　　本	710 毫米×1010 毫米　1/16
印　　张	15
字　　数	223 千字
版　　次	2024 年 8 月第 1 版
印　　次	2024 年 8 月第 1 次印刷
印　　刷	安徽联众印刷有限公司
书　　号	ISBN 978-7-5650-5623-9
定　　价	48.00 元

如果有影响阅读的印装质量问题,请与出版社营销与储运管理中心联系调换。

前　　言

习近平总书记在十九大报告中提出"经过长期努力,中国特色社会主义进入了新时代,这是我国发展新的历史方位",同时也做出了"我国经济已由高速增长阶段转向高质量发展阶段的重大判断",而调整结构是转变经济发展方式的核心问题,也是高质量发展的主攻方向。从拉美奇迹到拉美陷阱,从东亚奇迹到亚洲金融危机,以及我国经济发展转向高质量发展阶段,都会普遍面临增长放缓或可能的中等收入陷阱,这些重要经济现象的深层结构变化,表明对新时代高质量发展背景下我国的经济结构调整进行理论重构和实证研究具有重要的学术价值。新世纪以来,我国正在经历新技术革命和新经济时代,落后地区尚在低水平循环陷阱,先发地区却可能落入中等收入陷阱,城乡二元结构还没破解,城市和农村内部的结构问题又正在形成。因此,重视新时代高质量发展背景下我国的结构演化,融合新技术和新经济因素,建立统一的理论框架分析我国经济结构调整,是当前的研究亟待开拓的方向。

基于此,本书在我申请的国家社会科学基金项目"服务业开放、价值链重构与制造业高质量发展研究(22BJL091)"和安徽省高校优秀科研创新团队项目"安徽省经济高质量发展规律与实现路径研究团队(2022AH010089)"基础上,由若干阶段性研究成果汇集而成。经过课题组同志近2年的艰辛努力,本书在"新时代高质量发展指数测度""我国经济高质量发展的动因""我国经济高质量发展的路径研究"等多个研究领域取得了一定突破,形成的有关政策建议被有关政府部门采纳,取得了一定的政策效果,达到了研究的阶段性预期目的。

　　该书分为四大部分，第一部分为"新时代高质量发展指数测度与我国多元经济结构的典型特征与演化趋势分析"，第二部分为"经济结构调整引领我国经济高质量发展的动因"，第三部分为"经济结构调整引领我国经济高质量发展的路径研究"，第四部分为"经济结构调整引领我国经济高质量发展的战略构想与政策选择"。每部分从不同视角阐释经济结构调整引领我国经济高质量发展的动因及路径，均包含数量不等的多篇文章。这些文章，部分已经在国内核心期刊正式发表，部分作为政府专题咨询报告被采纳。这些研究成果，能站在前人的基础上，运用较为科学、规范的研究方法，从多个视域深入探究全球价值链的内在发展规律，有助于学界、政界及商界等进一步认识全球价值链的发展规律，更好地制定相关政策。对于具有完备产业体系、市场规模和辽阔幅员的中国而言，结构问题尤为重要，而专门针对新时代我国多元化结构转型研究的文献尚少。因此，如何更好地把全球化、技术创新、规模效益、空间集聚、社会福利和公共政策等现代经济学所关注的方面富有生命力地植入新时代高质量发展背景下我国经济结构调整研究中，是本书研究需要改进的地方。

　　全书框架体系由我设计，负责汇编、核稿、统稿，安徽科技学院研究生汪中一对全书进行了核对，最后由我审定。其中，第一章、第七章、第十章和第十一章内容汪中一参与撰写，共约 2.5 万字。衷心感谢张择瑞编辑和合肥工业大学出版社的支持，感谢国家社科基金和安徽教育厅科研创新团队项目对于本书的资助，感谢安徽科技学院财经学院提供的研究条件！由于时间及水平，书中不当之处，还请读者批评指正！

李　强

2023 年 6 月

目　　录

第一篇　绪　论

第一章　文献综述 …………………………………………………………（003）

　一、经济结构调整国内外相关研究的学术史梳理及研究动态 …（003）

　二、经济高质量发展文献综述 ………………………………（005）

第二章　经济高质量发展指数：体系构建与测度分析 ……………（008）

　一、引言 ……………………………………………………………（008）

　二、经济高质量发展指数体系的理论基础 ……………………（010）

　三、经济高质量发展指数体系构建 ……………………………（013）

　四、我国经济高质量发展的测度结果分析 ……………………（018）

　五、简要结论 ………………………………………………………（025）

第二篇　经济结构调整引领经济
高质量发展的动因研究

第三章　经济高质量发展存在经济结构失衡 …………………………（031）

　一、引言 ……………………………………………………………（031）

　二、全行业经济结构失衡的模型框架 …………………………（035）

三、经验分析 ·· (038)

四、实证检验 ·· (047)

五、简要结论 ·· (052)

第四章　经济高质量发展需要经济结构转型升级 ············· (055)

一、经济高质量发展下我国的经济结构特征 ············· (055)

二、经济高质量发展下我国的经济结构转型升级 ········· (057)

三、从旧常态到经济高质量发展我国经济结构转型升级的手段 ··· (061)

第五章　经济结构调整是引领经济高质量发展的引擎和杠杆 ······· (063)

一、引言 ·· (063)

二、产业升级的引擎 ······································ (066)

三、转型升级的路径 ······································ (069)

四、结构调整的杠杆 ······································ (074)

第六章　宏观经济波动需要经济结构调整来引领经济高质量发展 ······ (079)

一、引言 ·· (079)

二、结构调整分析 ·· (081)

三、实证分析 ·· (082)

四、简要结论 ·· (093)

第三篇　经济结构调整引领我国经济高质量发展的路径研究

第七章　投资结构调整与经济高质量发展 ················· (097)

一、引言 ·· (097)

二、变量、数据和实证模型 ······························ (099)

三、实证分析 ……………………………………………………… （104）

四、简要结论 ……………………………………………………… （112）

第八章　产业政策调整与经济高质量发展 …………………… （114）

一、引言 …………………………………………………………… （114）

二、模型构建 ……………………………………………………… （115）

三、实证研究数据、模型与描述性分析 ………………………… （123）

四、实证结果分析 ………………………………………………… （129）

五、简要结论 ……………………………………………………… （136）

第九章　技术创新溢出、外部经济环境与出口贸易高质量发展 …… （138）

一、引言 …………………………………………………………… （138）

二、理论分析 ……………………………………………………… （140）

三、实证分析 ……………………………………………………… （142）

四、结论与政策含义 ……………………………………………… （156）

第十章　出口结构调整与经济高质量发展 …………………… （157）

一、引言 …………………………………………………………… （157）

二、数据来源与分析 ……………………………………………… （159）

三、理论模型分析 ………………………………………………… （162）

三、实证分析 ……………………………………………………… （168）

四、简要结论 ……………………………………………………… （176）

第十一章　环境政策调整与经济高质量发展 ………………… （179）

一、引言 …………………………………………………………… （179）

二、模型分析 ……………………………………………………… （180）

三、模型构建和变量说明 ………………………………………… （187）

四、实证分析 ……………………………………………………………… (190)

五、简要结论 ……………………………………………………………… (198)

第四篇　经济结构调整引领我国经济
高质量发展的政策

第十二章　经济结构调整引领经济高质量发展的制度安排 ………… (203)

一、经济结构转向中高端的目标 ………………………………… (203)

二、我国经济结构处于中低端的制度原因 ……………………… (206)

三、以制度创新推动经济结构从低端向中高端转变 …………… (215)

主要参考文献 ……………………………………………………………… (228)

第一篇

绪　　论

第一章 文献综述

一、经济结构调整国内外相关研究的学术史梳理及研究动态

结合前期研究积累和对相关文献的收集整理,从二元经济理论(一个社会内部同时并存着传统经济部门和现代经济部门)探索开始,这一领域相关研究的学术史可梳理成四条线索和思路。

第一条线索是古典主义思路,认为发展中国家存在"马尔萨斯陷阱",农业中存在边际生产率为零的剩余劳动力,即"零值劳动假说"。Lewis(1954)基于这一假说建立了第一个二元经济结构模型,揭示了发展中国家两部门(传统经济部门和现代经济部门)经济之间的关联性,强调经济发展依赖现代工业的扩张,而现代工业扩张需要农业部门无限供给劳动力,以获取利润,形成资本积累,扩大部门规模。Ranis 和 Fei(1964)弥补了刘易斯忽视农业发展的局限性,形成从要素替代、劳动力转移、结构转换直到实现部门均衡增长的二元经济改造路径。刘易斯-费景汉-拉尼斯模型成为二元经济结构理论的经典模型,至今仍是解释发展中国家二元经济结构的主要依据。

第二条线索是新古典主义思路,在反思刘易斯-费景汉-拉尼斯模型的基础上,应用新古典经济学框架研究发展中国家的农业发展、劳动力流动和结构转化。Schultz(1964)基于经验研究对零值劳动假说及其存在的基础提出疑问,认为农业技术变革才是实现农业生产率持续增长的基础条件,并构成现代经济增长的源泉。Jorgenson(1967)认为基于市场机制的农业发展和农业剩余是二元结构转化和均衡增长的必要条件。Todaro(1970)结合发展中国家存在普遍失业的现实,论证了人口流动与两部门经济发展。Kelly 等

(1972)把二元经济模型扩展到要素市场、产品市场和技术变革的均衡分析。Findly(1997)和 Robertson(1999)进一步揭示了二元结构转化与两部门经济发展的本质。速水佑次郎和拉坦(2000)用诱致性技术变迁理论,阐释了市场机制下资源禀赋所诱致的技术变革,将引导组织制度变迁,进而促进经济社会发展。由技术进步促进结构转变,最终推动经济高质量发展是本成果研究的重要理论逻辑。

第三条线索是结构主义思路,强调发展中国家经济社会结构不同于发达国家的特征,采用有别于新古典主义经济学的思维和方法,对经济结构构成及其与经济现象之间相互关系,以及与经济增长相伴随的结构变迁进行研究。"配第-克拉克"定理(1947),缪尔达尔的结构刚性论(1957),库兹涅茨倒 U 型曲线(1958),钱纳里的发展阶段论(1966),泰勒的宏观结构平衡论(1968)等,均深刻体现了结构主义的思想精髓。同时,推动了投入-产出模型、可计算一般均衡(CGE)模型等数学工具应用于发展中国家经济稳定发展和结构调整方面(Bourguignon et al.,1989)。近年来,对于推动结构转变的主要因素的说明上,却存在不同看法:如农业技术进步是结构转变的关键(Gollin et al.,2002);现代产业部门的技术进步对结构转变有重要影响(Ngai,2004);居民收入的支出效应是决定经济结构转变的主要因素(Berthold et al.,2013)。新结构经济学认为经济发展的本质是产业机构不断调整和升级的过程,应充分发挥市场和政府的作用,遵循"增长识别与协调"六大步骤(林毅夫,2015),等等。这些各有侧重的理论建树为新时代我国的结构转型研究提供了启迪。

第四条线索是新兴古典主义和新经济地理学思路,新兴古典主义复兴了古典主义的分工思想,为经济结构多元演化分析提供可能。新经济地理学开启了经济地理回归新古典主义的里程碑,为空间结构分析创造条件。这两个理论范式的共同之处是:基于 D-S 模型(Dixit et al.,1977)的规模报酬理念,以一般均衡为基本分析框架,基于市场机制的结构动态演化。杨小凯(2003)用超边际分析方法解析了二元经济结构的产生与转化。新经济地理学中的"核心-边缘"模型(Krugman,1991)和城市层级体系模型两种经典模型(Fujita et al.,2005),在城乡要素集聚与产业结构(Berliant et al.,2016)、城乡空间结构、经济集聚与增长(Berliant,2017)等应用研究方面取得新进展。这些相互关联的理论方法是本成果新时代我国多元经济结构演化的建模基础。

遵循以上学理思路,国内学者结合中国实践对二元结构向多元结构演化及经济增长的相关问题进行了深入研究。主要集中在以下层面:①二元经济结构产生、演化与转化(陆铭 等,2018);②中国二元结构向三元结构转化的趋势和特征(李克强,2012;陈吉元、胡必亮,1994);③发展中国家刘易斯转折点、库兹涅茨假说和中等收入陷阱等结构特征与持续增长动力,如刘易斯转折点后中国经济增长如何转向全要素生产率驱动型(郭熙保 等,2017),库兹涅茨假说下的城镇化与不均等(李实,2014),以及对中等收入陷阱和再平衡过程的探讨(张军,2017);④大国经济综合比较优势与共享式增长(欧阳峣 等,2018);⑤中国经济结构转型的路径、目标和战略选择(张军,2012;欧阳峣 等,2017)。以上研究为本成果围绕新时代我国多元经济结构转型问题进行继续深入探索建立了基础。

综上所述,经济结构调整作为新时代高质量发展的主攻方向,对我国多元经济转型研究至关重要,既要重视资本、劳动、技术、制度等传统因素及其对经济高质量发展的作用,更要充分考虑发展背后的结构因素。对于具有完备产业体系、市场规模和幅员辽阔的中国而言,结构问题尤为重要,而专门针对新时代我国多元化结构转型研究的文献尚少。因此,如何更好地把我国经历的马尔萨斯贫困陷阱、格尔茨内卷化、刘易斯二元经济、中等收入陷阱、结构多元化的新古典增长作为一个整体过程来理解,并把全球化、技术创新、规模效益、空间集聚、社会福利和公共政策等现代经济学所关注的方面富有生命力地植入新时代高质量发展背景下我国多元经济结构转型研究中,是本成果研究的主题和理论创新的空间。

二、经济高质量发展文献综述

从知网中搜索可以看到,高质量发展的文献从 2017 年才开始出现,这些文献中有关高质量发展实证分析主要是对高质量发展的测度及其影响因素的研究,而反过来对我国经济进入高质量发展阶段后对投资影响的文献基本没有出现。从 2017 年以来大量论文分析高质量发展本身,其中不少通过度量技术进步和全要素生产率来分析高质量发展。因此,本书主要就经济发展质量的文献进行综述。从改革开放后我国的经济经历了高速增长的阶段,但是这种高速增长是以牺牲环境和资源为代价的粗放式的增长,党的十九大明确提出"我国经济已由高速增长阶段转向高质量发展阶段"。目前大部分文献主要是围绕测度高质量发展水平进行研究的,比较有代表性的包括茹少峰和魏博阳(2018)将全要素生产率增长率分解为技术进步增长率、技术效率增长率和规模效率增长率三部分,通过三个方面地比较分析测算研究高质量发展的潜在增长率变化;余泳泽 等(2019)采用包含非期望产出的 SBM 模型测算了 2003—2016 年 230 个城市的绿色全要素生产率作为高质量发展的一个重要指标;李金昌 等(2019)从社会主要矛盾的两个方面("人民美好生活需要"和"不平衡不充分发展")着手,构建了由经济活力、创新效率、绿色发展、人民生活、社会和谐 5 个部分共 27 项指标构成的高质量发展评价指标体系;李梦欣和任保平(2019)从"创新、协调、绿色、开放、共享"五个方面构建高质量发展的评价指标体系,利用 AHP 初步识别与 BP 神经网络模拟优化的集成方法进行评价测度。还有文献对高质量发展从全要素生产率的角度进行分解,例如涂正革和陈立(2019)讨论了全要素生产率的测度及经济增长方式的"阶段性"规律。

另一部分文献研究高质量发展的影响因素。刘志彪(2018)分析了我国高质量发展的支持因素对经济增长动力的影响;陈诗一和陈登科(2018)从中国环境保护和政府治理的角度对经济高质量发展进行了理论思考;徐忠(2018)从中国货币政策调控方式的转变分析了金融货币政策对高质量发展的影响;孙博文和雷明(2018)认为实现高质量发展,除通过加大交通基础设施建设、降低运输成本之外,还应努力降低市场壁垒和制度分割所带来的交易成本增加;蔡跃洲和陈楠(2019)分析了以人工智能为代表的新一代信息技术革命对高质量发展的影响;田国强(2019)从加快改革与政策调整角度分析了中国经济向高质量发展迈进的问题;刘思明 等(2019)考察了国家创新驱动力的经济高质量发展效应和机制;邓慧慧和杨露鑫(2019)分析了市场分割导致的效率损失对我国高质量发展的不利影响;陈冲和吴炜聪(2019)通过构建经济质量评价体系,利用我国的面板数据实证分析了消费结构升级对经济质量的具体影响。

正如近两年的文献中提及的,现有文献将重心放在高质量发展测度、全要素生产率视角的分解上,在解释影响因素时,没有考虑到我国经济在进入高质量发展阶段之前将投资作为经济增长的动力,在进入高质量发展阶段后是否还应成为其驱动力。而且现有高质量发展无论是测度还是分解,较少考虑绿色发展与环境保护在高质量发展中体现的问题。事实上,考虑环境等增长质量后,经济增长动力的表现往往有很大不同(Burke et al.,2015)。

第二章　经济高质量发展指数：体系构建与测度分析

一、引言

中国经济发展经过四十年的改革、开放两大制度性动能持续作用,始终保持着高速增长,成功地跨过了"刘易斯二元经济"发展阶段,成为发展中工业化大国,人均国内生产总值(GDP)进入中等收入水平,制造业增加值在全球份额位居首位,2015 年高达 23.8%。但是自 2008 年金融危机以来,以物联网、云计算与人工智能为代表的新一代技术革命爆发,发达国家制造业回流和再工业化潮流,2018 年美国肆意挑起的贸易摩擦等外部环境变化,人口老龄化日趋显现,中国高速增长逐渐进入了中低速增长的新常态时期,全要素生产素(TFP)持续徘徊在同一个区域,支撑高速增长的动能面临着失效、衰减的状态,难以有效地促进 TFP 和人均 GDP 进入新一轮的上升通道,严重的结构失衡难以有效缓解。因此,党的十九大报告指出,"我国经济已由高速增长阶段转向高质量发展阶段,正处在转变发展方式、优化经济结构、转换增长动力的攻关期,建设现代化经济体系是跨越关口的迫切要求和我国发展的战略目标。"从习近平总书记 2018 年 1 月 31 日在中共中央政治局第三次集体学习时的讲话中得出,现代化经济体系首要内容是要建设创新引领、实现实体经济、科技创新、现代金融、人力资源协同发展的产业体系,使科技创新在实体经济发展中的贡献份额不断提高,现代金融服务实体经济的能力不断增强,人力资源支撑实体经济发展的作用不断优化。现代化产业体系的建设目标就是要加快发展先进制造业,推动互联网、大数据、人工智能和实体经济深度融合,在中高端消费、创新引领、绿色低碳、共享经济、现代供应链、人力资本服务等领域培育新增长点、形成新动能,加快制造强国的建设。但是,供给侧存在高质量产品创新不足、生产规模不足,低技术密集型产品生产能力过剩,高质量的生产性和生活性服务业供给不足,金融资源脱实向虚,地区间发展分工协调不足等不平衡、不充分发展的问题,导致了高质量供给与人们不断增长的美好生活需要之间矛盾日益加剧,不断增长和升级的需求动能得不到有效释放,经济发展中出现的一些新动能成长缓慢,阻力重重。所以,进入新时代后推动我国经济高质量发展,是适应中国社会主要矛盾变化的基本要求,是建设社会主义现代化国家的关键路径,也是遵循中国经济实践规律的根本所在,对真正实现国家富强至关重要。

经济高质量发展是在党的十九大报告中提出来的,有关经济高质量发展的研究从 2017 年才开始出现。在此之前关于经济增长数量和质量的研究中对经济增长质量的测度,主要是通过 TFP 进行替代度量,例如 Zhang 和 Kong(2010)、刘文革 等(2014)、Mei 和 Chen(2016)、李平 等(2017)利用全要素生产率去变相地度量经济发展质量;也有学者从增加值率的角度来测度经济增长质量,例如刘瑞翔(2011),但是也有学者认为从增加值率的角度来测度经济增长质量的结论会受到门槛上限影响,例如范金 等(2017)。也有学者从投入产出的角度来测度经济增长质量水平,例如沈坤荣和傅元海(2010)、唐毅南(2014)。但是这些衡量方法都是有缺陷的,主要是成效的测度具有片面性和局限性,不具有综合代表性。

十九大以后部分文献开始测度经济高质量发展水平,比较有代表性的包括茹少峰和魏博阳(2018)将全要素生产率增长率分解为技术进步增长率、技术效率增长率和规模效率增长率三部分,通过三个方面的比较分析测算研究高质量发展的潜在增长率变化;余泳泽 等(2019)采用包含非期望产出的 SBM 模型测算了 2003—2016 年 230 个城市的绿色全要素生产率作为高质量发展的一个重要指标,李金昌 等(2019)从"人民美好生活需要"和"不平衡不充分发展"这个社会主要矛盾的两个方面着手,构建了由经济活力、创新效率、绿色发展、人民生活、社会和谐 5 个部分共 27 项指标构成的高质量发展评价指标体系;李梦欣和任保平(2019)从"创新、协调、绿色、开放、共享"五个方面构建高质量发展的评价指标体系,利用 AHP 初步识别与 BP 神经网络模拟优化的集成方法进行评价测度。还有文献对高质量发展从全要素生产率的角度进行分解,例如涂正革和陈立(2019),讨论了全要素生产率的测度及经济增长方式的"阶段性"规律。

虽然对于经济高质量发展指数体系构建研究目前的文献还是鲜有涉及,但是这些不同的角度测度经济发展质量的思想和方法仍然可以为经济高质量发展的测度提供借鉴和思考。基于此,本书结合我国进入新时代的事实,以及新时代我国经济高质量发展的新理念和新要求,提出经济高质量发展指数构建的理论基础,提出适合新时代我国经济高质量发展的指数测度方法和体系,并利用我国 2007 年至 2018 年的数据进行测度分析。

二、经济高质量发展指数体系的理论基础

从前文国内外的研究文献可以看到,虽然利用全要素生产率对经济高质量发展进行测度有一定的局限性,但是不可否认全要素生产率依然是经济高质量发展测度的基础。因此,本书以全要素生产率理论为理论基础,构建经济高质量发展指数体系的理论逻辑。假设区域中的企业之间是垄断竞争的,要素市场是完全竞争性的,市场中具有 N 个生产差异化产品的企业,企业 i 在时期 t 的产出为 Y_{it}。市场的产出具有常数替代弹性(CES生产函数)形式,具体为

$$Y = \Big(\sum_{i=1}^{N} Y_i^{(\sigma-1)/\sigma} \Big)^{\sigma/(\sigma-1)} \tag{2-1}$$

企业生产过程中投入两种生产要素劳动和资本,每个企业的生产率是异质性的,同时假设企业的生产函数为 $C-D$ 函数形式,具体为

$$Y_{it} = A_{it} K_{it}^{\alpha} L_{it}^{\beta} \tag{2-2}$$

式(2-2)中 α 和 β 分别表示两种投入要素的生产弹性。根据前文的市场结构假设,企业生产中投入的要素价格可以表述为资本要素价格为 R_i,劳动要素的价格为 w_i。假定市场中不存在要素配置扭曲问题,根据企业的利润最大化条件可以得到企业的价格为

$$P_i = \frac{\sigma-1}{\sigma} \Big(\frac{R_i}{\alpha} \Big)^{\alpha} \Big(\frac{w_i}{\beta} \Big)^{\beta} \frac{1}{A_i} \tag{2-3}$$

现有全要素生产率主要是以数量表示出来的效率,高质量发展体现出来的不是数量上的增长,而是经济效益的增长,所以单纯的数量型全要素生产率不能够准确的作为新时代高质量发展的测度。有的学者对数量型全要素生产率进行了价格平减,以消除价格因素带来的企业异质性对全要素生产率的影响,例如 Hsieh 和 Klenow(2009)等,但由于企业价格的差异性,数量型全要素生产率仍然存在企业差异。因此,本书选择价格与全要素生产率乘积的方式来得到收益型全要素生产率(TFPR)作为分析的依据,具体计算方法为

$$TFPR_i = P_i \times A_i = \frac{\sigma-1}{\sigma} \left(\frac{R_i}{\alpha}\right)^{\alpha} \left(\frac{w_i}{\beta}\right)^{\beta} \qquad (2-4)$$

为了进一步理解清楚收益型全要素生产率的影响因素,本书进一步对式(2-4)进行分解。首先从生产函数式(2-2)为依据,结合 TFP 的计算过程,对式(2-2)进行分解可得

$$\ln A_{it} = \ln TFP_{it} = \overbrace{\frac{1}{2}\ln\frac{Y_{it}}{K_{it}}}^{LKP_{it}} + \overbrace{\frac{1}{2}\ln\frac{Y_{it}}{L_{it}}}^{LLP_{it}} + \overbrace{\ln\frac{K_{it}^{1/2}L_{it}^{1/2}}{K_{it}^{\alpha}L_{it}^{\beta}}}^{LSP_{it}}$$

$$\qquad (2-5)$$

$$= \frac{1}{2}\ln\frac{Y_{it}}{K_{it}} + \frac{1}{2}\ln\frac{Y_{it}}{L_{it}} + \underbrace{\left(\frac{1}{2}-\alpha\right)\ln K_{it} + \left(\frac{1}{2}-\beta\right)\ln L_{it}}_{SE}$$

通过分解后的式(2-5)可以看到,TFP 增长率可以分解为三部分:资本构成部分(LKP_{it})、劳动构成部分(LLP_{it})和企业异质性部分(LSP_{it})。全要素生产率的影响受到要素产出弹性和要素投入两个方面,一定时期内的要素产出弹性相对较为稳定,要素生产率的差异就体现在要素的投入水平大小上,本书把这个影响称为要素规模增长效应。通过式(2-4)可以看到,收益型全要素生产率(TFPR)受到要素收益率的影响,实际上还通过市场价格影响要素数量 TFP 间接影响 TFPR,例如 Bai et al.(2006)研究认为要素回报率与 TFP 之间存在正向关系。张勋和徐建国(2016)研究认为投入要素回报率的提升也会导致 TFP 上升,而且 Brandt et al.(2012)还得到了劳动要素的边际产出与 TFP 之间存在同向变化关系,并且对 TFP 的贡献超过

了一半以上。综合这些影响 $TFPR$ 的因素,同时将其引入式(2－5)后可以得到

$$\ln TFPR_{it} = \frac{1}{2}\left(\ln\frac{P_{it}Y_{it}}{R_iK_{it}} + \ln\frac{P_{it}Y_{it}}{w_iL_{it}}\right) + \frac{1}{2}(\ln R_{it} + \ln w_{it})$$
$$+ \left[\left(\frac{1}{2}-\alpha\right)\ln K_{it} + \left(\frac{1}{2}-\beta\right)\ln L_{it}\right] \quad (2-6)$$

对式(2－6)两边求 t 的一阶导数可得:

$$\frac{T\hat{FP}R_{it}}{TFPR_{it}} = \frac{1}{2}\underbrace{\left(\frac{K\hat{R}P_{it}}{KRP_{it}} + \frac{L\hat{W}P_{it}}{LWP_{it}}\right)}_{要素生产率变化效应(IE)} + \frac{1}{2}\underbrace{\left(\frac{\hat{R}_{it}}{R_{it}} + \frac{\hat{w}_{it}}{w_{it}}\right)}_{要素收益率变化效应(RE)}$$
$$+ \underbrace{\left[\left(\frac{1}{2}-\alpha\right)\frac{\hat{K}_{it}}{K_{it}} + \left(\frac{1}{2}-\beta\right)\frac{\hat{L}_{it}}{L_{it}}\right]}_{要素规模变化效应(SE)} \quad (2-7)$$

式(2－7)中 $KRP_{it}=P_{it}Y_{it}/R_iK_{it}$,$LWP_{it}=P_{it}Y_{it}/w_iL_{it}$,表示要素投入的产出效益。基于前面对于影响 $TFPR$ 因素的分析和式(2－7)的具体表现,本书将收益型全要素生产率分解为投入要素的三种增长效应:生产率、收益率和规模增长效应,也是体现在整个社会发展过程中,要素生产率的变化带来的经济发展,要素投入效率的变化带来的经济发展,还有要素投入数量的变化带来的经济发展三个部分。具体来说:

第一,要素生产率的变化对 $TFPR$ 的影响(IE)。在式(2－7)IE 中 KRP_{it} 和 LWP_{it} 分别表示单位投入要素的产出效益,一个社会工资水平的提升,会增加社会中的劳动力数量,但另一方面社会工资水平的提高对于企业来说会导致成本的上升,企业会通过改善劳动投入结构、增加劳动力的技能水平来提高企业生产率。因此,即使是在整个社会劳动力数量不变的情形下,社会的总产出也会增长。同样在劳动投入数量和结构不变的情形下,企业改善生产设施,提高资本投入水平,社会的总产出也会增长。实际过程中,工资水平的上升往往通过生产中投入的低技能劳动使用量的下降,来抵消 LWP_{it} 下降幅度,此时 $TFPR$ 的提高是由于 KRP_{it} 引起的,反之资本的变化也是一样的。因此,这一部分体现的是投入要素生产率的变化对经济发展的影响。

第二,要素收益率的变化对 $TFPR$ 的影响(RE)。在式$(2-7)RE$ 中包含的是两种投入要素的收益变化对 $TFPR$ 的影响,按照西方经济学理论,生产要素实现利润最大化,要素会不停地重新配置,生产要素会配置在边际生产率最高的地方。但是西方经济学中的理论分析包含一个假设条件,即市场是垄断竞争的。投入要素的收益变化对 $TFPR$ 的影响主要是通过劳动和资本要素收益率的上升,来提高垄断竞争主体参与者的价格控制水平,提升其竞争力,从而提高 $TFPR$ 的水平。但这种结果的实现要能够使要素自由流动,所以市场的结构和资源配置方式会影响要素收益率的变化对 $TFPR$ 的影响。

第三,要素投入数量的变化对 $TFPR$ 的影响(SE)。在式$(2-7)SE$ 中最后一项为要素投入数量的变化对 $TFPR$ 的影响,影响要素投入数量对产出影响的主要是要素的产出弹性,要素的产出弹性在行业间存在异质性,受到行业的自身特点和外部环境的影响,比如行业的技术创新能力,行业所处的基础设施情况,外部行业政策的影响等。

第四,中间投入要素和外部环境的变化对 $TFPR$ 的影响。本书根据 Kasahara 和 Rodrigue(2008)设置中间函数的方法,结合全要素生产率将中间函数设置为 $Y_{it}=\mathrm{e}^{\omega_{it}}TFPQ_{it-1}K_{it}^{\alpha}L_{it}^{\beta}\Pi(u)$,$\Pi(u)$ 表示生产中的各种中间投入数量和结构,基于此,本书可以得到 $TFPR$ 的表达式为 $TFPR_{it}=\mathrm{e}^{\omega_{it}}TFPR_{it-1}\Pi(u)$。因此,$TFPR$ 会受到中间投入要素的生产投入和结构的影响,例如企业的自主创新能力,外部环境包括基础设施和相关政策等。

三、经济高质量发展指数体系构建

(一)经济高质量发展指数指标体系

根据上一部分中经济高质量发展指数的理论分析,结合对 $TFPR$ 各构成项的具体分解论述,本部分将用一系列的指标体系来测度 $TFPR$ 各构成项的具体内容,构建经济高质量发展指数。具体来说,本书设置 1 个一级指标层为经济高质量发展指数,一级指标子系统层为经济高质量发展能力指数和经济高质量发展效益指数,8 个二级指标和 27 个三级指标。经济高质量发展指数体系见表 $2-1$ 所列。

表2-1 经济高质量发展指数体系

一级指标	一级指标子系统	二级指标	三级指标	测量方法
经济高质量发展指数	经济发展能力指数	经济结构指标	产业结构合理化	泰尔指数①
			产业结构高级化	第三产业产值占比
			消费结构	恩格尔系数
			对外开放水平	全面对外开放指标②
		要素增长效应指标	劳动投入增长效应	劳动力数量增长率
			资本投入增长效应	固定资产投资增长率
			劳动收入增长效应	工资水平增长率
			资本收入增长效应	固定资产投资收益增长率
		基础设施指标	交通通达程度	等级公路、普通铁路和高铁密度
			网络覆盖率	人均宽带接入数量
			教育发达程度	高中以上学校数量
			医疗保障程度	人均床位数
		经济稳定指标	经济波动程度	GDP变化率
			消费变动程度	CPI
			制造业发展趋势	采购经理人指数
	经济发展效益指数	市场完善程度指标	民营经济比重	民营经济产值占总产值的比重
			劳动投入市场化程度	个体就业人数占全体从业者的比重
			资本投入市场化程度	金融业产值增长值占GDP的比重
		技术创新能力指标	创新投入水平	R&D投入占GDP的比重
			创新产出水平	人均专利量(包含三种专利类型)
			创新收入水平	高新技术收入占GDP的比重
		收入能力指标	人均收入水平	居民人均可支配收入
			利润率水平	行业利润率的平均值
			出口创汇能力	外汇收入水平
		绿色发展能力指标	森林环境改善程度	森林覆盖率
			水环境改善程度	废水排放强度
			空气环境改善程度	废气排放强度

① 参考李强《经济与管理研究》2012年第7期的文章中对产业结构合理化和产业结构高级化的测度指标。

② 参考李强《经济问题探索》2019年第4期的文章中对全面对外开放水平的测度指标。

（二）经济高质量发展指数指标体系权重

1. 权重核算方法

假设影响经济高质量发展指数 Y_i，二级指标 x_i 的三级指标为 x_{ij}，$j=1,\cdots,m$，而且每个 x_i 之间是不相关的。经济高质量发展指数体系中每个指标的权重就变为各指标对于经济高质量发展的影响大小。因此，每个二级指标 x_i 均看作因变量与其他二级指标作为自变量构建函数，分别对 x_{i1}，x_{i2}，$\cdots$，x_{im} 求导数，然后对求导后的方程除以左边的变量，由于第一组变量不用除所以变为 $m-1$ 个方程组。下面以 x_{i1} 为例说明具体的核算方法，x_{i2} 对 x_{i1} 求一阶导数可得导数矩阵为

$$\begin{bmatrix} -1 & \beta^{x_{i2}}_{x_{i3}} & \cdots & \beta^{x_{i2}}_{x_{im}} \\ \beta^{x_{i3}}_{x_{i2}} & -1 & \cdots & \beta^{x_{i3}}_{x_{im}} \\ \vdots & \vdots & & \vdots \\ \beta^{x_{im}}_{x_{i2}} & \beta^{x_{im}}_{x_{i3}} & \cdots & -1 \end{bmatrix} \left[\frac{\mathrm{d}x_{i2}}{\mathrm{d}x_{i1}},\cdots,\frac{\mathrm{d}x_{im}}{\mathrm{d}x_{i1}} \right]^{\mathrm{T}} = \left[-\beta^{x_{i1}}_{x_{i3}},\cdots,\beta^{x_{im}}_{x_{i1}} \right]^{\mathrm{T}} \quad (2-8)$$

通过解方程式（2-8），可以得到每个指标分别对 x_{i1} 求导数的解的矩阵，记为 $\boldsymbol{X}_1$。同理可以得到每个指标分别对 x_{ij} 求导数的解的矩阵，最终可以得到解的矩阵为 $\boldsymbol{K}=[\boldsymbol{X}_1,\cdots,\boldsymbol{X}_m]^{\mathrm{T}}$。按照前文中对于每个 x_i 之间是不相关的假设，对 Y_i 两边分别求 x_{ij}，$j=1,\cdots,m$ 的微分，此时除了 x_{ij} 的加权变量为 0。结合矩阵 $\boldsymbol{K}=[\boldsymbol{X}_1,\cdots,\boldsymbol{X}_m]^{\mathrm{T}}$ 可得 $\boldsymbol{K}[k_{i1},\cdots,k_{im}]^{\mathrm{T}}=[\gamma_{i1},\cdots,\gamma_{i2}]^{\mathrm{T}}$。通过此公式可得影响经济高质量发展指数的各三级指标之间的函数关系式的系数 $k_{i1},\cdots,k_{im}$。但是这个系数不能直接用来作为指标合成的权重，主要是因为各指标之间具有不同的性质，指标合成后容易出现差异和波动。因此，指标权重通过对 $k_{i1},\cdots,k_{im}$ 进行单位化后获得，并且对指标数据进行标准化，各级指标合成时采用线性综合法，即

$$p_i = \sum_{j=1}^{m} w_{ij} m_{ij} \qquad (2-9)$$

式(2-9)中 p_i 表示二级指标的综合值，w_{ij} 为 $k_{i1}, \cdots, k_{im}$ 单位化后的数值，m_{ij} 为三级指标标准化后的数值。经济高质量发展指数即一级指标由二级指标的综合值构成，由于二级指标的综合值进行了单位化处理，所以两两之间的相关系数较小或者可以忽略不计。因此，经济高质量发展指数采用等权重线性动态均值加成获得，即

$$P_i = \Big[\sum_{j=1}^{m} p_{ij} - \text{ave} \sum_{j=1}^{m} p_{ij} \Big] \qquad (2-10)$$

式(2-10)中 P_i 表示经济高质量发展指数，p_i 表示二级指标的综合值，其中经济高质量发展指数子系统也参照该公式进行计算。

2. 经济高质量发展指数权重系数

利用经济高质量发展指数权重的核算方法，核算 2007 年至 2018 年的数据各指标的权重数据。文章的具体数据来源于各类统计年鉴，其中固定资产投资增长率、固定资产投资收益增长率指标计算的数据来自《中国固定资产投资统计年鉴》，人均床位数指标计算的数据来自《中国卫生和计划生育统计年鉴》，民营经济产值占总产值的比重指标计算的数据来自《中国工业统计年鉴》，R&D 投入占 GDP 的比重、人均专利量（包含三种专利类型）、高新技术收入占 GDP 的比重指标计算的数据来自《中国高技术产业统计年鉴》和《中国科技统计年鉴》，废水排放强度和废气排放强度指标计算的数据来自《中国统计年鉴》，其余指标来自《中国统计年鉴》。

按照前文提出的指数权重核算方法，首先要得到影响经济高质量发展指数的各三级指标之间的函数关系式的系数。由于本书所设置的指标均为与经济高质量发展具有密切相关性的指标，所以采用回归系数法对方程的系数进行估计能够更加客观、更加真实地反映经济高质量的发展变化趋势（因篇幅问题各估计方程的系数未列出，如有需要，请联系作者）。得到各三级指标的估计系数后，通过对系数标准化，可以得到具体三级指标的权重。经济高质量发展指数体系权重系数见表 2-2 所列，有了三级指标的权重后，利用式(2-9)和式(2-10)可以测算二级指标的综合值和经济高质量发展指数的具体数值。

表 2 - 2　经济高质量发展指数体系权重系数

一级指标	一级指标子系统	二级指标	三级指标	权重/%	系数估计值的绝对值
经济高质量发展指数	经济发展能力指数	经济结构指标	产业结构合理化	5.02	0.068
			产业结构高级化	5.69	0.077
			消费结构	4.23	0.057
			对外开放水平	4.57	0.062
		要素增长效应指标	劳动投入增长效应	2.31	0.031
			资本投入增长效应	2.57	0.035
			劳动收入增长效应	2.44	0.033
			资本收入增长效应	2.15	0.029
		基础设施指标	交通通达程度	2.3	0.031
			网络覆盖率	3.22	0.044
			教育发达程度	3.58	0.048
			医疗保障程度	3.09	0.042
		经济稳定指标	经济波动程度	3.08	0.042
			消费变动程度	4.16	0.056
			制造业发展趋势	5.77	0.078
	经济发展效益指数	市场完善程度指标	民营经济比重	4.55	0.061
			劳动投入市场化程度	2.03	0.027
			资本投入市场化程度	2.94	0.040
		技术创新能力指标	创新投入水平	5.74	0.078
			创新产出水平	5.06	0.068
			创新收入水平	5.63	0.076
		收入能力指标	人均收入水平	2.96	0.040
			利润率水平	2.97	0.040
			出口创汇能力	2.88	0.039
		绿色发展能力指标	森林环境改善程度	2.87	0.039
			水环境改善程度	3.87	0.052
			空气环境改善程度	4.32	0.058

四、我国经济高质量发展的测度结果分析

(一)我国经济高质量发展指数稳步提升

经济高质量发展取决于社会的发展能力水平和发展效益水平,经济高质量发展能力水平的提升取决于要素的增长能力、基础设施完善程度、经济结构是否合理以及经济的稳定性等,而经济高质量发展效益水平则取决于市场机制、技术创新以及绿色发展能力等因素。由此可见,我国经济高质量发展既有运行机制的问题,也有宏观经济自身的问题,所以本书从发展能力和发展效益两个方面,对我国经济高质量发展指数进行测度分析。图2-1是经济高质量发展指数的总体变化趋势,图2-2是发展能力和发展效益两个方面的变化趋势。

从图2-1可以看到,2007年至2018年12年的时间里,我国经济高质量发展呈现波动上升的变化趋势,2009年处于最低谷,均值为38.2,在2011年再次降低变为38.7后,此后一直呈现出逐年增加的上升态势。从这12年的变化来看,我国经济高质量发展会受到国际国内环境的影响出现增长波动,例如2008年世界经济危机的影响使得2009年达到最低值,但是整体来说我国经济高质量发展是整体向好的。从图2-2中经济高质量发展指数两个子系统2007年至2018年12年的变化趋势显示,经济高质量发展效益指数的数值基本维持在20~27之间,变化趋势与经济高质量发展指数的变化趋势相似,呈现出逐年增加的上升态势。经济高质量发展能力指数呈现出

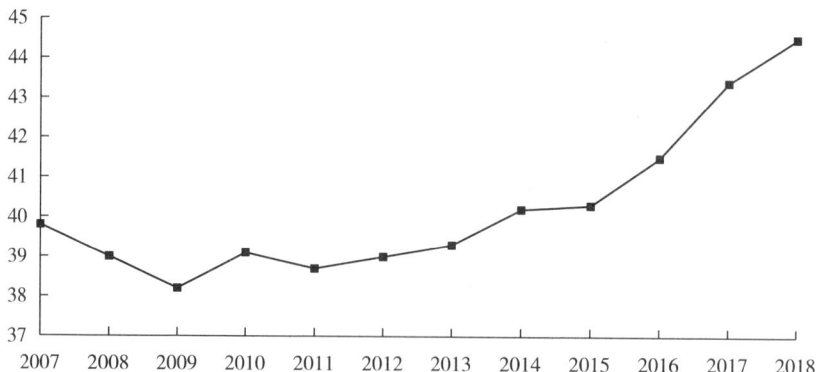

图2-1 经济高质量发展指数的总体变化趋势

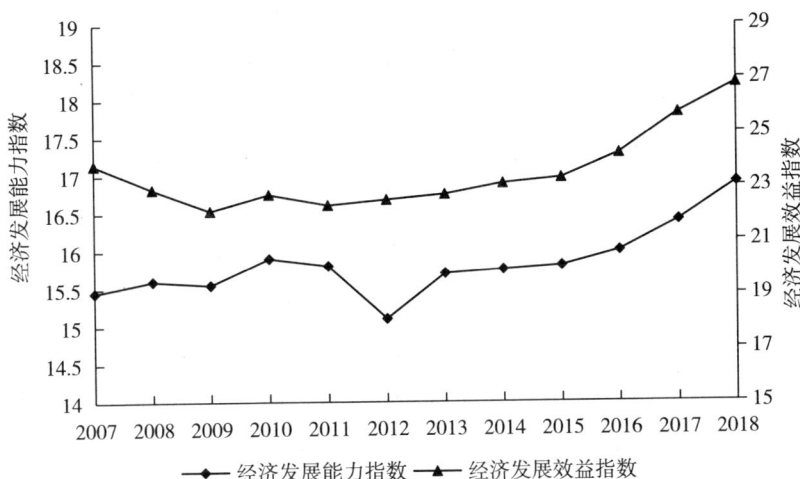

图 2-2 经济高质量发展指数两个子系统的总体变化趋势

明显的"V"型变化特征,在 2012 年的时候下降明显,原因本书认为主要是 2012 年十八大召开后,我国调整结构措施力度加大,发展能力出现了短暂的回调,但是后续又呈现出持续增长的态势。结合图 2-2 经济高质量发展这 12 年的变化趋势可以看到,经济高质量发展指数两个子系统与经济高质量发展指数的变化趋势基本是相同的,发展效益指数在经济高质量发展中处于更重要的地位,经济高质量发展更多地受到经济发展效益的影响,另外我国经济发展能力指数是稳步上升的,表明我国经济的发展态势是良好的。

(二)我国经济发展能力各指标稳中向好

经济发展能力体现了经济社会的发展活力,从总体上看我国经济发展能力变化趋势是稳中向好的,但这是总体层面的变化趋势,为了更加清晰的了解我国经济发展能力的内部结构变化,需要分析具体内部各组成部分的变化趋势,这样可以使我们能够更加清楚地区分哪些具体的经济发展领域更加有助于提升我国经济高质量发展的水平,哪些是需要我们重点提升的经济发展领域。本书绘制了经济发展能力指数四个二级指标的 2007 年至 2018 年 12 年变化趋势。经济发展能力各指标变化趋势如图 2-3 所示。

从图 2-3 可以看到,经济结构和要素增长效应在经济发展能力提升中处于更重要的地位,经济发展能力提升更多地受到经济结构和要素增长效应因素的影响,不过经济结构和因素增长效应对经济发展能力提升的影响力与基础设施和经济增长稳定性对经济发展能力提升的影响力的差距在缩小,尤其是经济稳定性在经济发展能力提升中地位越来越重要,上升幅度也非常快,已经逐渐接近经济结构和要素增长效应的经济发展能力。但是从2007年以来,基础设施和经济增长稳定性指标呈现典型的"U"型变化趋势,而且波动幅度比较大,主要原因是基础设施投资在最近几年随着经济结构调整的进行,一段时间内并非经济发展的驱动力,后续经过国家政策的调整和投资水平复苏,其在经济发展中的作用增加,但是2018年国家政策调整,特别是对低水平、高污染和高耗能的非有效投资的限制,使得2018年基础设施对经济发展能力提升的影响力下降,例如2018年1—12月份,基础设施投资(不含电力、热力、燃气及水生产和供应业)比上年增长3.8%,增速比1—11月份提高0.1个百分点,比上年回落15.2个百分点[①]。经济结构和要素增长效应指标的变化相对稳定,虽然中间有波动,但是总体波动不大,呈现整体稳定上升的态势,从上升幅度来看,经济结构指标的上升幅度要更大一点。因此,将来需要更加注重通过经济结构的调整来提升经济发展的活力,进而促进我国经济高质量发展水平的提升。

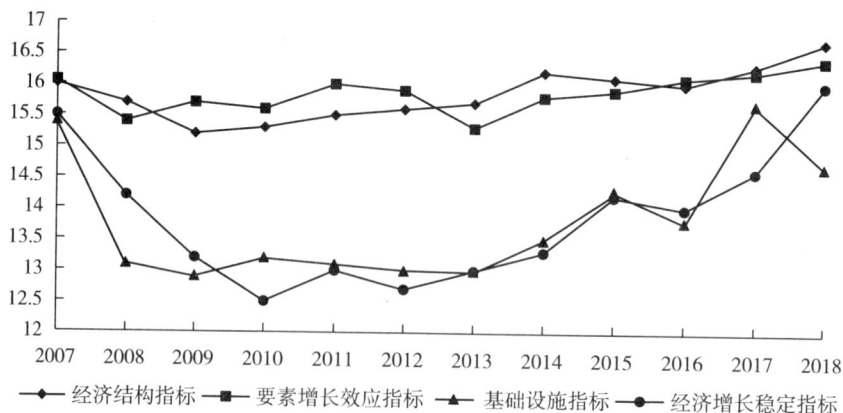

图 2-3 经济发展能力各指标变化趋势

---

① 引自国家发展改革委国民经济综合司公布的数据,http://zhs.ndrc.gov.cn/gljjjc/tzyx/201901/t20190131_927417.html。

(三)我国经济发展效益各指标差异化明显

经济发展能力体现了我国经济高质量发展的活力水平,但这只是经济高质量发展的产出表现。经济高质量发展,就是一个经济体(或企业)在投入上,能利用科技进步科学配置资源要素,推动效率变革;在产出上,能通过科技进步和管理创新推动质量变革、动力变革,使产出的品质明显提升,效益大大提高。经济高质量发展就是以高效率、高效益生产方式为全社会持续且公平地提供高质量产品和服务的经济发展,在具体经济形态上就是一个高质量、高效率和高稳定性的供给体系。因此,分析我国经济发展效益各指标的变化趋势,对于我国经济高质量发展能力的提升具有更重要的作用。本书绘制了经济发展效益指数四个二级指标的 2007 年至 2018 年 12 年变化趋势。经济发展效益各指标变化趋势如图 2-4 所示。

从图 2-4 可以看到,我国经济发展效益指标相对经济发展能力指标整体来说是比较低的,四个经济发展效益指标的最大值都没有超过 8,特别是技术创新能力、绿色发展能力和市场完善程度指标的数值更是没有超过 5,所以当前各类经济发展效益指标还没有成为支撑经济高质量发展的关键因素。技术创新能力和市场完善程度还没有达到我们预期的成为经济高质量发展驱动力。我国经济实现高质量发展,一方面要着力于制度和体制机制创新,另一方面要着力于生产全过程,特别是基础原材料生产制造全过程的技术创新,只有把这两方面创新都做好了,我国经济高质量发展才有坚实基础和可靠保障[1]。绿色发展能力对经济高质量发展的贡献也是比较低的,习近平总书记指出:"要探索以生态优先、绿色发展为导向的高质量发展新路子。"绿色发展是经济高质量发展的关键,是经济高质量发展的新路子。因此,在经济绿色发展能力上还有待进一步的提升,要坚定不移地以绿色发展推动经济高质量发展。从经济发展效益各指标的变化趋势来看,只有绿色发展能力指标在 2007 年到 2018 年 12 年间保持较快的增长速度,其他三个指标 12 年间基本保持稳定,没有增长。例如市场完善程度 2007 年为 2.4,到 2018 年经过波动变化后为 2.5,基本没有什么变化;技术创新能力从 2007

---

[1] 《人民日报》(2018 年 10 月 25 日 07 版)。

年的 2.1 增长到 2018 年的 2.85,整体增长幅度也是比较低的。所以,从我国经济发展效益指标变化趋势来看,不论是整体水平还是增长趋势,都还是比较低的,未来我国经济高质量发展重点是要在如何提升经济发展效益指标上下功夫。特别是技术创新能力和市场完善程度这两个经济高质量发展的关键指标,更要下大力气提升其在经济高质量发展中的比重和发展速度。习近平总书记指出,要着力实施创新驱动发展战略,抓住了创新,就抓住了牵动经济社会发展全局的"牛鼻子"。从我国经济发展所处阶段及其对创新需求的紧迫性看,当前需要抓好的重中之重主要是两方面创新:一是生产及其技术的创新,二是制度和体制机制的创新。其中,制度和体制机制的创新又是实现技术创新的基础和前提。[①]

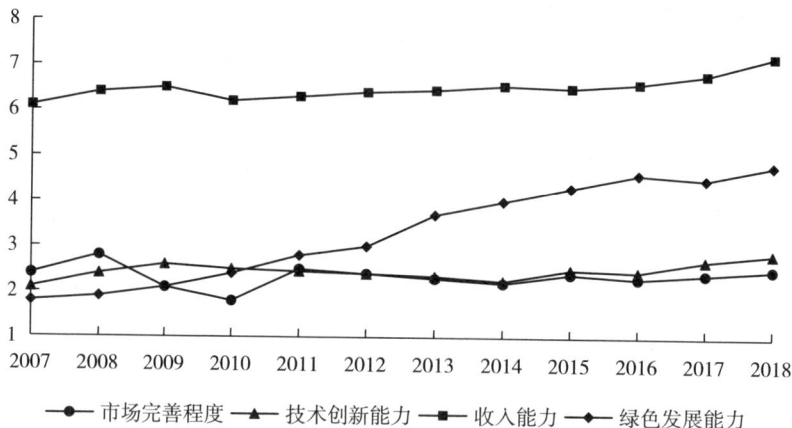

图 2-4 经济发展效益各指标变化趋势

(四)经济稳定是基础,结构调整是关键

上面从经济高质量发展指数和构成二级指标上进行了分析,反映了经济高质量发展各构成部分的变化趋势,为了更加详细的了解各具体构成指标的变化趋势,从某些具体的内容上反映我国经济高质量发展的变化趋势情况,本书拟从具体三级指标中选取具有代表性的指标进行分析,期望得到有用的结论。本书首先选择经济增长稳定和经济结构的 7 个三级指标进行

---

① 《人民日报》(2018 年 10 月 25 日 07 版)。

分析,本书绘制了 7 个三级指标的 2007 年至 2018 年 12 年变化趋势。经济稳定和经济结构三级指标变化趋势如图 2-5 所示。从图 2-5 中各三级指标的变化趋势和数值大小来看,产业结构合理化、产业结构高级化、对外开放水平和消费结构指标的数值普遍超过了经济波动、消费变动程度和制造业发展趋势指标,也就是说我国经济高质量发展更多地需要通过产业调整、全面对外开放和消费结构调整来实现,经济结构调整是经济高质量发展的关键。经济波动、消费变动程度和制造业发展趋势三级指标虽然数值不高,但是稳定性强,2007 年至 2018 年基本没有什么大的波动,一直保持相对稳定的态势。经济波动、消费变动程度和制造业发展趋势指标可以体现宏观经济政策的作用,尤其是在复杂的国内外经济环境形势下,宏观调控政策最重要的是保持定力,保证政策的稳定性和连续性。产业调整、全面对外开放和消费结构调整带来的各指标变化波动也是合理的,因为只依靠稳定的政策是无法解决制约经济高质量发展的种种深层次问题的,需要经济结构调整。中央政治局 2019 年 4 月 19 日召开的会议上强调,做好全年经济工作,要紧紧围绕贯彻落实中央经济工作会议精神,通过改革开放和结构调整的新进展巩固经济社会稳定大局。从结构调整中各指标的具体变化趋势来看,还要更加注重产业结构调整和对外开放水平的提升,这两个方面对经济

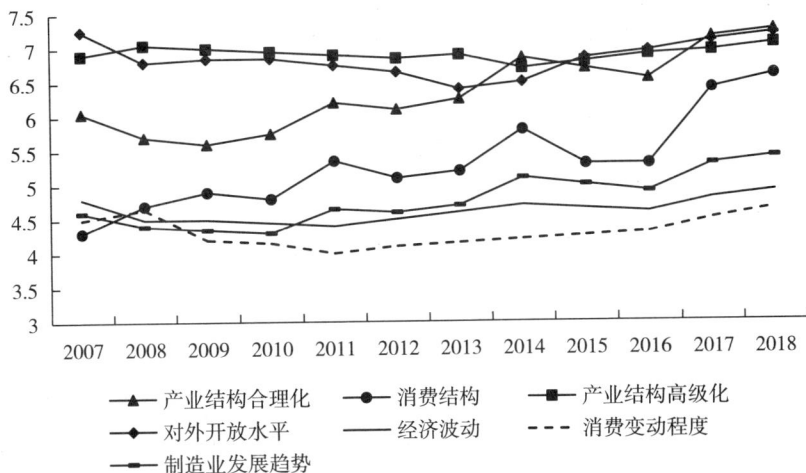

图 2-5　经济稳定和经济结构三级指标变化趋势

高质量发展的作用是最强的。但是消费结构变化的增长速度最快,例如 2018 年,居民消费增长加快,人均消费支出实际增长 6.2%,其中农村居民消费增速快于城镇居民;消费结构继续升级,全国居民恩格尔系数为 28.4%,比上年下降 0.9 个百分点①,国内市场的消费结构升级已经为我国经济高质量发展提供了坚实的基础。从经济稳定中各指标的具体变化趋势来看,保持了相对的稳定,这 12 年的时间里没有出现大的波动,为我国经济高质量发展能够持续增长提供了基础。

(五)技术创新是短板,绿色发展是优势

我国经济高质量发展必须是绿色发展成为普遍形态的发展,必须是以创新作为第一动力的发展。因此,技术创新和绿色发展能力是经济高质量发展迈上新台阶的坚实基础,所以本部分中对技术创新和绿色发展能力所包含的三级指标的变化趋势进行分析。本书绘制了 7 个三级指标的 2007 年至 2018 年 12 年变化趋势。技术创新和绿色发展能力三级指标变化趋势如图 2-6 所示。从图 2-6 中各三级指标的变化趋势和数值大小来看,森林环境改善程度、水环境改善程度和空气环境改善程度三个反映绿色发展能力的指标数值,明显超过了创新投入水平、创新产出水平和创新收入水平三个反映创新能力的指标数值,特别是水环境改善程度和空气环境改善程度指标超过技术创新各指标更明显。环境的改善已经成为近 12 年我国经济高质量发展的重要推动力,而且近 12 年环境的改善对于经济高质量发展的影响呈现快速增长的态势,是所分析的指标里增长速度最快的指标。因此,从指标数值和增长速度来看,我国的绿色发展能力已经成为我国经济高质量发展的优势,这充分体现了习近平总书记"绿水青山就是金山银山"的经济发展观。从技术创新能力指标的创新投入水平、创新产出水平和创新收入水平表现来看,整体数值还不是很高,说明技术创新对我国经济高质量发展的推动作用还是比较低的,还需要后续采取更加积极的政策推动技术创新能力的提升。但是从变化趋势上来看,技术创新能力指标的增长速度还是比较高的,尤其是从 2012 年以后,说明我国技术创新能力已经开始逐步提升,

---

① 引自新华网公布的数据,http://www.xinhuanet.com//politics/2019-03/21/c_1124262407.htm。

只是由于底子薄,想要成为经济高质量发展的主导力量还需要采取更加积极的政策。从创新投入水平、创新产出水平和创新收入水平三个指标各自的变化趋势来看,创新投入水平和创新产出水平两个指标,无论是在大小还是增长速度上都远远超过创新收入水平,这表明我国技术创新更加侧重创新投入和产出两个方面,但是对于技术创新的产业化能力还是偏低的,所以要想使得技术创新能力成为经济高质量发展的主要驱动力,除了加大投入和技术创新产出之外,更需要我们注意的是如何让技术产出能够真实地转化为产业,获得技术创新的收入。

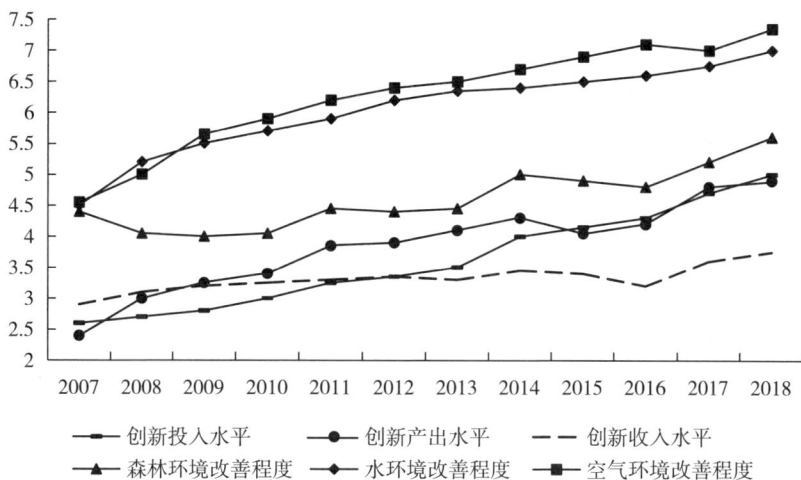

图2-6　技术创新和绿色发展能力三级指标变化趋势

五、简要结论

文章以全要素生产率理论为理论基础,构建经济高质量发展指数体系的理论逻辑,依据理论逻辑构建经济高质量发展指数体系,并利用我国2007年至2018年的数据测算高质量发展指数和各层次的具体指标数值。从实际测算结果可以看到:我国经济高质量发展呈现波动上升的变化趋势,其中发展效益指数在经济高质量发展中处于更重要的地位,经济高质量发展更多地受到经济发展效益的影响,另外我国经济发展能力指数是稳步上升的,表明我国经济的发展态势是良好的;经济结构和要素增长效应在经济发展能力提升中处于更重要的地位,基础设施和经济增长稳定性指标呈现典型的

"U"型变化趋势,而且波动幅度比较大;我国经济发展效益指标相对经济发展能力指标整体来说是比较低的,技术创新能力和市场完善程度还没有达到我们预期的成为经济高质量发展驱动力;产业结构合理化、产业结构高级化、对外开放水平和消费结构指标的数值普遍超过了经济波动、消费变动程度和制造业发展趋势指标,经济波动、消费变动程度和制造业发展趋势三级指标虽然数值不高,但是稳定性强;森林环境改善程度、水环境改善程度和空气环境改善程度三个反映绿色发展能力的指标数值,明显超过了创新投入水平、创新产出水平和创新收入水平三个反映创新能力的指标数值。针对经济高质量发展指数的分析,本书提出如下政策建议:

第一,加强统筹协同推进和推广应用。加快转变政府职能,强化对经济高质量发展的引导推动,针对经济高质量发展的瓶颈和薄弱环节,加强战略性谋划和前瞻性部署,统筹协调各方优势资源,协同推进经济高质量发展。加快绿色发展和技术创新的步伐,鼓励有条件的地区和行业率先开展试点示范,形成一批可复制、可推广的经验、模式和案例加以提炼、总结,向全国推广应用。

第二,加大财税支持力度和创新融资服务模式。聚焦智能装备创新及重大示范应用,积极争取国家专项扶持,加大财政专项资金对企业智能化改造的支持力度,充分发挥相关产业基金的引导作用,综合运用股权投资、风险补偿等有效方式,支持经济高质量发展。鼓励金融机构围绕经济高质量发展重点领域和薄弱环节,提供信贷支持,支持有条件的企业在境内外资本市场上市融资。鼓励融资担保公司为相关企业贷款提供担保,缓解融资难题。鼓励有条件的企业开展智能装备租赁和融资租赁业务,建立智能装备租赁和融资租赁担保机制。

第三,营造良好发展环境,深化国际交流合作。深化政府管理体制改革,改善经济高质量发展的制度环境。加大知识产权保护力度,营造有利于经济高质量发展的市场环境,探索产学研用协同创新的组织形态和"智能制造＋知识创造"的实践之路。在技术标准、知识产权、产业应用等方面广泛开展国际交流,不断拓展合作领域。加强与国外研究机构开展交流合作,及时准确把握世界经济高质量发展趋势。鼓励企业与国外先进企业和研发机构合作,鼓励企业创造条件到境外设立研发机构,鼓励跨国公司、国外机构等在我国设立智能制造研发机构、人才培训中心。

第四,引导产业结构的多样化调整,积极拓展关键产业门类。利用产业政策手段在主导产业之外培育新的产业增长点,适度培育与现有主导产业存在逆经济周期差异的新兴部门,逐步形成适度多样、协调发展的现代化产业体系。另一方面,应以比较优势主导产业为核心构建和发展产业链。根据地区的比较优势和在省内的地位角色,规划产业链的层次和功能,避免城市间产业竞争和重复建设带来的资源配置低效。

第二篇

经济结构调整引领经济高质量发展的动因研究

第三章 经济高质量发展存在经济结构失衡

一、引言

自卢卡斯提出"资本为什么不从富国流向穷国"命题以来,经济高质量发展水平和经济增长的关系得到广泛研究。而与以往仅从技术进步视角关注一国经济增长和跨国收入差距不同(Benhabib et al.,2014),近年来,经济结构失衡日益成为新的研究视角(Jones,2011)。

当中国经济以高投入、高耗能、高排放驱动的增长遇到产能过剩、资源瓶颈和环境压力加大的阻碍,中国经济增长进入了结构调整阶段。该阶段里,产业的优化升级和结构的转型都依赖于经济高质量发展水平的提高。因此,如何实现经济高质量发展水平的有效提高,成为理论和政策关心的成果。已有研究表明,当实现帕累托有效配置的完全竞争市场条件在现实中不能被满足时,经济高质量发展水平由技术水平和资源配置效率共同决定。考虑到技术进步也内生于微观主体关于创新成本和创新收入的决策函数,提高经济高质量发展水平的关键就落脚于如何提高国内稀缺资源的配置效率。这是因为,一方面,随着后发国家经济基础在向发达国家不断收敛的过程中,前沿技术国家输出核心技术的意愿在逐渐减弱,意味着我国的技术进步只能通过自主创新来实现,而自主创新下的技术进步依赖于微观主体的持续创新意愿,在市场机制下,这种意愿内生于研发成果带来的创新回报的激励程度。如果要素价格不能及时对稀缺程度做出反应,产品价格不能及时对供求状况做出调整,那么企业自主创新的意愿也会因为创新成果得不到足够的市场激励而发生改变;另一方面,技术进步是一个漫长的过程,考虑到现阶段外需持续疲软、国内投资乏力的现实,短期内就业率和增长率的维持也依赖于资源配置效率的改善来实现。

事实上,相对于市场化程度高度发达的西方国家,中国地方政府一直以"市场缔造者"角色参与经济运行中并通过一些特殊的制度安排来实现就业的增加和经济的增长,但这种试图运用政府力量改变市场结果的做法不可避免地会带来道德风险、效率损失和资源配置扭曲等问题。大量研究表明,在中国渐进式、双轨制的改革过程中,经济结构失衡的存在可以说是一个客观现象(简泽,2011;聂辉华,2011;Brandt et al.,2013)。而经济结构失衡问题的解决对增长质量的提高和增长潜力的发挥都有着重要的意义(Hsieh 和 Klenow,2007;Jovanovic,2014)。自 2013 年以来,经济结构失衡问题得到了本届政府的高度重视,中央正在极力推动深度转型,旨在减少不必要的政府干预,消除政策扭曲导致的经济结构失衡。例如,《中共中央关于全面深化改革若干重大问题的决定》明确指出,要紧紧围绕使市场在资源配置中起决定性作用深化经济体制改革,加快完善现代市场体系、宏观调控体系、开放型经济体系。凡是能由市场形成价格的都交给市场,政府不进行不当干预,切实推进水、石油、天然气、电力、交通、电信等领域价格改革,放开竞争性环节价格。

为此,需要回答存在经济结构失衡的重点领域和造成经济结构失衡的主要原因。尽管已有研究已经对中国的经济结构失衡程度及影响因素做了一些探索研究,但多是基于制造业微观数据对制造业内的错配程度进行了测算和研究,对中国全行业的经济结构失衡程度却缺乏考量,尤其是关于服务业经济结构失衡的研究尚属空白。因而也无法判断经济结构失衡将如何影响产业结构的升级和转型,而这是中国未来增长方式转型成功与否的关键。因此,本书把三次产业(农业、制造业、服务业)首次纳入到一个统一的核算框架里,对三次产业及产业内各行业的产品市场扭曲和要素市场扭曲程度进行统一的测度。对以下问题给予回答:我国整体的经济结构失衡程度有多严重? 经济结构失衡造成的效率损失有多大? 存在经济结构失衡的重点行业是哪些? 经济结构失衡程度的变动呈现何种趋势? 造成行业效率损失的原因究竟是哪些? 这些问题的解决对中国深化经济领域改革,推进市场化进程,提高经济高质量发展具有重要的政策意义。

在新古典主义的理论框架下,市场有效和资本收益递减规律决定了跨国人均收入的差距只能由国别间的经济高质量发展水平差距导致,且技术差距是导致经济高质量发展水平国别差距的唯一因素(Solow,1956)。但伴随 20 世纪信息通信技术(ICT)的蓬勃发展和世界经济一体化程度的不断深入,国别间的技术差距在不断缩小(Comin et al.,2010),如果是技术差距导致跨国间的人均收入差距,那么为何差距没有缩小反而加大呢? 对此,学者们从经济结构失衡视角给予了合理解释(Brandt et al.,2013;Jones,2011;Opp et al.,2014)。

导致经济结构失衡的诱因很多,从市场运行机制本身存在的缺陷看,不完全竞争市场结构导致企业加成的差异(Opp et al.,2014)、调整成本阻碍技术冲击发生时资本的及时调整(Asker et al.,2006)、就业市场存在的信号摩擦导致人力资本的错配(Jovanovic,2014)、金融市场借贷双方信息不对称导致的信贷错配等都会导致经济高质量发展水平的损失。从政府之手对市场运行的干预看,行业存在的行政性进入壁垒(Foster et al.,2001)、工会对经济衰退时期企业的自由裁员的阻碍、央行针对国有部门和非国有部门采取的非对称金融管制方式(Brandt et al.,2013)、政府对大企业和小企业设置的异质性税率(Hsieh et al.,2012)也会诱导经济结构失衡和经济高质量发展水平损失。尽管关于经济结构失衡发生的原因学界不一而足,但最新文献更倾向于认为经济结构失衡并非单一因素作用下的结果,更多的是政治过程、制度安排、技术进步和资源配置(包括物质资本、人力资本、技术创新、自然资源)相互作用的均衡结果(Acemoglu et al.,2002)。

有关政府政策安排对资源配置效率的影响得到了大量研究。发展中国家普遍存在的针对特定市场(对产业关联性大的行业的政策偏向)和特定主体(对国有企业和正规部门的政策偏向)实施的有选择性的资金信贷配给政策会造成资源配置效率的降低,因为这意味着一部分高效率的非国有企业要么得不到足够的资金安排,要么被人为地排斥在一些存在高额垄断利润的行业之外(Udry,2012;Brandt et al.,2013)。开放经济背景下,关税等贸易壁垒的存在也会影响资源配置效率。当不同行业面临的贸易壁垒不相同时,贸易壁垒低的行业比贸易壁垒高的行业更易被卷入到激烈的国际竞争中,在这个过程中,低效率企业会被挤出市场,而潜在的高效率企业也会随之进入该市场,行业内的企业数量就会因为贸易壁垒的异质性而处于不断的动态变化中,造成资源的错配(Tombe,2012)。根据 Hsieh 和 Klenow(2009)的研究,如果中国消除这些扭曲制度,按美国要素的边际产品重新配置中国劳动力和资本,可使我国制造业经济高质量发展水平提高 30%～50%。

关于中国三次产业内部的经济结构失衡程度以及经济结构失衡原因的研究表明,尽管自 20 世纪 90 年代以来,国企制度改革、户籍制度进一步放开等措施总体上有助于中国整体资源配置效率的改善,但因经济结构失衡导致的总经济高质量发展水平损失仍有 20%(Brandt et al.,2013),值得注意的是,阻碍要素自由流动的障碍不仅影响经济的产出总量及产出水平,还会对经济的生产前沿面产生影响(曹玉书和楼东玮,2012),据测算,经济结构失衡导致我国年均 GDP 增长率损失了 0.9 个百分点。造成各产业经济结构失衡的原因也不尽相同。非农就业机会增加、农村金融信贷和土地规模化利用是影响农户资源配置效率的主要因素,尽管非农就业机会的增加可以改善农户的劳动配置效率,但考虑到资本配置效率存在的地区差异,现行制度下土地规模的调整可能是改善要素配置效率的更优解决方案(朱喜,2011);国企制度安排、地区分割对产品和要素自由流动的阻碍是造成制造业经济高质量发展水平损失的主要原因。关于服务业经济结构失衡的研究较少,其中柏培文(2014)从三次产业的劳动力配置状况以及劳动力不同层次的无扭曲配置对社会产出的影响进行了考察,但他的研究并未细分到产业内的每个行业,也没有测算资本在不同行业的错配程度。曹玉书(2012)分解了各地区及三次产业的经济结构失衡系数,但在他的核算框架下,并未对造成各行业的资本、劳动力和产品扭曲系数进行分别的测算,也未对造成各行业经济结构失衡的原因进行实证检验。

与已有文献相比,本书的工作主要表现为三个方面:首先,为了解资源在全行业间的配置状况,本书从产业关联视角构建包含全行业(农业、制造业、服务业)的统一的核算框架,分别计算资本和劳动力在不同行业的扭曲程度。其次,本书借助数值分析测算了经济结构失衡对经济高质量发展的影响,既包括对产出水平的影响,也包括对产出增长率的影响。最后,本书的结论也与已有国内外文献有一定差别。尽管制造业部门存在严重错配,但测算结果显示服务业部门的错配程度较农业部门和制造业部门更严重,要素市场的扭曲程度比产品市场严重,资本市场的扭曲程度比劳动力市场严重。数值比较的结果显示,如果中国全行业的资源配置效率达到和美国一样的水平,可使产出水平提高65%,产出增长率提高2%。最后,本书对造成三次产业经济结构失衡的制度因素进行实证检验,发现户籍制度和国企制度安排是造成我国三次产业经济结构失衡的主要原因。

二、全行业经济结构失衡的模型框架

本书考虑一个静态的资源配置模型,考察各年度资本供给数量 $\overline{K}_t$ 和劳动力供给数量 $\overline{L}_t$ 既定下,两种要素在不同产业及产业内不同部门间的配置如何影响部门产出及总产出。总产出或 GDP(假设总产出价格为计价物,则二者同义)的产出函数为

$$Y_t = \left(\sum_{i=1}^{3} \lambda_i Y_{i,t}^{\eta} \right)^{\frac{1}{\eta}} \tag{3-1}$$

其中,$i=1,2,3$,分别表示第一、二、三产业,Y_i 表示第 i 产业的产出水平,λ_i 表示各产业产出在总产出的比重,式(3-1)的函数形式反映了两个特点:① 总产出由三次产业的产出按照 $\frac{1}{1-\eta}$ 的替代弹性合成;② 之所以采用 CES 的函数形式,而放弃了 $C-D$ 函数形式的假定,是因为前者更加符合现实。$C-D$ 函数形式意味着某一个产业产值在一国总产值中占比很低会导致 GDP 很低,极端情形就是当某个产业产值为零时,总产出为零,这显然不符合现实,如新加坡,香港的第二产业在总产值中占比非常低,但人均收入水平却名列世界前位。第 i 产业的产出函数为

$$Y_{i,t} = \left(\sum_{j=1}^{m} \sigma_j Y_{i,j,t}^{\varphi} \right)^{\frac{1}{\varphi}} \tag{3-2}$$

其中,$Y_{i,j}$ 表示第 i 产业内第 j 行业的产出水平,每个产业内各行业间的替代弹性为 $1/1-\varphi$,σ_j 表示各行业在其所在产业内的重要程度。产业内各

行业的生产函数为

$$Y_{i,j,t} = A_{i,j,t} K_{i,j,t}{}^{\alpha_i} L_{i,j,t}{}^{1-\alpha_i} \tag{3-3}$$

其中,α_i 表示第 i 产业的资本产出弹性;$1-\alpha_i$ 表示第 i 产业的劳动产出弹性,意味着同一产业内部各行业的要素产出弹性相同,但三次产业之间的要素产出弹性不同。

(一) 存在市场扭曲情形:实际经济高质量发展水平的测度

假设经济体中存在两种扭曲,一是产品市场扭曲,二是要素市场扭曲。无论是何种原因造成了市场扭曲,最终都会反映到目标函数的一阶条件上,即要素的边际收益产品和要素价格之间多出一个经济楔子(wedge)。设产业内各行业面临的资本扭曲用 $\tau_{i,j,t}^k$ 表示,劳动力扭曲用 $\tau_{i,j,t}^l$ 表示,第 i 产业面临的产品扭曲为 $\tau_{i,t}^y$,第 i 产业内的第 j 行业面临的产品扭曲为 $\tau_{i,j,t}^y$。由此可得,最终品部门决策函数的一阶条件为

$$Y_{i,t} = \left[\frac{\left(\dfrac{\tau_{i,t}^y \cdot p_{i,t}}{\lambda_{i,t}} \right)}{p_t} \right]^{\frac{1}{\eta-1}} \cdot Y_t \tag{3-4}$$

$$p_t = \left[\sum_i \lambda_i^{\frac{1}{1-\eta}} (\tau_i^y \cdot p_i)^{\frac{\eta-1}{\eta}} \right]^{\frac{\eta-1}{\eta}} \tag{3-5}$$

各产业生产厂商的决策函数的一阶条件为

$$Y_{i,j,t} = \left[\frac{p_{i,j,t}}{\sigma_j \cdot p_{i,t}} \cdot \frac{\tau_{i,j,t}^y}{\tau_{i,t}^y} \right]^{\frac{1}{\eta-1}} \cdot Y_{i,t} \tag{3-6}$$

$$\eta \cdot \tau_{i,t}^y \cdot p_{i,t} = \left[\sum_j \sigma_j^{\frac{1}{1-\varphi}} \cdot (\tau_{i,j,t}^y \cdot p_{i,j,t})^{\frac{\varphi}{\varphi-1}} \right]^{\frac{\varphi-1}{\varphi}} \tag{3-7}$$

产业内各行业生产厂商的决策函数的一阶条件为

$$MPL_{l,t} \overset{\triangle}{=\!=} (1-\alpha_i) \frac{Y_{i,j,t}}{L_{i,j,t}} = \frac{w_t}{\left(\dfrac{\tau_{i,j,t}^y \cdot p_{i,j,t} \cdot \varphi}{\tau_{i,j,t}^l} \right)} \tag{3-8}$$

$$MPL_{k,t} \overset{\triangle}{=\!=} \alpha_i \frac{Y_{i,j,t}}{K_{i,j,t}} = \frac{r_t}{\left(\dfrac{\tau_{i,j,t}^y \cdot p_{i,j,t} \cdot \varphi}{\tau_{i,j,t}^k} \right)} \tag{3-9}$$

其中，p_t 为最终品的价格，$p_{i,t}$ 为第 i 产业产出的价格，$p_{i,j,t}$ 为第 i 产业第 j 部门的产品价格，$\dfrac{\tau^y_{i,j,t} \cdot p_{i,j,t} \cdot \varphi}{\tau^l_{i,j,t}}$ 称为劳动力市场存在的经济楔子，$\dfrac{\tau^y_{i,j,t} \cdot p_{i,j,t} \cdot \varphi}{\tau^k_{i,j,t}}$ 称为资本市场存在的经济楔子。再由式（3-4）～式（3-9）及劳动力市场出清 $\sum_i \sum_j L_{i,j,t} = \bar{L}_t$ 和资本市场出清 $\sum_i \sum_j K_{i,j,t} = \bar{K}_t$，得存在经济楔子下的产业层面的经济高质量发展水平为

$$\widetilde{A} = \left[\sum_j \sigma_{i,j}^{\frac{1}{1-\varphi}} A_{i,j,t}^{\frac{\varphi}{1-\varphi}} \left(\frac{\tau^l_{i,j,t}}{\tau^k_{i,j,t}} \right)^{\frac{\varphi}{1-\varphi} \cdot \alpha_i} \right]^{\frac{1-\varphi}{\varphi}} \tag{3-10}$$

存在经济楔子下的总量层面经济高质量发展水平为

$$\widetilde{A} = \left[\sum_i \lambda_i^{\frac{1}{1-\eta}} \cdot \left(\frac{\alpha_i}{1-\alpha_i} \cdot \frac{w_t}{r_t} \right)^{\frac{\eta}{1-\eta}} \cdot \widetilde{A}_i^{\frac{\eta}{1-\eta}} \right]^{\frac{1-\eta}{\eta}} \tag{3-11}$$

由式（3-10）、式（3-11）可以看出，要素市场扭曲程度可以通过产业层面经济高质量发展水平和总量层面经济高质量发展水平分别反映出来，值得注意的是，尽管这里没有出现产品市场扭曲楔子，但从式（3-8）、式（3-9）可以看出，产品市场楔子的大小会进一步放大或缩小要素市场楔子，进而通过要素市场扭曲间接作用于 $\widetilde{A}$ 和 $\widetilde{A}$。

（二）不存在市场扭曲情形：有效经济高质量发展水平测度

当市场不存在扭曲时，即产品市场存在的经济楔子和要素市场存在的经济楔子等于 1，同样，我们可以得到不存在市场扭曲状况下的产业层面的有效经济高质量发展水平为

$$A_{i,t}^* = \left[\sum_j \sigma_{i,j}^{\frac{1}{1-\varphi}} A_{i,j,t}^{\frac{\varphi}{1-\varphi}} \right]^{\frac{1-\varphi}{\varphi}} \tag{3-12}$$

$$A_t^* = \left[\sum_i \lambda_i^{\frac{1}{1-\eta}} \cdot \left(\frac{\alpha_i}{1-\alpha_i} \cdot \frac{w_t}{r_t} \right)^{\frac{\eta}{1-\eta}} \cdot A_{i,t}^{*\frac{\eta}{1-\eta}} \right]^{\frac{1-\eta}{\eta}} \tag{3-13}$$

（三）扭曲程度和扭曲效应

本书借鉴（Brandt et al.，2013）的方法，用实际经济高质量发展水平和

有效经济高质量发展水平差距来反映经济中存在的总扭曲程度；用市场扭曲的变动对经济高质量发展水平增长率的影响程度来反映扭曲效应。扭曲程度和扭曲效应的测度方法如下

总扭曲程度

$$D = \log\left(\frac{A_t^*}{\widetilde{A}_t}\right) \qquad (3-14)$$

市场扭曲效应

$$De = g_{\log\widetilde{A}_t} - g_{\log A_t^*} \qquad (3-15)$$

三、经验分析

(一) 估计方法和参数校准

从实际经济高质量发展水平的计算公式可以看出，需要先计算出产品市场和要素市场存在的一组经济楔子 $(\tau_{i,t}^y, \tau_{i,j,t}^y, \tau_{i,j,t}^k, \tau_{i,j,t}^l)$，计算方法如下

由式(3-4)得

$$\tau_{i,t}^y = \lambda_i \cdot \left(\frac{p_{i,t} Y_{i,t}}{p_t Y_t}\right)^{\eta-1} \left(\frac{p_t}{p_{i,t}}\right)^{\eta} \qquad (3-16)$$

由式(3-7)得

$$\tau_{i,j,t}^y = \sigma_j \cdot \tau_{i,t}^y \cdot \left(\frac{p_{i,j,t} Y_{i,j,t}}{p_{i,t} Y_{i,t}}\right)^{\varphi-1} \left(\frac{p_{i,t}}{p_{i,j,t}}\right)^{\varphi} \qquad (3-17)$$

由式(3-8)得

$$\tau_{i,j,t}^k = \frac{\tau_{i,j,t}^y \cdot \varphi \cdot \alpha_i \cdot p_{i,j,t} Y_{i,j,t}}{r_t \cdot K_{i,j,t}} \qquad (3-18)$$

由式(3-9)得

$$\tau_{i,j,t}^l = \frac{\tau_{i,j,t}^y \cdot \varphi \cdot (1-\alpha_i) \cdot p_{i,j,t} Y_{i,j,t}}{w_t \cdot L_{i,j,t}} \qquad (3-19)$$

由式(3-16)～式(3-19)可知计算经济楔子之前,首先需要先对一组参数进行校准($\lambda_i,\sigma_i,\eta,\varphi,\alpha_i$),并对无扭曲经济下的要素价格($w,r$)进行计算,然后根据国家统计局公布的固定资产投资金额估算出各部门的资本存量$K_{i,j,t}$,由于官方数据仅公布了一般物价水平,并没有公布具体产业部门的价格水平,还需要根据p_t对三次产业价格水平产业内各部门价格水平($p_{i,t}$,$p_{i,j,t}$)进行估算。最后根据中国统计年鉴公布的GDP、三次产业产值、劳动力投入数量,结合估算出的$\{(\lambda_i,\sigma_i,\eta,\varphi),(w,r),(p_{i,t},p_{i,j,t}),(K_{i,j,t})\}$,即可计算出导致市场扭曲的经济楔子。下面分别给出相关参数的校准值和相关变量的估算值。

1. 参数校准

经验研究表明,产业间替代弹性取值范围一般在 $3\sim10$ 之间(Broda et al.,2006),本书取中间值,假设三次产业的替代弹性 $1/(1-\eta)$ 和产业内各部门的替代弹性 $1/(1-\varphi)$ 均为5,意味着 $\eta=\varphi=0.8$;假定第二产业的劳动力产出弹性为0.67(Hsieh,2009),由要素产出弹性的性质以及中国第一、三产业要素投入相对密集程度[①],假设第一产业的劳动力产出弹性为0.6,第三产业的劳动力产出弹性为0.4,即三次产业的资本产出弹性分别为:$\alpha_A=0.40$,$\alpha_M=0.33$,$\alpha_S=0.6$;三次产业在总产出中的权重 λ_i 用 2002—2018 年各产业产值在 GDP 中占比的算数平均数近似计算,即 $\lambda_i=\sum\limits_{t=2002}^{2019}\dfrac{p_{i,t}Y_{i,t}}{p_tY_t}/17$,各部门在其所在产业中的权重 σ_i 用 2002—2018 年各部门产值在其所在产业产值中占比的算数平均数近似计算,即 $\sigma_i=\sum\limits_{t=2002}^{2019}\dfrac{p_{i,j,t}Y_{i,j,t}}{p_{i,t}Y_{i,t}}/17$。

2. 要素价格估算

无论是产品市场扭曲还是要素市场扭曲最终都会表现为要素价格的变

---

① 正如姚洋(1998)指出:劳动力产出弹性大于资本产出弹性的现象只有在资本密集度达到一定程度时才可能出现。考虑到我国第三产业发展滞后,目前仍是消费性服务业占主要比重,而消费性服务业多为劳动力密集型,因此假设第三产业的劳动力产出弹性小于第二产业的劳动力产出弹性,大于第三产业的资本产出弹性。考虑到大量劳动力从农村转移出来至工业部门和消费性服务业部门,农业部门存在的"613899"结构,设第一产业劳动力产出弹性处于第二产业和第三产业之间应该是合理的。

动,因此官方公布的实际工资水平和利率实际已经包含了扭曲因素在内。为了获得无扭曲状况下的工资水平和资金使用成本,必须通过扭曲程度最小经济体的劳动力工资资金使用成本来近似。本书根据 2020 年 SSA(Social Security Administration)公布的数据,2009—2018 年美国劳动力工资中位数基本维持在 2.8 万美元左右,中国 2009—2018 年美元兑人民币汇率均值约为 7.7,经过汇率折算后,无扭曲的劳动力工资约为 21.56 万元,以1995 年为 100 进行价格指数平减后,得到无扭曲的劳动力实际工资水平为11.73 万元;按照 Diego Restuccia 和 Richard Rogerson(2008)的计算结果,设无扭曲下的资金使用成本 $r=0.02$。

3. 产业内各部门资本存量估算

采用永续盘存法,即 $K_t = K_{t-1}(1-\delta_t) + I_t$,对各部门资本存量进行估算,采用张军(2004)对折旧率的设定值,令 $\delta_t = 9.6\%$,初期资本存量等于固定资产投资额除 10%,由此得到 2002—2018 年各部门的名义资本存量,再以 2003 的价格为基数,计算出 2002—2018 年各部门的实际资本存量。

4. 部门价格指数估算

国家统计局已公布的价格指数里面包括了 GDP 价格指数、三次产业价格指数,但是关于产业内各部门价格指数并未全部公布,为了保证价格指数估算的连续性,本书根据已公布的 GDP 价格指数及式(3-4)、式(3-6)隐含的估算方法对 2002—2018 年三次产业的价格指数及产业内各部门价格指数进行统一估算,根据式(3-4)和式(3-6),可以得到三次产业价格指数和产业各部门指数,估算方法如下:

$$\hat{p}_{i,t} = \left(\frac{p_{i,t} Y_{i,t}}{p_t Y_t}\right)^{\frac{\eta-1}{\eta}} \cdot \lambda_i^{\frac{1}{\eta}} \cdot p_t \qquad (3-20)$$

$$\hat{p}_{i,j,t} = \left(\frac{p_{i,j,t} Y_{i,j,t}}{p_{i,t} Y_{i,t}}\right)^{\frac{\eta-1}{\varphi}} \cdot \lambda_i^{\frac{1}{\varphi}} \cdot \hat{p}_{i,t} \qquad (3-21)$$

由式(3-20)、式(3-21)可知,根据 GDP 价格指数、产业权重、产业产值在 GDP 中占比即可估算出产业层面价格指数,再根据估算出的产业价格指数、部门在产业中的全值、部门产值在产业产值中占比即可估算出产业内各部门的价格指数。

(二)测算结果

1. 产品市场、要素市场的扭曲系数

表3-1~表3-4分别给出了造成产品市场扭曲和要素市场扭曲的经济楔子的大小,从表中可以得出以下三点:第一,从三次产业的产出扭曲系数看,第三产业的扭曲程度最高,第一产业虽然比第二产业稍高,但差距较小,前者的扭曲系数为0.03,后者的扭曲系数近乎为0,从侧面反映了我国服务业发展滞后于制造业的现实;第二,各行业的要素市场扭曲系数大于产品市场扭曲系数,这和改革开放以来我国要素市场化改革滞后于产品市场改革,要素市场尚未充分放开的现实相符。经过30多年的发展,尽管产品市场的竞争格局已基本形成,但在一些关键性的资源型领域(如土地、能源、金融)行政权力长期以来的高度参与既是导致这些行业运营低效率的主要原因,也是导致社会矛盾冲突的根源;第三,资本市场中的扭曲系数比劳动力市场的扭曲系数更为严重。从时间序列的均值来看,资本市场扭曲程度最高的部门是金融业,扭曲系数为3.88,最低的部门是工业,扭曲系数为1.42。而劳动力市场扭曲程度最高的部门是房地产业,扭曲系数为1.95,最低的部门也是工业,扭曲系数为－0.11。金融业的资本市场扭曲系数最高,2002—2018年均扭曲系数为3.88,意味着长期以来我国资金价格偏高,郑新立(2014)曾指出与世界发达国家相比,我国的资金价格是世界上最高的,约为发达国家的2~6倍。本书的结果刚好与这一论断相符,既从侧面证明本书测度结果的合理性,也为其观点提供了数据支持。

因此,未来改革重点在于深化要素市场改革,尤其是金融体制改革。尽管我国资本市场经过十多年的变革,实现了从过去的直接调控向间接调控的转变、从存、贷款利率双边管制到贷款利率管制放开的转型,但央行针对国有部门和非国有部门采取的非对称金融管制方式,仍然是影响资金有效配置的最主要障碍(高玉泽,2013)。尽管阻碍劳动力自由流动障碍也在逐渐减少,但"地区分割"和"行业垄断"仍是导致长期以来劳动力错配的主要原因(柏培文,2014)。

表 3-1 产业内具体部门的资本扭曲

年份	农林牧副渔	工业	建筑业	交通运输、仓储和邮政业	批发和零业、住宿和餐饮业	金融	房地产	地质勘查业和水利管理	教育文化体育娱乐	卫生、社会保障和社会福利
2002	3.32	1.64	1.88	2.81	3.56	3.97	3.46	3.89	3.15	4.22
2003	3.32	1.66	1.91	2.83	3.58	4.00	3.46	3.87	3.19	4.22
2004	3.25	1.65	1.89	2.79	3.57	3.99	3.46	3.83	3.19	4.25
2005	3.16	1.61	1.90	2.75	3.55	3.95	3.48	3.72	3.19	4.27
2006	3.04	1.58	1.89	2.71	3.53	3.93	3.47	3.64	3.19	4.25
2007	2.92	1.57	1.90	2.75	3.52	3.96	3.49	3.57	3.20	4.25
2008	2.83	1.55	1.85	2.62	3.40	3.85	3.40	3.40	3.08	3.29
2009	2.71	1.53	1.83	2.56	3.35	3.84	3.39	3.30	3.03	3.22
2010	2.63	1.50	1.66	2.46	3.22	3.83	2.55	2.89	2.92	3.15
2011	2.62	1.46	1.52	2.57	3.39	3.72	2.83	3.11	3.12	3.52
2012	2.50	1.40	1.39	2.52	3.25	3.75	2.65	2.94	3.06	3.45
2013	2.38	1.33	1.27	2.45	3.12	3.83	2.50	2.78	2.96	3.35
2014	2.31	1.28	1.17	2.37	3.00	3.96	2.39	2.66	2.89	3.28
2015	2.22	1.24	1.09	2.29	2.98	3.91	2.30	2.55	2.87	3.24
2016	2.05	1.12	1.00	2.12	2.82	3.86	2.23	2.41	2.79	3.09
2017	1.95	1.07	0.92	2.03	2.75	3.81	2.16	2.32	2.72	3.02
2018	1.83	1.04	0.84	2.00	2.68	3.75	2.07	2.25	2.69	2.99

表 3-2 产业内具体部门的劳动扭曲

年份	农林牧副渔	工业	建筑业	交通运输、仓储邮政	批发零售业、住宿餐饮	金融	房地产	地质勘查业、水利管理	教育文化、体育和娱乐	卫生、社会保障和社会福利
2002	0.79	−0.38	0.58	1.15	0.75	1.69	1.89	2.04	0.64	1.65
2003	0.84	−0.34	0.62	1.17	0.77	1.69	1.86	2.06	0.67	1.65

（续表）

年份	农林牧副渔	工业	建筑业	交通运输、仓储邮政	批发零售业、住宿餐饮	金融	房地产	地质勘查业、水利管理	教育、文化、体育和娱乐	卫生、社会保障和社会福利
2004	0.81	−0.31	0.62	1.16	0.77	1.68	1.83	2.04	0.67	1.69
2005	0.84	−0.22	0.70	1.22	0.91	1.65	1.84	2.04	0.69	1.73
2006	0.82	−0.20	0.73	1.24	0.95	1.63	1.82	2.04	0.72	1.74
2007	0.80	−0.15	0.74	1.33	1.01	1.65	1.82	2.04	0.75	1.77
2008	0.82	−0.12	0.70	1.25	0.97	1.54	1.72	1.93	0.68	0.84
2009	0.82	0.27	0.10	1.24	1.00	1.52	1.68	1.92	0.67	0.82
2010	0.74	−0.09	0.67	1.17	0.94	1.40	1.62	1.23	0.64	0.79
2011	0.81	−0.06	0.69	1.34	1.25	1.28	2.16	1.63	0.92	1.20
2012	0.79	−0.05	0.68	1.37	1.26	1.30	2.13	1.62	0.93	1.20
2013	0.77	−0.05	0.68	1.38	1.27	1.38	2.12	1.58	0.90	1.15
2014	0.80	−0.04	0.69	1.37	1.28	1.50	2.12	1.56	0.89	1.14
2015	0.85	0.00	0.73	1.35	1.36	1.46	2.13	1.54	0.92	1.16
2016	0.86	−0.04	0.73	1.28	1.33	1.45	2.15	1.53	0.93	1.11
2017	0.88	−0.02	0.73	1.29	1.36	1.46	2.14	1.53	0.93	1.11
2018	0.92	−0.04	0.64	1.30	1.32	1.46	2.10	1.54	0.96	1.14

表 3-3　产业内各部门的产出扭曲

年份	农林牧副渔	工业	建筑业	交通运输、仓储邮政	批发零售业、住宿餐饮	金融	房地产	地质勘查业、水利管理	教育、文化、体育和娱乐	卫生、社会保障和社会福利
2002	0.03	0.00	0.07	0.40	0.38	0.39	0.38	0.41	0.32	0.39
2003	0.03	0.00	0.07	0.40	0.38	0.39	0.38	0.41	0.32	0.39
2004	0.03	0.00	0.07	0.39	0.37	0.38	0.37	0.41	0.31	0.38
2005	0.03	0.00	0.06	0.39	0.37	0.38	0.37	0.40	0.31	0.38

（续表）

年份	农林牧副渔	工业	建筑业	交通运输、仓储邮政	批发零售业、住宿餐饮	金融	房地产	地质勘查业、水利管理	教育、文化、体育和娱乐	卫生、社会保障和社会福利
2006	0.03	0.00	0.07	0.39	0.37	0.38	0.37	0.40	0.31	0.38
2007	0.03	0.00	0.07	0.40	0.38	0.38	0.38	0.41	0.32	0.38
2008	0.03	0.00	0.07	0.35	0.33	0.34	0.33	0.37	0.27	0.34
2009	0.03	0.00	0.07	0.35	0.33	0.34	0.33	0.36	0.27	0.34
2010	0.03	0.00	0.07	0.34	0.32	0.33	0.32	0.35	0.26	0.33
2011	0.03	0.00	0.07	0.36	0.34	0.35	0.34	0.37	0.28	0.35
2012	0.03	0.00	0.07	0.36	0.34	0.35	0.34	0.37	0.28	0.35
2013	0.03	0.00	0.07	0.36	0.34	0.34	0.34	0.37	0.28	0.34
2014	0.03	0.00	0.07	0.35	0.33	0.34	0.33	0.36	0.27	0.34
2015	0.03	0.00	0.07	0.34	0.32	0.33	0.32	0.36	0.26	0.33
2016	0.03	0.00	0.06	0.33	0.31	0.32	0.31	0.34	0.25	0.32
2017	0.03	0.00	0.06	0.33	0.31	0.32	0.31	0.34	0.25	0.32
2018	0.03	0.00	0.06	0.33	0.31	0.32	0.31	0.34	0.25	0.32

表 3－4　三大产业的产出扭曲

年份	第一产业	第二产业	第三产业
2002	0.03	0.00	0.38
2003	0.03	0.00	0.38
2004	0.03	0.00	0.37
2005	0.03	0.00	0.37
2006	0.03	0.00	0.37
2007	0.03	0.00	0.38
2008	0.03	0.00	0.33

（续表）

年份	第一产业	第二产业	第三产业
2009	0.03	0.00	0.33
2010	0.03	0.00	0.32
2011	0.03	0.00	0.34
2012	0.03	0.00	0.34
2013	0.03	0.00	0.34
2014	0.03	0.00	0.33
2015	0.03	0.00	0.32
2016	0.03	0.00	0.31
2017	0.03	0.00	0.31
2018	0.03	0.00	0.31

2. 经济结构失衡的扭曲程度和扭曲效应

根据表 3-1～表 3-4 计算结果及实际经济高质量发展水平计算公式（3-12）、有效经济高质量发展水平计算公式（3-13），可以得到总量层面和产业层面存在经济结构失衡状况下的实际经济高质量发展水平和无经济结构失衡状况下的有效经济高质量发展水平（表 3-5），首先，综合来看，2002—2018 年，三次产业经济高质量发展水平，无论是存在经济结构失衡状况下的实际经济高质量发展水平还是消除经济结构失衡状况后的有效经济高质量发展水平，普遍呈现出"制造业洼地"特征。这与改革开放以来我国制造业普遍采用的"加工贸易"有很大关系；其次，从实际经济高质量发展水平和有效经济高质量发展水平差距测度的扭曲程度看，有效消除经济结构失衡后，可使总产出水平提高 65%，其中，第一产业的产值提高 73%，第二产业提高 28%，第三产业提高一倍。从扭曲系数看，有效消除经济结构失衡，可使总经济高质量发展水平增长率提高 2 个百分点，第一、二、三产业可分别提高 1 个百分点。此外，从扭曲程度的时间序列变动趋势看，三次产业的经济结构失衡状况总体均呈现下降趋势，侧面反映了我国坚持市场化取向的改革成效。

表 3-5 总量层面经济高质量发展水平和产业层面经济高质量发展水平

年份	扭曲状况下实际经济高质量发展水平				无扭曲状况下有效经济高质量发展水平			
	总体	第一产业	第二产业	第三产业	总体	第一产业	第二产业	第三产业
2002	3.22	2.01	1.23	1.99	4.54	3.02	1.66	3.31
2003	3.18	2.02	1.24	1.94	4.08	3.01	1.66	3.27
2004	3.12	1.94	1.19	1.89	4.07	2.92	1.61	3.25
2005	3.10	1.93	1.24	1.86	4.06	2.86	1.64	3.25
2006	3.06	1.88	1.23	1.82	4.02	2.77	1.62	3.20
2007	3.04	1.82	1.22	1.80	4.00	2.67	1.60	3.18
2008	2.83	1.78	1.12	1.59	3.63	2.59	1.50	2.81
2009	2.77	1.75	0.85	1.53	3.57	2.50	1.28	2.76
2010	2.57	1.62	1.01	1.34	3.46	2.37	1.34	2.65
2011	3.14	1.65	0.99	1.90	3.34	2.37	1.27	2.52
2012	3.06	1.58	0.94	1.83	3.28	2.26	1.18	2.46
2013	3.00	1.50	0.89	1.76	3.30	2.14	1.09	2.48
2014	2.94	1.46	0.84	1.71	3.39	2.06	1.00	2.58
2015	2.92	1.47	0.84	1.68	3.30	2.02	0.97	2.48
2016	2.90	1.44	0.81	1.67	3.23	1.91	0.91	2.42
2017	2.86	1.41	0.77	1.63	3.16	1.84	0.84	2.34
2018	2.78	1.42	0.64	1.55	3.09	1.78	0.72	2.28
均值	2.97	1.69	1.00	1.73	3.62	2.42	1.29	2.78

表 3-6 经济结构失衡的扭曲程度和扭曲效应的度量

年份	总产出		第一产业		第二产业		第三产业	
	扭曲程度	扭曲效应	扭曲程度	扭曲效应	扭曲程度	扭曲效应	扭曲程度	扭曲效应
2002	1.32		1.01		0.43		1.32	
2003	0.91	0.09	0.99	0.01	0.42	0.00	1.33	-0.01
2004	0.95	-0.01	0.98	-0.01	0.42	-0.01	1.37	-0.02
2005	0.96	-0.01	0.93	0.01	0.40	0.03	1.38	-0.01
2006	0.96	0.00	0.89	0.00	0.39	0.00	1.38	-0.01

（续表）

年份	总产出		第一产业		第二产业		第三产业	
	扭曲程度	扭曲效应	扭曲程度	扭曲效应	扭曲程度	扭曲效应	扭曲程度	扭曲效应
2007	0.96	0.00	0.85	0.00	0.38	0.00	1.38	−0.01
2008	0.80	0.02	0.80	0.01	0.38	−0.02	1.22	0.00
2009	0.81	−0.01	0.76	0.01	0.43	−0.09	1.22	−0.02
2010	0.89	−0.04	0.75	−0.02	0.33	0.14	1.31	−0.09
2011	0.20	0.26	0.72	0.02	0.28	0.03	0.62	−0.07
2012	0.22	−0.01	0.68	0.00	0.24	0.02	0.64	−0.02
2013	0.30	−0.03	0.64	0.00	0.20	0.02	0.72	−0.04
2014	0.45	−0.05	0.60	0.01	0.17	0.02	0.87	−0.07
2015	0.38	0.02	0.55	0.03	0.13	0.04	0.80	0.02
2016	0.33	0.01	0.47	0.03	0.10	0.03	0.75	0.02
2017	0.30	0.01	0.43	0.02	0.07	0.02	0.72	0.01
2018	0.31	−0.01	0.36	0.04	0.08	−0.03	0.73	−0.02
均值	0.65	0.02	0.73	0.01	0.28	0.01	1.04	0.01

四、实证检验

既然测算结果表明要素市场扭曲造成了行业生产效率的损失，下面研究到底哪些制度安排或政府政策造成了各行业间的经济结构失衡。本书从政府干预角度分析可能会对行业错配产生影响的一些制度安排，集中表现为信贷配置制度、国企制度安排、户籍制度和财政制度四个方面。计量模型和变量选取方法及理由如下。

（一）计量模型

$$mis_{i,t} = \alpha_0 + \alpha_1 institution_t + \alpha_2 control_t + \varepsilon_t \qquad (3-22)$$

其中，$mis_{i,t}$ 表示第 i 产业的资源扭曲程度来测度，$institution_t$ 表示现实中可能会造成经济结构失衡的一系列制度安排，$control_t$ 表示除制度因素以外其他可能会对资源配置效率产生影响的控制变量，ε_t 是随机误差项。

(二)变量选取和数据来源

由于此处需要研究造成经济结构失衡的制度安排或政策措施,故用经济结构失衡作为被解释变量,用影响经济结构失衡的制度安排作为解释变量。考虑到三次产业本身存在要素密集度和产业内结构的差异,分别用总的经济结构失衡程度($agg-mis$)、第一产业内经济结构失衡程度($first-mis$)、第二产业经济结构失衡程度($second-mis$)、第三产业经济结构失衡程度($third-mis$)作为被解释变量对解释变量进行回归检验。考虑到中国经济运行的现实和已有相关研究,影响资源配置效率的制度安排有:

(1)金融约束。斯蒂格利茨、赫尔曼等认为造成转型经济体经济结构失衡的主要是金融约束而非金融抑制。因为前者完全是由政府干预造成,而后者内生于经济发展水平。张维迎也指出,这种为了实现宏观调整和结构调整的政府意图,针对不同所有制企业的主体实施有选择性地信贷配给和补贴政策,不仅会造成资源和时间的浪费,还会影响收入再分配带来效率损失并产生腐败和社会福利的净损失。显然,过去常用的金融信贷总额/GDP来衡量政府的金融约束对经济结构失衡的影响是不合适的,本书采纳鲁晓东(2008)和韩剑(2012)的做法,通过国有商业银行贷款额度/社会融资规模来近似反映金融信贷的所有制偏向,用 $credit$ 表示。

(2)国企制度。根据 Hsieh 和 Klenow(2009)的研究,国企制度安排是造成中国制造业低效率的主要原因。之所以国企制度安排会造成经济结构失衡,一是这种所有制差异为金融机构实施选择性的金融信贷提供了配套的可能,国有企业和非国有企业面临的资金借贷成本的差额就会造成行业的静态效率损失;二是行政性壁垒对行业内高效率企业进入的阻碍和低效率企业的保护也会造成行业的动态效率损失。由于现有的年鉴中并未公布国有企业总产值和非国有企业总产值,此处将各地区的城镇国企职工数相加得到全国的总国企职工数,再用全国总国企职工数/全国总职工数来反映国企规模,用 $state$ 表示。

(3)户籍制度。已有研究表明户籍制度对经济结构失衡产生显著的负效应(柏培文,2014)。辜胜阻(2014)指出,户籍制度造成的进城务工人员和城市居民福利待遇的二元结构是阻碍劳动力自由流动的主要障碍。因此,本书用农村户籍人口数/总人口数来反映户籍制度对劳动力自由流动的阻碍程度,用 *hukou* 表示。

(4)财政制度。已有研究基本都是基于政府补贴视角来检验财政支出对经济结构失衡的影响。

由于无法获得政府对三次产业的财政补贴金额,因此无法检验政府财政补贴政策对经济结构失衡的影响,但我们却可以检验政府支出偏向对经济结构失衡的影响。事实上,政府财政制度对资源配置的影响,既表现为政府支出,又表现为政府收入。Restuccia(2008)的研究表明税收征收方式、税率高低都会对资源配置效应产生影响。考虑到近十多年来我国对企业所得税征收制度进行了一系列税改,从开征国有企业所得税到外资税收优惠,再到内外资企业所得税税率并轨等变革,本书采用企业所得税收入/总税收收入反映税收制度,用 *fiscal - tax* 表示,考虑税收制度对经济结构失衡的影响。根据 Asturias(2014)的研究,基础设施状况会对一国资源配置效率产生影响,因为不同地区基础设施状况会以交易成本形式反映到企业的平均成本里,造成不同地区企业成本加成的差异。考虑到基础设施建设主要由政府承担。因此,本书将政府支出分为促进生产性支出[①]、促进消费性支出和政府自身支出三个方面,用生产性支出/政府总支出来反映政府支出结构,用 *fiscal - exp* 表示。

此外,考虑到国际经济背景下,国际投资也会对国内的资源配置效率产生影响,本书在计量模型里加入外资依存度。用外商直接投资金额/(国内生产总值-外商直接投资金额)反映对外资的利用程度,表示为 *fdi*;一般认为,外资进入带来的竞争效应会促使本土企业提高生产效率,进而促进国内资源配置效率的改善,但是 Atkeson(2008)等研究表明,当国内市场对于外资进入领域施加限制时,反而有可能会加剧国内的经济结构失衡。因此,外资进入对我国经济结构失衡效率的整体影响可通过控制变量的系数符号及大小综合反映出来。

(三)实证结果及分析

和发达国家相比,我国对资源配置效率发挥作用的制度性安排无疑会

---

①　促进生产性的支出包括:基本建设、企业挖潜改造资金、简易建筑费、地质勘探费、科技三项费用、流动资金、农林水利气象等部门事业费、工业交通部门事业费、流通部门事业费、科学事业费。

更多。但实证结果表明(表 3 - 7),对三次产业经济结构失衡最明显的制度安排是户籍制度和国企制度。可以看出,无论是总的经济结构失衡,还是三次产业经济结构失衡对户籍制度和国企制度的回归系数都大于零且通过1‰显著性检验。这与聂辉华(2011)和简泽(2011)等的研究结论一致。从经济学原理可知,实现资源有效配置的前提是允许要素自由流动,在市场看不见的手指引下要素从投资回报率低的部门流向投资回报率高的部门直到各部门边际产品价值趋同的过程,就是资源实现帕累托最优配置的过程。但长期存在的户籍制度和国企制度安排却成为当下阻碍要素自由流动的最大障碍。前者表现为不同户口类型对应的差别化待遇对劳动力从农村向城市、从小城市向大城市转移过程的阻碍,后者既表现行政性壁垒对新企业投资进入和低效率企业退出的阻碍,也表现为所有制差异为国有企业提供的融资成本和融资规模优势。大量事实证明,企业的自由进入和退出引起的资源在新进入企业和原有企业间的重新配置效应、原有企业内部的资源再配置效应对整个行业生产率的提高至关重要(Foster et al.,2001)。

本书实证结果与已有研究也存在一定的差异,表现为信贷政策和财政制度对三次产业经济结构失衡的影响。普遍认为,中国金融在很大程度上仍是支持国有企业的政府控制性金融,所以现有的金融体制不能很好地发挥优化资金配置的功能(韩剑,2014)。但本书却发现,金融约束对三次产业经济结构失衡的作用不明显。可能是因为既有的研究都是基于狭义口径下的行业内经济结构失衡的研究,对于既定的某一行业而言,金融机构基于国有企业的"预算软约束"自然会把更多的资金借贷给国有企业,这种选择性信贷配给政策无疑会造成行业生产率的损失。而本书的研究对象是针对三次产业间的经济结构失衡,考虑到国有企业及国有控股企业在三次产业间的准均匀分布特征,金融约束造成的不同产业间资金借贷成本的差异可能并不明显。鉴于已有研究已经表明,补贴机制不透明、补贴规则不统一造成的寻租行为不仅不能提高企业竞争效率,反而起到了保护落后产能、提高退出壁垒的作用,进而造成经济结构失衡。因此本书此处侧重于研究政府基础设施投资支出对资源配置的影响。原理上,政府增加基础设施等公共投资会降低企业的运输成本,促进市场规模的扩大,由此带来的市场竞争效应会促进资源配置效率,但实证结果表明,政府促进生产方面的支出对三次产业的资源配置效率的促进作用并不明显。这与我国地域辽阔、各地区基础设施投资不平衡的发展路径有关,当各地基础设施投资存在差距时,意味着基础设施落后的区域为本地企业提供了市场势力,造成本地企业与外地企业成本加成的差异自然会放大经济结构失衡程度。从财政收入结构看,政府近年来实施的企业所得税优惠政策对第一产业和第三产业的经济结构失衡配置效率产生明显的促进作用,从实证结果可以看出,三次产业的经济结构失衡程度对税收制度的回归系数都为负,且第一产业和第二产业的回归系数通过1%显著性检验。

表 3-7　三次产业经济结构失衡的回归结果

	总经济结构失衡程度						第一产业经济结构失衡程度			
Hukou	10.43** (1.89)					2.86** (0.35)				
Fiscaltax		−4.56** (1.46)					−1.19** (0.36)			
Fiscalexp			−0.53 (1.73)					−0.62 (0.40)		
Credit				0.20 (0.25)					0.04 (0.06)	
State					0.99** (0.24)					0.27** (0.05)
Fdi	−0.29 (0.18)	0.22 (0.17)	0.41 (0.51)	0.55** (0.18)	−0.15 (0.21)	0.24** (0.03)	0.38** (0.04)	0.30* (0.12)	0.47** (0.05)	0.28** (0.05)
constant	−6.30** (1.11)	0.98 (0.43)	0.06 (0.93)	−0.26 (0.27)	0.23 (0.21)	−1.65** (0.20)	0.33** (0.11)	0.33 (0.21)	0.01 (0.07)	0.13* (0.05)
R^2	0.84	0.69	0.43	0.46	0.76	0.98	0.95	0.91	0.90	0.96
F	31.19	13.09	4.58	5.06	19.42	371.15	103.97	62.11	52.68	170.80
Prob>F	0.00	0.00	0.03	0.03	0.00	0.00	0.00	0.00	0.00	0.00
	第二产业经济结构失衡程度					第三产业经济结构失衡程度				
Hukou	2.42** (0.49)					10.43** (1.89)				
Fiscaltax		−0.74 (0.42)					−4.56*** (1.46)			

(续表)

	第二产业经济结构失衡程度						第三产业经济结构失衡程度			
$Fiscalexp$			−0.38 (0.40)					−0.53 (1.73)		
$Credit$				−0.00 (0.06)					0.20 (0.25)	
$state$					0.29** (0.03)					0.99** (0.24)
Fdi	0.12* (0.05)	0.27** (0.05)	0.21 (0.12)	0.32** (0.04)	0.11** (0.03)	−0.29 (0.18)	0.22 (1.72)	0.41 (0.51)	0.55** (0.18)	−0.15 (0.20)
$constant$	−1.61** (0.29)	−0.01 (0.13)	−0.00 (0.22)	−0.20* (0.07)	−0.07* (0.03)	−5.88** (1.11)	1.40** (0.43)	0.48 (0.93)	0.16 (0.27)	0.6* (0.21)
R^2	0.94	0.85	0.83	0.81	0.98	0.84	0.69	0.43	0.46	0.76
F	92.37	34.43	28.63	26.2	248.39	31.19	13.09	4.58	5.06	19.42
$Prob>F$	0.00	0.00	0.00	0.00	0.00	0.00	0.00	0.03	0.03	0.00

注：** 和 * 分别表示1%和5%的显著性水平下显著。

五、简要结论

后金融危机时期在人口、资源、环境、能源的紧约束下,中国经济能否实现由过去的高速增长向中高速增长时期的平稳过渡,实现经济高质量发展,关键在于能否实现有限资源的有效配置。而现代市场经济已然脱离了最初的自由市场经济状态,需要同时发挥政府和市场在不同层次和不同领域的资源配置功能。这就要求我们了解存在经济结构失衡的关键领域和主要原因。本章尝试对三次产业经济结构失衡程度进行综合测度,并试图找到造成三次产业经济结构失衡的制度性根源。核算结果表明,从市场门类看,要素市场存在的经济结构失衡程度远大于产品市场,其中,资金市场扭曲大于劳动力市场扭曲;从产业类别看,第三产业存在的经济结构失衡程度最大。经济结构失衡的消除,从水平效应看可使第一产业产值提高73%,第二产业提高28%,第三产业提高一倍,总产出水平提高65%;从增长效应看可使第一、二、三产业经济高质量发展水平增长率分别提高1个百分点,总经济高质量发展水平增长率提高 2 个百分点。实证结果表明,户籍制度和国企制度是造成三次产业经济结构失衡的主要原因。对此,得到相关结论和启示:

(一)完善市场在资源配置中起决定性作用的巨大"改革红利"。据测算,在给定的资源供给总量下,通过资源在三次产业再配置效应的释放,可使产出水平提高 65 个百分点,经济增长率提高 2 个百分点,根据上一年的国内生产总值和就业岗位数,意味着新一轮市场化改革可以释放 24973 亿元增加值和 767 个就业岗位。且市场化对于经济结构优化、第三产业的发展尤为显著。根据测算,经济结构失衡的消除对于第三产业的溢出效应最强,相对于第二产业而言,可实现第三产业产值的翻一番,而实现从发展制造业为主到发展服务业为主的格局,这既是经济发展规律的客观要求,也是新常态下国内经济保持稳定发展的必然选择。

(二)发挥市场在资源配置中决定性作用的关键在于深化金融体制改革,根据测算结果,金融行业的资金成本的扭曲系数最高(约为 3.88),意味着金融领域的资金成本远远高于市场价格水平,这和多年来我国存在的资金价格非市场化定价机制有关,尽管近年来金融管制在逐步放松,从放开银行间同业拆借利率到货币市场、债券市场利率和境内外币存贷款利率市场化,从对金融机构人民币存款利率上限、贷款利率下限双边管制到贷款利率放开,对促进实体经济发展、经济结构调整与转型升级具有重要意义,但仍未从根本上发挥市场在资金配置中的根本性作用。众所周知,金融是现代经济的核心、现代市场体系的枢纽,从市场配置资源的实践来看,往往是资金配置到哪里,技术、劳动力等生产要素就随之集聚在那里,因此资金配置在生产要素配置中发挥着龙头作用,资金配置偏离市场规律,就会导致信贷错配,加剧经济结构的扭曲。而降低资金成本的关键就在于打破金融行业的进入壁垒和完善金融行业的退出机制。因为从学理和发达国家的经验看,允许企业在各行业自由投资,打破垄断、强化竞争,会使各行业的平均利润率趋同,实现资金价格的降低,进而促进实体经济的健康发展。

(三)深化户籍制度和国企制度改革,消除劳动力和资金要素自由流动的障碍。户籍制度改革的关键不以户籍废除为标志,而在于改变城镇基本公共服务业城市市民和农民工的二元结构。只有加大政府在公共领域的投资力度,切实推进基本公共服务的均等化,从广度和深度上向城镇常住人口全覆盖并推进城乡、城市间社保的有效对接,让转移人口有稳定的就业并享受教育、医疗等基本公共服务,才能彻底消除劳动力跨区域转移的顾忌,切实有效地推进劳动力的自由流动。考虑到国有企业对于中国特色社会主义制度的重要作用,在坚持国有经济主体地位的同时,关键在于强化对国有企业的权责约束,开启对竞争性的国有企业的市场化改革。为使其能够按照市场规则经营发展,依托资本市场进行股权多样化改革不失为可行的办法。更为关键的是应该降低一些竞争性领域的进入门槛,允许民营企业进入与竞争性国有企业公平竞争,让市场来决定企业的去留将对资源配置效率的改善至关重要。

第四章 经济高质量发展 需要经济结构转型升级

一、经济高质量发展下我国的经济结构特征

经过改革开放四十多年的发展,中国经济总量位居世界第二,并且已有预测,到2026年中国实际GDP将赶上美国,但是目前中国的人均GDP还不到美国的1/10(按现价美元算),接近世界平均水平的1/3,小时平均工资不到美国的1/15。按照库兹列茨(1991)所说的"各国的经济增长是指人均或每个劳动力平均产量的持续增长,以及相伴随着的人口增长和结构的巨大变化"这个定义,中国经济增长水平要在人均GDP上持续提高,赶上世界平均水平,需要更为显著的经济结构变化来支持。

众所周知,从1978年开始的中国经济增长,是一个典型的工业化不断发展的过程,制造业在GDP比重长期处于绝对领先地位,在国内表现为大量农村剩余劳动力向工业和城市转移。当国内制造业满足国内需求之后,增长引擎转向国外需求。不难发现,中国对外开放,尤其是加入WTO之后,凭借廉价的劳动力要素禀赋优势,出口导向的发展战略转变成加入全球化专业化分工导向的发展战略,积极吸收了大量的国外制造业价值链低附加值环节转移,成为世界第二大制造业中间产品贸易大国。中国出口从以最终产品贸易为主转变为最终产品和中间产品贸易并重的贸易结构,这是中国经济增长在改革开放以来获得的第一波"全球化红利",其基本决定因素是相对富裕的劳动力禀赋和绝对低廉的劳动力价格带来巨大的"人口红利"。

从附加值和增加值来看,中国出口的最终产品和中间产品都是市场竞争程度较高的产品,来自国内地区间竞争和其他发展中国家的潜在竞争。

在最终产品上表现为产品定价能力有限,附加值较低;在中间产品上,虽然涉及了高技术产业,但是由于作为代工者,缺乏核心技术和知识产权,产品增加值中中国获得的份额小。由此决定了中国经济增长相对发达国家来说(以美国为例),出现了 GDP 总量之比上升幅度大,人均 GDP 之比上升幅度小(从 1988—2008 年,按现价美元计算,中国 GDP 与美国之比从 12% 上升到 31%,上升了 19%,人均 GDP 与美国之比从 3% 上升到 7%,上升了 4%)的情况。这就是我国经济发展旧常态,是一种"只长骨头不长肉""贫困式增长"的状态。我国经济发展旧常态使得经济结构出现了以下几方面特征:

(1)相对 OECD 和东亚国家来说,中国形成了依赖于(低技能)劳动力比较优势的产业结构,由两部分构成,一是以产品贸易表现出来的具有比较优势的传统产业;二是以产品内贸易表现出的具有比较优势的定位于全球价值链低端的加工制造业(中国在全球制造业)。而且后者在中国净出口总额中比重于 2000 年后迅速增长,大大超越了前者。

(2)在全球价值链中,各国产业结构差异演变成价值链结构差异,其中发达国家在各种高技能密集型的制造业和服务业价值链中主导高附加值环节,利用中国与其他发展中国家自身与相互竞争导致的低技能劳动力成本优势,让中国长期处于价值链低附加值环节,以此保持和扩大发达国家自身的产业国际竞争力,扩大市场份额,为本国消费者、生产者提供价格更低的产品,并且获取高附加值环节的高额利润。同时使得中国在全球价值链的产业升级中受到发达国家控制和发展中国家的竞争,需要在各国之间进行协调,产业升级难度和成本大大提高,面临着长期处于低端环节的危险;在国内三次产业结构中,制造业长期处于主导地位,服务业发展主要满足于制造业发展的需求,交通运输、信息通信、物流、金融和房地产等服务业发展迅速,研发、商务服务等高级生产性服务业发展相对缓慢。

(3)在区域和城乡结构中,制造业投资尤其是来自国外的投资集中在接近国际市场的东部地区,中西部地区劳动力包括高技能劳动力流向东部地区,东中西部发展不平衡;制造业和服务业率先集中于城市,来自国外的制造业投资和生产性服务也优先选择城市,城市的公共服务投入优先得到满足和提升,农村大量的劳动力转移到城市,农村公共服务投入和社会保障严重滞后。

(4)在劳动力技能和收入分配结构中,长期以相对富裕与相对工资低的劳动力密集型投入加入全球价值链低端,或者形成有比较优势的传统产业,对高技能劳动力需求不足。从1995到2006年,中国净出口产品中中等技能和高技能劳动净投入是负的,并呈现扩大的趋势(中等技能劳动净投入从－29412百万美元扩大到－86224百万美元,高技能劳动净投入从－7106百万美元扩大到－20957百万美元)。相比而言,低技能劳动净投入是正的,也呈现显著增长趋势(从49465百万美元上升到259888百万美元),资本净投入虽正,但是显著低于低技能劳动净投入(从5943百万美元上升到67828百万美元);由于产品竞争程度高、定价能力和附加值低,劳动力工资水平长期以来难以大幅度提高,可支配收入增长缓慢,对以教育为主的人力资本投资能力低;相比而言,企业利润和政府税收增长保持稳定。

总之,正是由于中国特殊的国际分工地位,旧常态经济增长主要贡献来自低附加值制造业投资和净出口,其中主要依赖于低技能劳动力密集投入,呈现出低技能要素投入偏向性的经济增长方式,依赖于知识和人力资本的内生性经济增长动力不足。

二、经济高质量发展下我国的经济结构转型升级

当中国进入经济高质量发展后,"人口红利"逐步消失,低技能要素(包括低技能劳动力以及与之相匹配的资本、技术等要素)成本开始上升,中国定位于价值链低端的产业将失去成本优势。因此经济高质量发展下获取第二波"全球化红利"的关键是将经济增长所依赖于"人口红利"转变成依赖于一系列结构调整形成的"结构红利",进一步说,是将支持"人口红利"的低技能劳动力为主的禀赋结构改变成支持"结构红利"的高技能劳动力为主的禀赋结构。

我国国民经济和社会发展"十二五"规划纲要中提出"坚持把经济结构战略性调整作为加快转变经济发展方式的主攻方向。构建扩大内需长效机制,促进经济增长向依靠消费、投资、出口协调拉动转变。加强农业基础地位,提升制造业核心竞争力,发展战略性新兴产业,加快发展服务业,促进经济增长向依靠第一、第二、第三产业协同带动转变。统筹城乡发展,积极稳妥推进城镇化,加快推进社会主义新农村建设,促进区域良性互动、协调发展"。在结构调整目标上,"要取得重大进展:居民消费率上升。农业基础进

一步巩固,工业结构继续优化,战略性新兴产业发展取得突破,服务业增加值占国内生产总值比重提高4个百分点。城镇化率提高4个百分点,城乡区域发展的协调性进一步增强"。这些经济结构战略性调整内容主要涉及需求结构、三次产业结构、城乡结构和区域结构,这些结构变化依赖于较高人均收入水平和较大的公共收入规模的支持。在需求结构中,消费占比提高,依赖于人均可支配收入水平和社会保障水平显著改善;在城乡结构上,城乡统筹依赖于政府能够增加农村公共服务投入。这些收入的来源又都取决于中国各类企业能否在各类产业价值链上获得比以前足够高的增加值和附加值。

在经济全球化时代,几乎所有附加值高、增值环节多的产业发展都进入了全球价值链,中国企业无论是通过提高核心竞争力,还是进军前瞻性战略性新兴产业来获得较高的增加值和附加值,都要积极利用全球价值链,从全球范围内获取战略性资源和要素,形成一大批拥有自主知识产权、能够定位于价值链中高端的新兴产业。这种产业发展方式本身就意味着三次产业结构要向服务业占比逐步提高的产业结构转变。原因是,价值链中高端分布的业务活动主要涉及知识密集型生产性服务活动,一旦这些活动由一系列企业独立提供就会形成巨大的产业化规模,相对于制造加工业来说,其增加值占比也就显著提高。

对于区域结构,定位于价值链中高端的前瞻性战略性新兴产业发展,也意味着东中西部产业分工格局将被打破,原因是知识密集型生产性服务业及相关生产性服务主要集聚在知识创新功能较强的城市和城市群。目前主要分布于东部沿海地区。一旦这些高附加值产业形成规模,从事这些产业的高技能劳动力将获得较高的工资,不可避免会带动该地区原有的加工制造业成本上升,进而有动力向成本较低的中西部转移,在国内形成一系列产业价值链分工,我们称之为"国内价值链"。这种分工格局的形成就意味着东中西部产业分工从原来的"制造业中心-外围"模式转变成"服务业中心-制造业外围"的模式,中西部地区资源、劳动力要素从原来转移到东部进入价值链,转变成就地进入价值链。制造业和高级生产性服务业空间集聚内在要求有利于形成区域间良性互动、协调发展的格局。

经济进入高质量发展阶段后,经济结构调整目标和规划在实施过程中能否形成一种自我实施或者说自我强化的状态,还依赖于经济体制改革,能否将原来定位全球价值链低端的各级政府、各类企业之间的激励结构转变成促进企业定位于全球价值链中高端的激励结构。其关键之处从供给角度看,是形成创新驱动的投资体制,将知识和技术创新作为产业发展主要驱动力;从需求角度看,提高内需水平,激励国内消费者提高人力资本投资水平,满足创新驱动所需要的高技能劳动力。因此,作为资源配置的重要引导者——中央政府和地方政府应从大规模加工制造业投资偏向的目标和体制,转变成偏向于促进创新的投资目标和体制,灵活运用相应的经济政策手段和组织手段,积极利用市场配置功能,引导企业体制朝着有利于实现创新、有利于进入价值链高端的方向转变。

基于上述分析,当我国经济发展从旧常态进入经济高质量发展后,经济结构转型升级方向可以总结为"一定新定位,两个体制转变和四个结构转型":

"一个新定位"是指根据产业以全球价值链方式发展的趋势和要求,审视中国在 2000 年加入 WTO 之后从价值链低端加入全球价值链的发展绩效以及在经济体制和经济结构变化上影响,审视发达国家利用全球价值链、定位于价值链中高端所取得的发展绩效,以及金融危机后全球价值链中产业发展的新变化和新趋势,审视中国从"被动"加入全球价值链向"主动"利用全球价值链转变的形势、机遇、来自发达国家与发展中国家的竞争和自身的战略定位。

"两个体制转变"是指中央与地方政府目标和资源配置体制与相应的企业体制的转变,前者的转变是指从 GDP 增长导向的中央与地方政府目标与资源配置体制转变成创新驱动、经济与社会协调发展双重导向的中央与地方政府目标与资源配置体制。在 GDP 导向下的地方政府目标是推动制造业的大规模投资,工作主要抓手是"上项目",完善基础设施,提高城市化水平,实现该目标的资金主要来源于税收和土地收入。当目标转变成创新驱动、经济与社会协调发展后,地方政府工作主要抓手变成"选项目""培育项目",增加"无形"的公共服务投入(如教育、研发、社会保障、城市软实力等方面投入),实现这些目标的资金约束加强。

企业体制的转变是指从有限准入条件下企业体制转变成充分准入条件下的企业体制,将民营科技型企业,尤其是涉及前瞻性战略性新兴产业的民营科技型企业作为攀升全球价值链高端的主体,将在不同所有制类型企业之间充分释放出资本、科教资源和高技能劳动力,让其根据企业生产率高低在不同类型企业充分转移,不断地提高民营科技型企业的创新能力和生产率水平,使其成为吸收高技能要素的主要载体。

"四个结构转变"是指需求结构、产业结构、区域结构和城乡结构的转变,具体表现如下:

第一,需求结构从制造业投资偏向的结构转变成技能偏向性技术创新投资与内需扩张并重的结构。从总量上看,一个常见指标是 R&D 支出占 GDP 之比水平应成为一个重要的标志。在微观上,表现为创业投资、新技术与新产品开发及其产业化等投资活动应成为主流。在内需扩张上,一个重要标志是城乡居民对人力资本方面的消费支出增长。

第二,制造业为主的产业结构中逐步提高服务业占比,东部沿海某些发达地区要率先进入以服务业为主的产业结构。定位于全球价值链高端本身就依赖于知识密集型生产性服务业的发展。因此,提高服务业在三次产业结构中比重的关键是促进知识密集型生产性服务业发展,不仅要创造条件将知识密集型生产性服务活动从已有制造业中分离出来,还要深化对外开放,努力扩大对国外知识密集型生产性服务业在中国的 FDI 和外包,增加这类服务业国际贸易比重。

第三,区域经济发展从"制造业中心—外围式"结构向"服务业中心—制造业基地"结构的转变。在定位于全球价值链低端的加工贸易发展时期,东部沿海地区是国际制造业资本转移基地,中西部地区成为劳动力包括高素质劳动力的输出地,进入东部沿海地区。在东部地区产业升级寻求向全球价值链中高端攀升时,创新驱动的投资活动不仅促使企业提高对高技能劳动力的需求,使高技能劳动力工资上升,同时也提高了低技能劳动力工资水平,进而引发那些劳动力成本产出弹性较大制造业从东部沿海地区向中西部转移,同时创新驱动的投资活动又将引发知识密集型生产性服务业,并集聚在东部沿海地区,最终形成"服务业中心—制造业基地"的区域分工格局。

第四,从城市偏向的城乡结构转变成城乡统筹协调发展的城乡结构。城市偏向的政策在工业化早期阶段,或者说在外向型经济发展早期阶段,城市功能加强有利于制造业扩张和吸引 FDI。但是在工业化中期阶段,城市偏向的政策导致农村基础设施和公共服务投入不足,不仅限制农业生产率的改进,而且限制了农村人力资本投资,最终导致农产品价格因供给改善不足而出现上涨,助涨劳动力工资上升,从农村转移出来的劳动力人力资本水平低,增加城市部分产业升级的难度,进而影响我国的制造业成本优势和发展格局。因此,城乡统筹的城乡结构是产业升级一个重要的"后勤"保障。

以上四个结构转变中除了需求结构转变之外,其他三个结构转变概括起来是供给方面的结构变化,该变化总体上看是从制造业规模扩张导向的供给结构向产业升级导向的供给结构的转变。从需求结构和供给结构关系看,需求结构转变是经济增长的"拉动力",其中投资需求的拉动力从加工制造为主的投资拉动转变成以创新驱动为主的投资拉动,消费需求的拉动力从必需品支出为主转变成人力资本投资支出为主的消费。需求结构转变在一定程度上依赖于促进企业改变投资、居民改变消费的供给方面"推动力"。这就要求政府通过相应的政策、体制改革推动供给结构变化,提高需求主体改变需求的激励或降低其改变需求的成本。

三、从旧常态到经济高质量发展我国经济结构转型升级的手段

我国常态下的经济发展过程可以概括为"低技能要素偏向的经济增长",而西方发达国家这30多年增长和结构变化概括为"高技能要素偏向的经济增长",揭示"结构红利"的形成本质上是"低技能要素偏向的增长方式"向"高技能要素偏向的增长方式"的转变。因此,经济高质量发展下经济结构调整就是围绕"高技能要素偏向的经济增长"与"低技能偏向的经济增长"在经济结构上差距,从各个层面上的结构性因素寻求"一系列转型升级手段",研究这"一系列转型升级手段"作用机制、在政策和体制上的要求。基于此,我国经济发展从旧常态进入经济高质量发展后,经济结构"一系列转型升级手段"分别是:

第一,在"一个新定位"形成中,即从全球价值链中低端定位向价值链高端定位转变,并且利用全球价值链提升本土产业核心竞争力,其中所产生的"结构红利"的含义是指定位于价值链低端的产业进行技能偏向性技术创新和产品创新,向附加值和增加值更高的价值链中、高端定位,实现产业结构在价值链分布上的升级。其手段是加强生产性服务业开放,积极加入生产性服务业全球价值链,采取服务外包、FDI、合资甚至收购等方式吸引国外生

产性服务业,即能接触到发达国家在研发、设计上的技术前沿,又能够将中国制造的产品通过自主的销售服务体系进入国际市场。

第二,在"两个体制转变"中,中央与地方政府的目标和资源配置体制的转变实际上是增加高技能要素的供给,引导各个产业对高技能要素的需求,为产业结构转变中"结构红利"的实现创造市场环境、提供公共服务,充分降低企业向价值链高端攀升的成本,其手段是政府政绩考核目标的完善,有限的财政和政策资源。企业体制从有限准入转变成充分准入,实际上为民营科技型企业的创新、创业和成长提供良好的支持,其本质是一种"结构红利",即将高技能要素从其他类型企业转移到民营科技型企业,尤其是从国有垄断企业向竞争性民营科技型企业转移。其中最有效的抓手是鼓励社会资金向风险投资资金转变,促进风险资本市场快速发展。

第三,在"四个结构转变"中,需求结构能否转变,取决于创新驱动的投资和以提高人力资本的消费对经济增长的拉动和贡献能否高于原先制造业大规模的投资。如果前者高于后者,那么就是有投资需求和消费需求的转变带来了一种"结构红利"。然而这种"结构红利"的实现手段,短期来看是政府在税收、收费体制上的减负或补贴,长期来看,依赖于供给结构的转变,依赖于供给结构转变能否实现一系列的"结构红利"。其中:

在产业结构转变中,表现为能否吸引高技能要素从低生产率部门向高生产率部门转移,能否提高生产性服务业生产率以吸引高技能要素的转移,能否将定位价值链高端的产业和高技能要素从国外转移到国内、从国外企业转移到本土企业。其主要抓手是促进各部门、各产业、各企业生产率水平差距拉动,鼓励优秀企业快速成长,落后企业加速淘汰。

在地区结构转变中,表现为能否将高成本、高耗能的产业逐步淘汰,能否通过降低冰山成本,把劳动力成本敏感的产业逐步转移到中西部地区,将高技能要素密集型的产业集中在东部地区,实现地区结构从集中于东部一隅的产业分布转变成地区间合理分工的一系列国内价值链,进而依托国内价值链,转变成一系列全球价值链。其主要抓手是形成一系列地区一体化、地区间协调发展的区域规划和相应的体制保障。

在城乡结构上,表现为能否在城乡之间形成一个高技能要素不断形成、积累的高度流动性的社会结构,其主要手段是城乡公共服务均等化。

第五章 经济结构调整是引领经济高质量发展的引擎和杠杆

一、引言

我国经济进入新常态下,经济发展有两个目标,一是经济增长速度转向中高速,二是产业结构转向中高端。就结构和速度的关系来说,根据库兹涅茨的分析,结构调整对速度有推动作用。现代经济增长的高速度是可以达到的,只要所需的产业结构的转移不至于被劳动力、资本和人们的反抗及常规中的资源所阻碍。[①] 这意味着,中高速增长速度将依赖于产业结构向中高端转型升级。

产业结构转向中高端的必要性在于,虽然我国的 GDP 总量达到世界第二,人均 GDP 也达到了中等收入国家的水平,但与发达国家相比,我国的产业结构水准仍然处于低端,带有低收入发展阶段的特征:第一,我国制造业比重过大,不仅是高消耗、高污染行业偏多,资源、环境供给不可持续,更为突出的问题是资源环境承载力已经达到或接近上限,难以支撑如此大规模的制造业;第二是服务业比重太低,难以满足进入中等收入发展阶段后人民群众的更高需求;第三是制造业的科技含量和档次低。美国等发达国家是在飞机制造、特种工业材料、医疗设备、生物技术等高科技领域占据更大份额,我国是在纺织、服装、化工、家用电器等较低的制造业科技领域

---

① 库兹涅茨:《现代经济增长》,北京经济学院出版社 1989 年版,第 138 页。

享有领先地位;第四是中国制造部分处于价值链低端,高科技产业的核心技术和关键环节不在我国的居多,中国创造部分少,品牌也是用外国的多,由此产生高产值、低附加值问题。这些问题可以归结为产业结构处于中低端的特征。

高端的产业结构是动态发展的,可以以欧美等发达国家为参照系。以美国在 2008 世界金融危机以后所采取"再工业化"战略为例,美国强调通过技术创新与制度创新的有效互动,来重振制造业中高端和高附加值的领域,尤其是大型、复杂、精密、高度系统整合的产品,实现"经济中心"的回归。同时着力开发页岩气,以摆脱其对能源的依赖,与此同时美国又提出出口五年翻一番的计划。再看德国推出工业 4.0 计划,这是继机械化、电气化和信息技术之后,以智能制造为主导的第四次工业革命。主要是指通过信息通信技术和虚拟网络-实体物理网络系统(CPS)的结合,将制造业向智能化转型,实现集中式控制向分散式增强型控制的基本模式转变,最终建立一个高度灵活的个性化和数字化的产品与服务生产模式。再如第三次工业革命的作者里夫金所指出的第三次工业革命的标志称为移动互联网+清洁能源。

以上不仅指出了欧美国家高端产业结构的新动向,同时也对产业结构处于中低端的我国提出了严重的挑战。它们的这些举措必然孕育着全球产业的调整和再平衡,国际产业分工和国际市场竞争态势必然会大调整。直接影响我国的产业在国际分工体系和国际市场中的地位,这也就倒逼我国加快产业结构向中高端转型升级。

基于我国产业结构现状和高端产业结构的对比,可以明确我国产业结构向中高端转型升级的方向:一是三次产业结构的调整,方向是提高服务业尤其是现代服务业的比重;二是产业创新,在提高自主创新技术含量基础上提高附加值,包括发展战略性新兴产业,各个产业采用高新技术;三是化解过剩产能,淘汰高消耗、高污染技术和行业。

实际上,我国早就提出产业结构调整的目标和任务,但进展不明显,可以说是存在结构刚性。其中的一个重要说明因素是,已有的结构调整主要采取增量调整方式,也就是依靠新增投资的结构调整来推动结构调整。其效果,一是靠增量调整已经推不动产业结构的转型升级,二是存量结构没有得到调整,会使过剩产能越来越多,应该淘汰的污染产能和高耗能产能无法淘汰。因此,推动产业结构向中高端升级,着力点在存量结构调整:一是凤凰涅槃,下决心化解过剩产能,淘汰污染产能和落后产能;二是腾笼换鸟,在现有的土地等物质资源被落后产业占用的情况下,需要为现代服务业和高科技产业发展腾出空间。

以存量结构调整的方式推进产业结构向中高端转型升级,需要强有力的引擎。原因是较增量结构调整,存量结构调整无论是淘汰还是腾笼都会牺牲一部分生产能力,损害一部分人的利益,其阻力必然很大。而且,存量结构调整的推动力一般不可能来自需要调整产业的内部,内部不可能出现毁灭自己的创新。因此,存量结构调整的推动力一般来自其外部,外部动力足够大,才推得动存量结构调整。

我国十八届三中全会做出的全面深化改革的决定也已经明确,市场对资源配置起决定性作用。这意味着市场对产业结构调整应该起更大的作用,也就是成为结构调整的主体。但是,在我国这样的发展中大国面对着以调整存量结构为对象的产业结构转型升级,结构调整能否都交给市场?政府还要不要发挥作用?在多大程度上发挥作用?都是需要深入研究的问题。

正在出现和推进的市场化、信息化、全球化、城市化,可能成为结构调整的巨大推动力。产业结构调整的主题是产业升级,不仅涉及以信息化为内容的工业化,还涉及现代服务业的发展;企业结构调整的主题是推动资本和市场向优势企业集中。目前学界对结构调整的方向和增量结构调整的研究较多,而对存量结构调整的方向,特别是相应的结构调整的有效方式和动力研究不多。本书通过对存量结构调整的研究发现,现阶段推动产业结构向中高端转型升级的引擎主要在三个方面:一是创新驱动,突出产业化创新;二是并购和资产重组;三是市场推动,不仅是市场选择,更要活跃的资本市场。

产业结构的转型升级需要国家的产业发展规划和相应的产业政策来引导,前瞻性培育战略性新兴产业还是需要政府的引导性投资,推动产业创新的科技创新需要政府的积极参与。政府在这些方面推动结构调整同市场调节结构调整应该是并行不悖的。

显然,就创新驱动产业结构转型升级来说,市场竞争能够提供创新的压力,技术创新也需要市场导向。但市场配置的是已有资源的问题,而创新驱动需要驱动非物质资源的创新要素,需要创造新的要素,仅仅依靠市场不能完全解决创新驱动问题。需要国家推动创新驱动:一是国家实施重大科学创新计划;二是国家要对技术创新与知识创新两大创新系统进行集成;三是国家要对孵化新技术提供引导性投资;四是国家要建立激励创新的体制和机制。所有这些政府推动行为固然由世界科技发展方向导向,但在每个发展阶段都必须重视市场导向。

二、产业升级的引擎

人们往往把产业结构的调整看作是数字问题,也就是各个产业部门的比例问题。应该说数字和比例可以直观地观察一个国家或一个地区的产业结构水准,但是仅仅在数字上做文书就没有抓住产业结构调整的目标和重心。长期以来,服从于产业比例的结构调整,基本驱动力是投资结构,也就是以抑长补短的投资结构来进行结构调整,只是一种静态的调整,是一种不改变产业的基本水准的调整。我们今天所要进行的结构调整是要推进产业结构的高级化,是产业结构的根本性调整,是建立在产业创新基础上的转型升级。这意味着结构调整的基本驱动力要转向科技和产业创新。

现代经济增长的实践证明,先行国家的产业结构转型升级都是由在科学技术取得重大突破基础上的产业革命推动的。这意味着科学技术不仅是第一生产力,还是产业结构转型升级的第一推动力,技术革新及其成果的高速扩散是推动产业结构高度化的重要因素。没有科学技术的突破就不会有新产业的产生,没有新技术的扩散就不可能有产业结构整体水准的提升。我国的产业结构水准之所以长期处于低端,原因是已有的几次产业革命都同我国失之交臂,我国的产业创新只能是模仿和引进,跟随在发达国家后面。实践证明,模仿和引进是后发国家提升产业结构的一条捷径,但只是模仿和引进,将永远落后于发达国家。现在中国经济发展进入了新的历史阶段,一方面中国已经成为世界第二大经济体,具有了领先而不是跟随的科技和产业创新的经济实力,另一方面经济全球化、信息化、网络化为各个国家提供了均等的科技和产业创新的机会。在此背景下,我国完全可以通过科技和产业创新推动产业结构转向中高端。

　　我国的产业要进入世界前沿,需要解决三个认识问题。第一是比较优势不具有竞争优势。长期以来,我们把资源禀赋的比较优势作为一个国家和地区的产业结构的依据,这是现阶段产业结构转型升级的陷阱。拘泥于资源禀赋的比较优势,我国不可能缩短与发达国家的产业距离,更谈不上进入世界产业前沿。因此产业创新应该由比较优势转向竞争优势,所谓产业竞争优势就是指:一国产业是否拥有可与世界级竞争对手较劲的竞争优势(波特,1996)。第二是规模优势不具有价值链优势。我国的制造业只是具有规模的优势,没有价值链的优势,需要通过创新和新技术的应用进入价值链的高端,提高产业附加值。第三,模仿和引进不了高端。只有与发达国家进入同一创新起跑线才能进入高端。就如库兹涅茨所说,"科技和产业的时代划分是以许多国家所共有的创造发明为依据的。这是现代经济增长的一条特殊真理。"①这就是说,与发达国家进入共同的科技和产业创新领域,你研发新能源,我也研发新能源;你研发新材料,我也研发新材料;你研发生物技术,我也研发生物技术。不仅如此,还要把这些领域研发的新技术迅速转化为新产业,前瞻性的发展战略性新兴产业。所有这些都离不开自主的科技创新。

　　所谓创新,指的是新技术新发明的第一次应用。就如诺贝尔经济学奖得主费尔普斯的定义:"创新是指新工艺或新产品在世界上的某个地方成为新的生产实践。"②创新已经成为产业结构转型升级的原动力。就如熊彼特所说,创新是创造性毁灭。一个新技术、新产业出现就可能毁灭一个产业。例如:数码相机的产生毁灭了柯达为代表的使用胶片的相机制造业,2012年柯达这个拥有131年历史占据全球2/3的胶卷市场的老牌摄影器材企业,正式向法院递交破产保护申请。移动网络出现毁灭了传统的电报电话。这充分说明了产业创新对结构调整的革命性作用。产业化创新实际上是培育新的增长点。

　　就科技创新和产业创新的关系,在现阶段两者不是孤立进行的。科技创新是源头,产业创新是目的。如果说过去一项重大科学发现到产业上应

---

　　①　库兹涅茨:《现代经济增长》,北京经济出版社1981年版。

　　②　费尔普斯:《大繁荣:大众创新如何带来国家繁荣》,中信出版社2013年版,第22页。

用需要隔上数十年的话,那么现在的趋势是科技创新和产业创新几乎是同时进行的。因此,创新驱动产业结构转型升级的推动力,指的是科技创新的成果迅速转化为新技术、新产业,也就形成产业化创新。这就是 2014 年中央经济工作会议所指出的:创新要实,更多靠产业化的创新来培育和形成新的增长点,把创新成果变成实实在在的产业活动。

产业化创新驱动产业结构转型升级,不仅仅是培育战略性新兴产业,战略性新兴产业不能一花独放,更重要的是驱动已有的各个产业部门的创新。需要以战略性新兴产业带动整个产业结构的提升,包括新技术的扩散,以及产业链的延伸等。例如,信息产业是战略性新兴产业,在此基础上信息化和工业化融合,就能实现工业结构的技术跨越。在现代信息技术基础上产生的互联网的广泛应用就可能带来产业的提升。"互联网+"就有这种效应。互联网+零售即产生网购,互联网+金融即产生互联网金融,互联网+媒体即新媒体,互联网+教育即慕课(MOOC),第三次工业革命的作者里夫金则把第三次工业革命的标志称为移动互联网+清洁能源。显然,移动互联网进入哪个产业领域,哪个产业领域就能得到根本改造并得到提升。

"互联网+"的效应说明了产业化创新是实现产业转型升级的活力之源。如熊彼特所说:创新通常可以说是体现在新的企业中,它们不是从旧企业里产生的。例如,并不是驿路马车的所有主去建造铁路。[①] 原因是,已有的各个产业部门(或者说传统产业)没有对自身的创新带来毁灭自己的动力。资产的专用性,已有的市场都会阻碍对自己的产业创新。因此,产业创新往往产生在已有产业的外部。但只有在已有产业都能进入产业创新的轨道,才会有整个产业结构的转型升级。以"移动互联网+"为例,现有的实体零售业遇到网购产业的冲击,迫使其也要进入"互联网+",再如已有的金融业受到互联网金融业的冲击,迫使其也要采用互联网技术并且也要采取移动支付的方式。发展趋势是谁都要进入"互联网+",否则就会被新产业淘汰。反过来也可以说,新产业往往不是在从事传统产业的企业中产生的,只要采用最新技术,再传统的产业都可以成为现代产业。

---

① 熊彼特:《经济发展理论》,商务印书馆 1990 年版,第 74 页。

基于以上产业化创新对产业结构升级的引擎作用分析,可以对产业化创新的内涵做出规定。顾名思义,产业化创新包含创新和产业化两个方面:一是研发和孵化新技术、新发明的创新;二是新技术新发明的应用,即创业。产业化创新则是把两者有机地融合在一起。

就如费尔普斯所说:"事实上,所有创新都有偶然或者随机的因素。在一定程度上,新产品开发成功和得到商业化应用都是概率问题。""创新是走向未知的历程。"①产业化创新存在的风险在于,新的创意能否开发成新技术、新产品的不确定,创新技术和产品的市场不确定,创新成果的先进性不确定,所有这些不确定就是风险。降低创新风险的重要路径是产学研协同创新,也就是产学研各方共同介入创新。既需要知识创新主体的大学及其科研人员的介入,也需要技术创新主体的企业及企业家的介入。前者解决创新的科学导向,后者解决创新的产业化导向。同时还需要专业化的风险投资者的介入。这样就形成了大众创新的景象:除了有创新思想的人士提出创意以外,"新产品和新工艺的开发过程需要不同投资主体的参与,例如天使投资人、超天使基金、风险资本家、商业银行、储蓄银行和对冲基金。这个过程还需要不同生产商的参加,如创业公司、大公司及其分支机构,并涉及各种市场推广,包括制定市场策略和广告宣传等活动。除此以外,还有终端客户的评价和学习。"②将这些方面合起来,可以说是大众创新、万众创业的含义。

三、转型升级的路径

产业结构的转型升级面临两大问题:一是率先产业化创新的企业如何在短期内成长为大企业,从而成为新兴产业的领跑者。二是过剩产能和落后产能如何被淘汰。以下的研究将说明,并购和资产重组将是这两个方面的结构调整的最为有效的途径。

就率先产业化创新的企业成长来说,长期以来,人们往往以企业规模来论企业的创新能力,从而论产业结构的转换能力。就是说,大企业的创新能

---

① 费尔普斯:《大繁荣:大众创新如何带来国家繁荣》,中信出版社 2013 年版,第 36 页。
② 费尔普斯:《大繁荣:大众创新如何带来国家繁荣》,中信出版社 2013 年版,第 38 页。

力强,创新都是从大企业开始的,小企业首先进行创新,其创新的技术只有在大企业采用时,才会出现产业的提升。这种理论判断或许在两种场合是成立的:一是在工艺创新场合是成立的,而在产业创新场合就不成立了。二是在信息技术革命以前是成立的,而在二十世纪八九十年代产生信息技术革命后,这种理论就被颠覆了。

第一,率先发动产业化创新的一般不是已有的大企业,常常是小微科技企业。比尔·盖茨领导的微软,乔布斯领导的苹果一开始都是小企业,率先进行了电子信息技术的产业化创新。我国的华为和中兴在二十世纪八九十年代都还只是小企业,在世界信息技术和产业革命的浪潮中抓住时机在信息技术的产业化创新上取得突破。成立于1999年的阿里巴巴,最初也是小企业,率先进行互联网领域的产业化创新。

第二,产业升级也不是在小企业创新的技术被大企业采用后才实现。恰恰是率先进行产业化创新的小企业利用市场方式自身实现了爆发性扩张,不仅在市场竞争中胜出并迅速扩大规模,而且带动整个产业结构的提升。如微软和苹果一跃超过老牌的福特等"百年老店",领导了世界的信息技术革命。华为和中兴成为全球最大的电信设备制造商和商用网络的巨头,极大地推动了我国产业结构的信息化。阿里巴巴一跃成为全球顶尖的电子商务巨头,并且与腾讯等企业一起推动了"互联网金融",以"互联网+"的技术推动了传统产业的转型升级。与此相反的是,没有进入产业化创新轨道的即便是大企业也可能衰落甚至被淘汰。

再就过剩和落后产能的淘汰来说,在资源有限的背景下,过剩产能不化解,落后产能、污染产能以及高能耗产能不淘汰,产业创新、高科技产业化都难以推进。产业结构转向中高端的一个重要方面是夕阳产业和劣质企业被淘汰出局,其占用的资源转向新兴产业和优势企业。这些都是存量产业结构调整的内容。所谓存量结构调整,如马克思所说,是"以已经存在的并且执行职能的资本在分配上的变化为前提。"[①]存量结构调整的目标,就是通过优胜劣汰和资本流动及重组的过程使资本和资源向优势企业集中。要做到

---

① 马克思:《资本论(第1卷)》,人民出版社2004年版,第722页。

这一点需要通过改革来解决优胜劣汰和资本有效流动的制度障碍。产业结构调整也就是资源在各个产业部门配置比例的调整,市场决定资源配置就是指市场决定资源在各个产业部门之间的配置比例。在资本、劳动力、技术等要素自由流动的条件下,市场通过自主选择和优胜劣汰的机制进行结构的调整。市场调节结构也就是对产业和产品进行市场选择,其机制是市场需求和竞争性选择。首先是市场需求导向,一种产业能否发展起来,发展规模有多大,取决于市场是否需要,需求的规模和潜力有多大。不同产品的市场需求差别直接影响不同产品的供给规模。其次是市场竞争压力,对结构调整起决定性作用的就是优胜劣汰的决定性作用。

　　首先是强化竞争机制。根据保罗·莫斯利(Paul mosley)定义:"结构调整是通过消除市场不完全来促进经济供给方面发展政策的一部分"。① 这是市场调节结构调整的必要条件。如果市场体系不完善,有的要素市场已放开,有的要素还没有进入市场,竞争不充分,要素在部门间的流动就会发生紊乱或受阻。因此为了保证市场对结构调整起有效决定性作用,就必须完善市场机制、强化市场竞争,特别是强化其优胜劣汰机制。因此市场调节结构调整的程度和范围应该以市场体系的完善程度为边界。

　　竞争对结构调整的杠杆作用突出在三个方面,首先,优胜劣汰就是竞争性选择机制。哪些产能应该成长发展,哪些产能应该削减和淘汰,只承认竞争的权威。在这个过程中,政府的介入,尤其是地方政府的介入,难以做出符合市场规律的准确选择。其次,竞争的结果是吞并,"某些资本成为对其他资本的占压倒的压力中心,打破其他资本的个体内聚力,然后把各个零散的碎片吸引到自己方面来。"②再次,优胜劣汰的制度条件是要素的自由流动。资本有更大的活动性,更容易从一个部门和一个地点转移到另一个部门和另一个地点。长期以来我国产业结构的调整缓慢,说到底,就是这种市场力量用得不够,竞争不充分。因此,要充分发挥竞争对结构调整的杠杆作用,关键在两个方面:一是打破垄断,实践证明,凡是垄断的部门,技术进步一定最缓慢。所以需要打破除了自然垄断以外的一切垄断,尤其是行政性

---

　　① 　巴拉舒伯拉曼亚姆:《发展经济学前沿问题》,中国经济出版社 2000 年版,第 268 页。
　　② 　马克思:《资本论(第 1 卷)》,人民出版社 2004 年版,第 723 页。

垄断。二是打破地方保护,现实中存在的部门、地区的分割和封销阻碍这种调整,强化了地方的利益,进一步增加了结构调整的阻力,致使该上的上不去,该压的压不下,甚至可能出现劣币驱逐良币的状况。现在过剩产能越积越多,污染产能淘汰不了,应该淘汰的落后产业"死不了",根本原因是地方政府和部门的保护,行政藩篱阻碍了要素流动,限制了竞争。因此,打破地方保护和行政垄断,是强化市场竞争,在更大范围、更大程度上发挥市场结构调整的调节作用的前提。只有打破地方保护和封锁,市场才能发挥优胜劣汰的功能。

政府规制(管制)产业的改革。现实中有一部分产业是政府规制的产业,涉及自然垄断和行政垄断的产业。本意是防止其利用垄断地位谋取垄断利润,保护消费者利益。但只要是政府规制的产业效率都低下,技术进步缓慢甚至停滞。实践证明,凡是对自然垄断行业的管制,其结果往往是产出下降,供不应求;凡是对非自然垄断行业的管制,其结果往往是成本和价格的提高。政府规制改革的可能性在于以下两个方面动因:首先,新技术的普遍运用,使得某些受规制产业的性质发生了巨大变化,不再具有自然垄断的性质。例如电话被移动通信所代替,这使对相关行业的规制手段失去了现实的必要性。其次,专业化分工的发展也改变了自然垄断的范围。随着产业的发展和产业需求的扩大,各个生产环节的规模大到足以独立进行,企业内部的垂直一体化分工便转化为社会专业化分工。其中有相当部分生产环节不具有自然垄断性质。就如电力,其中的发电环节,电力设备生产环节就具有明显的竞争性。因此在电力行业之类的自然垄断行业可能分离出相当多的部门,退出政府规制的范围。政府规制改革的主要走向是放松政府规制,实行竞争和开放政策,在市场机制可以发挥作用的行业完全或部分取消对价格和市场进入的规制。哪个部门市场调节更有效率,政府规制就要从哪个部门退出。具体地说,政府规制的领域只能限于自然垄断领域,非自然垄断行业应该逐步退出政府规制的范围。针对不再具有自然垄断性的某些产业部门,如电信产业,退出政府规制,使其转为竞争性行业。针对某些产业环节适合于竞争而其他环节适合于垄断经营的混合产业结构,规制改革的措施是,将竞争性业务从垄断性业务中分离出来,并防止在某个产业环节居于垄断地位的厂商将其垄断势力扩展到该产业的其他环节。试想,如果发电不分开,何来风电和太阳能等清洁能源的大发展。

其次是降低结构调整的成本。由增量结构调整转向存量结构调整必然会大大增加调整成本。调整成本过大,会阻碍调整。因此,有效的结构调整需要寻求降低调整结构成本的方式。一般说来,这些需要淘汰的产能的市场信号是清楚的,如价格下跌,需求下降,负债严重,企业亏损,员工收入下降,企业基本上是靠银行负债、政府补贴苟延残喘。如果采取破产方式来淘汰这些产能,实际上是内部负担社会化,员工的失业安置和就业安排需要社会承担,资不抵债的债务特别是银行负债一笔勾销,企业内物质资产成为废铜烂铁。这些成本都成为社会成本,也成为结构调整的阻力。因此经济学家一般不推荐这种淘汰方式。

按结构调整的要求淘汰过剩的、落后的、污染的、高能耗的产能,不等于完全消灭这些产能。可行的途径是并购,马克思提供了两种方式:一种是吞并的方式。也就是在充分竞争的基础上,优势企业成为"引力中心",把被竞争打碎的"各个零散的碎片吸引到自己方面来"。另一种是建立股份公司这种平滑的办法,把它们"溶合起来"。① 这两种方式就是我们现在讲的并购的方式。这种并购和资产重组的方式就相当于科斯所说的企业代替市场的方式,可以大大降低破产所产生的社会成本。市场调节结构调整效率的前提是形成完善的市场机制。最大的动力是资本的推动。最后是足够的产业创新能力。涉及新产业技术的供给,以及相应的人力资本的供给,包括员工的学习能力。

但是,并购需要淘汰的产能及其企业不是没有交易成本的。其中包括被并购企业的债务承担、员工安置。同时也要支付大量的为原有产能转变为可用产能所需要的成本等等。这种交易成本可能会大到超过并购收益。面对这么大的交易成本,优势企业往往会望而却步,这时候就要政府出场了。本来淘汰产能所需要的成本是社会成本,应该由政府来承担。现在企业通过并购的方式来淘汰落后产能,实际上是将其外部成本内部化,并购企业实际上承担了这些成本。这意味着政府应该对并购企业给予激励,对其

---

① 马克思:《资本论(第1卷)》,人民出版社2004年版,第723页。

承担的过高的交易成本给予补贴,基本要求是对符合产业政策,符合产业结构转型升级方向的并购给予足够激励作用的补贴。

但是,市场对结构调整的决定性作用程度还是有限制的。首先,在我国这样的发展中大国,虽然市场对产品结构的调整是非常有效的,但对产业结构的调整则有失灵之处。原因是我国的产业结构长期处于低水准,结构性矛盾积重难返。现在所要进行的产业结构调整可以说是整体性转型升级。尤其是对存量结构的调整,个别企业无能为力,市场机制也无济于事,需要政府的强力推动。就像北京周边地区导致雾霾的高污染产业长期难以淘汰,中央政府一声令下,很快就被拆除。其次,现在市场推不动产业结构也不完全是市场本身缺乏调节能力,也还存在政府的阻力。因此为了在更大范围发挥市场对产业结构调整的调节作用,需要政府自身的改革。

四、结构调整的杠杆

结构调整的推动力是资本。所谓创新要实,不只是指创新成果要实,还要有实实在在的资金支持。问题是这两个阶段离市场较远,信息不完全,投资风险大,因而进入这个阶段的投资往往是风险投资。马克思当年明确指出,信用是资本集中的重要杠杆。其前提是"资本有更大的活动性"。其重要的制度基础就是,"信用制度的发展已经按分散的闲置资本集中起来,而不再留在各个资本家手中。"①借助信用机制,资本可以不受限制地自由地从一个部门流向另一个部门。而在现代市场经济中创造的以股票市场为代表的资本市场以及相应的各种类型的基金的运作,则在更大范围、更短的时间内推动了产业结构的转型升级。这里有三个层次或三个阶段,第一个阶段即产业化创新阶段,需要风险投资及相应的产权交易市场;第二个阶段即产业化创新成功的小企业需要通过资本市场上市来扩大规模实现自身的市场价值;第三个阶段即利用资本市场的资产重组机制做强企业并带动整个行业的提升。这三个阶段也就是威廉·拉让尼克概括的新经济企业模式下的

---

① 马克思:《资本论(第3卷)》,人民出版社 2004 年版,第 218 页。

股票市场：从创新到投机再到操纵①。

就产业化创新阶段来说，孵化新技术的风险投资通常是天使投资之类的风险投资。"天使"这个词指的是创新项目的第一批投资人，这些投资人在新技术、新产品成型之前就把资金投入进来，其投资数额不大，但推动科技创新和创业的作用不小。面对多而散的创新成果转化项目只是靠"天使投资"是远远不够的，这就提出了提供集中性的孵化器的要求。孵化器投资的主要任务是为高新技术成果转化和科技企业创新提供优化的孵化环境和条件，包括提供研发、中试、科技和市场信息，通信、网络与办公等方面的共享设施和场所，系统的培训和咨询，政策、融资、法律和市场推广等方面的服务和支持等。由于孵化器具有共享性和公益性的特征，因此孵化器投资仍然需要政府提供一部分投入，这就是所谓的政府搭台。同时，孵化的新技术项目需要明确的市场导向，其投资收益就有明显的收敛性，就需要企业参与孵化器投资。这样，依托孵化器建设就可形成政产学研合作创新的平台。

新技术、新产品被孵化出来就要进入创业阶段。这个阶段或者是以新成果创新企业，或者是企业转向采用新技术生产新产品。这时需要的是创业投资，创业投资一般由风险投资公司提供，就如奈特所指出的："在现代经济中，新企业的创建和建成后企业的经营之间分离的趋势很明显。一部分投资者创建企业的目的是从企业的正常经营中得到收益。更多的人则期望从建成后企业的出售中获得利润，然后再用这些资本进行新的风险投资活动。"在现代经济中，虽然创业投资存在不确定性，但"相当多的且数目日益增加的个人和公司将其主要精力放在新企业的创建上（奈特，2005年）。"专业的创投公司，这部分投资者为创新创业提供风险投资，目的不是追求做股东取得股权收益，而是追求股权转让收益，期望从建成后的企业的出售中退出，然后再用这些资本进行新的风险投资活动。这些风险投资者的存在可以说是现代经济充满创新活力的原因所在。

1971年开张的纳斯达克市场较主板市场宽松许多的上市条件使创新企业的首次公开发行上市变得大为容易。其功能：一是为风险投资提供顺畅

---

① 威廉·拉让尼克：《创新魔咒新经济能否带来持续繁荣》，上海远东出版社2011年版，第223页。

的退出机制,使风险资本在完成其使命后及时退出并得到回报,使投入科技创新项目的资金在孵化出高新技术和企业后能及时退出来进入新的项目,以保证风险投资的可持续;二是科技企业在年轻时就上市(或转让股权),使科技企业实现跨越式成长得到金融支持;三是激励为创新做出贡献的企业家、风险投资家和高技术人员。这些人员以股权(期权)形式取得薪酬,在公司上市时这些为创新型做出贡献的人员以持有的股权获得回报。硅谷的成功就在于"具有高度流动性且上市条件较为宽松的纳斯达克股票市场使创业企业首发上市的成功率大为提高,进而导致风险资本对科技企业的投资"。目前我国已经开放创业板市场(二板市场),在大众创新、万众创业的背景下,创业板市场之类的产权交易市场需要进一步放开,让更多的产业化创新公司上市,以实现其创新价值。

第二个阶段是实现产业创新的企业通过上市来迅速实现自身价值并实现由小到大的跳跃。从理论上讲,成功进行产业化创新的企业要想成为产业升级的领头羊,不能亦步亦趋地成长,需要在短期内实现由小到大的爆发性扩张。用马克思的话:如果要靠其自己的积累来建铁路的话也许到现在还没有铁路,采取股份制的方式转瞬之间就把铁路建成了。进一步说率先实现产业化创新的企业要靠自身的努力成为大企业必然是个缓慢的过程,资本市场则提供了其实现爆发性扩张的机制。一方面资本市场能够客观地评价其产业创新后的公司价值,另一方面资本市场依据对其市场价值的客观评价大规模的募集社会资本。例如思科一家价值60亿美元起家的高科技公司依靠纳斯达克市场在17个月后其市值就攀升到全球之冠。[①] 我国的阿里巴巴在美国上市,其IPO发行价为68美元/股,此次上市募集资金217.6亿美元,最高募集资金250.2亿美元,阿里巴巴也成为全球最有价值的科技公司之一,作用不仅体现在其从市场募集到了巨额资金,更重要的是其"移动互联网+"的新技术广泛使用。

率先产业化创新的企业通过股票市场获得爆发性扩张以后,进一步的要求是控制市场。其必要性在于公司上市后需要有足够的业绩来支撑,同

---

① 威廉·拉让尼克:《创新魔咒新经济能否带来持续繁荣》,上海远东出版社2011年版,第224页。

时面对同行业的竞争所产生的竞争费用会降低其盈利能力。在此背景下通过股票市场提高市值并且募集了巨额资本的企业必然要推进企业之间的并购，对产业结构转向中高端也有特别的意义。资本市场提供的产权交易机制提供了这种功能。率先进行产业化创新的企业创新成功时面对的是同行业中的大企业。这些企业通过并购和重组的方式迅速壮大并成为行业"老大"，如微软收购有 150 年历史的大企业诺基亚。摩托罗拉成立于 1928 年，世界财富百强企业之一，是全球芯片制造、电子通信的领导者，先被谷歌收购，后被联想收购。这些案例既说明创新就是创造性毁灭，又说明率先进行产业化创新的企业通过同行业并购在短时期内力压群芳成为大企业，甚至成为新兴产业领跑者的过程。

推动产业结构转向中高端所需要的资本市场的活跃程度取决于两个基本条件。一是充分的资金供给，二是专业化的市场主体。硅谷的经验不仅仅是其靠近大学，更重要的是这里聚集了活跃的专事创新创业的风险投资公司。

就创新创业的资金供给来说，无论是哪个风投公司都不可能靠自有资金去推动创新创业，必须借助金融，相应的就需要风险投资基金。硅谷就是靠资本向风险投资基金的流动，为活跃的风险投资创造了条件。其中的一个重要方面就是养老基金大量流入风险投资基金。"在整个二十世纪八十年代和九十年代，来自养老基金的投资占独立风险投资合伙企业募集资金总量的 31 至 59％。"[①]我国目前影响创新创业的一大困难就是创新创业投资不足。参照硅谷的经验创立风险投资基金，并且为风险投资基金寻求充足的来源显得十分重要。现在我国已经允许社保基金进入股市，需要进一步允许其投资于风险投资基金，参与产业化创新企业的创建。另一方面，基于风险投资具有投机性质，只有上市才有吸引力。其可能性就是马克思当年所说的：在资本最低限额提高的条件下，分散的小资本往往是进入资本市场或信用渠道。一部分不能形成新的独立资本的资本"以信用形式交给大产

---

① 威廉·拉让尼克：《创新魔咒新经济能否带来持续繁荣》，上海远东出版社 2011 年版，第 65 页。

业部门的指挥人去支配"。"大量分散的小资本则走上冒险的道路,包括股票投机。"①没有上市这条途径,风险投资基金的筹集还是非常困难的。

活跃的资本市场关键是活跃的风险投资主体,也就是风险投资家。风险投资基金公司或者由企业家主导,或者由金融家主导,他们以充足的资金和专家的水准,再加上敢冒风险的企业家精神进行资本运作,成功的概率较大。实践证明,培育一些专事并购的由企业家和金融家主导的基金公司对推进结构调整是非常需要的。

总结以上,推动产业结构转向中高端引领经济高质量发展需要三个方面的推动力:一是产业化创新,二是优胜劣汰基础上的资产重组,三是活跃的资本市场。

---

① 马克思:《资本论(第3卷)》,人民出版社2004年版,第279页。

第六章 宏观经济波动需要经济结构调整来引领经济高质量发展

一、引言

经济高质量发展是我国进入新时代后经济增长中激发人们兴趣的变量。生产要素质量的变化是引起经济高质量发展水平增长的重要考虑因素,有很多研究者提出了经济高质量发展水平增长的影响因素,例如教育投资培训、人力资本的发展、经济开放引致的国际贸易和国外直接投资、低通货膨胀率、机械和设备方面的投资等。对经济高质量发展水平增长的影响因素除了上面提到的外,还有很多学者提出了经济增长质量的一些影响因素。相关文献结果见表6-1所列。但是除了 Miller 和 Upadhyay(2000)认为开放波动对经济增长质量具有负效应外,现有研究中没有提到其他由于宏观结构调整产生的相关宏观环境变量的波动对经济增长质量水平的影响。

表6-1 相关文献结果

人力资本发展水平	正效应	Harris(1999);Aiyar 和 Feyrer(2002);Black 和 Lynch(1996);Schultz(1961);Becker(1962),Becker 和 Tamura(1990)
	取决于开放水平:当一个地区开放水平较低时,人力资本发展水平与经济增长呈负相关关系,相反为正相关关系	Miller 和 Upadhyay(2000)

经济开放水平	正效应	Harris(1999)； Cororatan 和 Zingapan(1999)； Miller 和 Upadhyay(2000)； Edwards(1998)； Alcala 和 Ciccone(2004)
出口波动	负效应	Miller 和 Upadhyay(2000)
利率水平	正效应	Miller 和 Upadhyay(2000)
通货膨胀	负效应	Harris(1999)； Miller 和 Upadhyay(2000)； Clark(1982)
税收	负效应	Harris(1999)
劳动市场弹性	正效应	Harris(1999)； Scarpetta 和 Tressel(2002)
R&D	效应取决于市场结构和技术制度	Cororatan 和 Zingapan(1999)； Miller 和 Upadhyay(2000)； Singh 和 Trieu(1996)； Scarpetta 和 Tressel(2002)
机构设置	正效应	Scarpetta 和 Tressel(2002)
FDI	正效应	Cororatan 和 Zingapan(1999)； Ferrett(2004)； De Mello(1999)； Sadik 和 Bolbol(2001)； Liu 和 Wang(2003)； Aitken 和 Harrison(2004)
金融开放程度	正效应	Kugler 和 Neusser(1998)； Tadesse(2005)； Jeong 和 Townsend(2004)； Beck Levine 和 Loayza (2000).
创新	正效应	Harris(1999)

本章的目的是使用一个简化的分析模型来评估宏观经济结构调整导致的宏观环境波动对经济高质量发展水平的影响，基于我国各种变量数据的

可用性,拟选取三个宏观经济结构调整领域来分析其对经济高质量发展的影响,具体为:货币市场结构调整产生的通货膨胀波动、开放市场结构调整导致的经济开放波动以及金融市场结构调整导致的金融市场波动。为了分析这三个领域的结构调整对经济高质量发展的影响,本书在 VAR 模型框架中构建一个简化的理论模型,之所以在 VAR 模型框架中构建模型,主要是由于这类模型的参数相对较少,能够成功的获取这些变化的影响。这一点对于像我国这样数据获取受限制的国家是至关重要的,此外对发达国家而言,用简化模型捕捉宏观经济波动以及对经济行为的影响,在诸多文献中比较常见,例如 Cogley(2005)和 Cogley et al. (2005)在自回归模型中采用的时间依赖差异。

二、结构调整分析

(一)货币市场结构调整

货币市场结构调整产生的通货膨胀波动在宏观经济波动中是首要的波动变量,Friedman(1977)认为通货膨胀的波动通过增加失业率和降低经济增长效率对配置效率产生了不利影响,具体而言,通货膨胀的不确定性阻碍了价格体系的配置效率。他认为通货膨胀不可预料的变化将导致一部分雇主和雇员感知系统误差,这将导致失业率偏离其自然失业率。Lucas(1973)认为通货膨胀的不确定性可能使实际和名义的冲击难以区分,制造业经济部门可能会有不同的反应。还有相关研究例如 Froyen 和 Waud's(1987)、Holland's(1986)和 Hafer's(1986)对通货膨胀的波动假设进行了实证检验。此外,Dotsey 和 Sarte(2000)表明由于经济中较低的产出,通货膨胀的不确定性增加了预防性储蓄,并且降低了名义利率。另一方面,Hahn(1970)、Juster 和 Wachtel(1972)、Juster 和 Taylor(1975)以及 Cukierman 和 Meltzler(1986)认为通货膨胀的波动增加了储蓄,给扩张性的货币政策创造了动机,从而降低了利率,刺激了制造业部门投资。如果新的投资可能会增加使用更多先进技术的资本存量,经济高质量发展水平将会增加。

(二)开放市场结构调整

本书拟用进出口的波动来作为开放市场结构调整的变量,因为进出口的改变量能够反映国家开放的结构调整对经济的影响效应。具体而言,进出口的波动能够反映开放环境为制造业生产过程提供进口原材料、为投资目的进口机器设备以及将闲置设备转为资本存量的经济能力。较高的进出口波动可能会阻止公司采用更多有效的国外技术,主要是由于进出口的变化会增加未来对于进出口相关设备的不确定性,他们采用较低的国内可获得技术,这降低了企业的经济高质量发展水平。Rodrick(1998)通过建立宏观经济模型进行分析,对经济资源进口要求重新分配的活动增加了风险,即使返回到安全线以下,也低于其他活动的平均值,最终限制了经济高质量发展水平的增长。Montalbano 等(2005)对进出口波动对经济高质量发展水平的影响提供经验证据,二十世纪九十年代贸易的脆弱性对东欧国家造成了不利的影响。

(三)金融市场结构调整

我国金融市场结构调整过程中,金融市场的深化波动是不稳定的,因此拟用金融市场的深化波动来反映金融市场结构的调整,金融市场深化的波动影响金融中介机构的行为,以及公司可能的信贷需求。特别的,金融体系更高的脆弱性阻碍了金融中介机构提供长期贷款而转向提供短期贷款,尽管这样可能增强经济高质量发展水平,企业也不愿意接受来自减少新的投资的金融中介机构的贷款。此外,金融市场深化波动的加剧,企业会倾向于用内部资源进行投资。降低外部融资水平也意味着对金融中介机构的需求降低,投资分配效率是低效率的。因此,在给定的投资水平,经济高质量发展水平的提升是不明显的。Angeletos(2006)认为缺乏金融中介机构联系的不完全市场,由于金融资本从高风险高回报的项目中转移出来,降低了经济高质量发展水平。Evers 等(2008)认为金融中介机构增加了投资的质量而不是投资的数量来提高经济高质量发展水平。

三、实证分析

(一)实证模型

1. 经济高质量发展单变量分析模型

为了得到宏观经济结构调整对制造业高质量发展的影响,找出制造业高质量发展自身的波动规律,本书采用扩展的 ARCH 模型进行分析。具体来说根据 ARCH 模型的要求,对以下模型进行估计

$$GZL_t = x_t'\alpha + \lambda h_{TFP_t} + u_{TFP_t}, u_{TFP_t} \sim (0, h_{TFP_t}) \tag{6-1}$$

$$\log h_{TFP_t} = \tau + \sum_{j=1}^{p} p_j \log h_{GZL_{t-j}} + \sum_{j=1}^{q} Q_i \left\{ \left| \frac{u_{GZL_{t-j}}}{\sqrt{h_{GZL_{t-j}}}} \right| - E \left| \frac{u_{GZL_{t-j}}}{\sqrt{h_{GZL_{t-j}}}} \right| + \varphi \frac{u_{GZL_{t-j}}}{\sqrt{h_{GZL_{t-j}}}} \right\}$$

$$\tag{6-2}$$

式(6-1)和式(6-2)中 x_t' 为 GZL_t 在 t 时期的向量，u 误差项。通过参数 λ 可以获取 u 的较敏感的变动对 GZL 的影响。如果 p_1 大于 1 并且当 EGARCH 检验的滞后项为 1，那么条件变量的处理过程是突增的。因此，p_1 的绝对值应小于 1。参数 φ 包含 $\frac{u_{GZL_{t-j}}}{\sqrt{h_{GZL_{t-j}}}}$ 对 $\log h_{GZL_t}$ 的不对称影响。如果 φ 等于零，那么积极因素和消极因素对波动有相同的影响。如果 $0 > \varphi > -1$，积极因素波动性增加量少于消极因素；如果 $\varphi > -1$，积极因素的确减少波动性，然而消极因素却增加波动性。

扩展的 ARCH 模型可以用最大似然估计法来估计，这种估计方法为 $\frac{u_{GZL_{t-j}}}{\sqrt{h_{GZL_{t-j}}}}$ 指定了密度，Nelson(1991)提出用广义差分法来规范零均值和单位方差。在本书中，当考虑 n 的方程形式具有以下特征时，采用多元 GARCH 进行实证分析

$$Y_t = Ax_t + \Gamma H_t + u_t \tag{6-3}$$

式(6-3)中 x_t 解释变量向量，u_t 是白噪声残差的一个向量，H_t 表示残差的 $n \times n$ 方差-协方差矩阵，即 $H_t = E(u_t u_t' \mid y_{t-1}, y_{t-2}, \cdots, x_t, x_{t-1}, \cdots)$。

2. **经济高质量发展多变量分析模型**

由于分析经济结构调整的模型是一个非线性系统，系统中可能包含大量的统计不显著的变量，这增加了模型预测的难度。因此，需要选择合适的分析模型使得分析经济结构调整对制造业高质量发展的影响能够更加准确，例如使用像 VAR 这样的非结构化模型方法获取这些变量之间的动态关系可能就是一个好的选择。VAR 模型通常用于简化的分析情形，被认为是用相对较少的参数估计成功获取一组丰富变量的动态关系的方法。书中同时假设制造业高质量发展增长的条件变量的方差是常数，因为我们不能确

定高质量发展增长变量对高质量发展增长的影响,模型中引入高质量发展增长波动在收敛性方面产生更多麻烦,估计将对初始值过于敏感。因此,本书利用 GARCH 模型来确认制造业高质量发展与经济结构调整变量的动态关系。如上部分所示,用 VAR 模型来衡量波动时间序列的平均变化。因此本书构建 VAR - GARCH 模型来分析经济结构调整,宏观波动与制造业高质量发展之间的关系。本书构建了三种不同的 VAR - GARCH 设定检验估计模型,具体如下所示

$$inf_t = \alpha_0^{inf} + \sum_{i=1}^{2} \alpha_i^{inf} inf_{t-i} + \sum_{i=1}^{2} \beta_i^{inf} open_{t-i} + \sum_{i=1}^{2} \gamma_i^{inf} GZL_{t-i} + \mu_{inf_t}$$

$$(6-4)$$

$$\mu_{inf_t} \sim (0, h_{inf_t}) \; ; h_{inf_t} = \kappa_{inf} + \delta_{inf} h_{inf_{t-1}} + \mu_{inf} \mu_{inf_{t-2}}^2$$

$$open_t = \alpha_0^{open} + \sum_{i=1}^{2} \alpha_i^{open} inf_{t-i} + \sum_{i=1}^{2} \beta_i^{open} open_{t-i} + \sum_{i=1}^{2} \gamma_i^{open} GZL_{t-i} + \mu_{open_t}$$

$$(6-5)$$

$$\mu_{open_t} \sim (0, h_{open_t}) \; ; h_{open_t} = \kappa_{open} + \delta_{open} h_{open_{t-1}} + \mu_{open} \mu_{open_{t-2}}^2$$

$$GZL_t = \alpha_0^{GZL} + \sum_{i=1}^{2} \alpha_i^{GZL} inf_{t-i} + \sum_{i=1}^{2} \beta_i^{GZL} open_{t-i}$$

$$+ \sum_{i=1}^{2} \gamma_i^{GZL} GZL_{t-i} + \varphi_{inf} h_{inf_t} + \varphi_{open} h_{open_t} + \mu_{GZL_t} \quad (6-6)$$

$$\mu_{GZL_t} \sim N(0, h_{GZL_t}) \; ; h_{GZL_t} = \kappa_{GZL}$$

方程的协方差表示为如下

$$\kappa_{inf, open} = \text{cov}(\mu_{inf_t}, \mu_{open_t})$$

$$\kappa_{inf, GZL} = \text{cov}(\mu_{inf_t}, \mu_{GZL_t}) \qquad (6-7)$$

$$\kappa_{open, GZL} = \text{cov}(\mu_{open_t}, \mu_{GZL_t})$$

式(6-4)中包含了货币市场结构调整、开放市场调整结构和制造业高质量发展三个变量,以及这三个变量的两个滞后项。式(6-5)与式(6-4)相

似,也包含货币市场结构调整、开放市场调整结构和制造业高质量发展三个变量,以及这三个变量的两个滞后项。式(6-6)是对制造业高质量发展的估计,仿造式(6-4)的估计方程形式,包含货币市场结构调整变量、开放市场调整结构变量和制造业高质量发展三个变量,以及这三个变量的两个滞后项。高质量发展也可解释为受货币市场结构调整和开放市场调整结构变量条件方差的影响,评估这些结构调整行为在解释高质量发展中的作用。此外,我们货币市场结构调整和开放市场调整结构变量条件方差用 GARCH(1,1)的形式进行构建。

(二)变量设置与数据

本书使用了我国 1987—2014 年的统计数据,所有原始数据均来自我国各年的《中国统计年鉴》。具体变量设置和计算方法为:

1. 经济高质量发展变量(GZL)

经济高质量发展的测度参照第二章的测度方法进行,具体参照第二章内容。

2. 金融市场结构调整变量($finance$)

金融市场结构调整通过金融市场深化的波动来反映,本书中对金融市场深化波动用广义货币(M2)占 GDP 的比率来进行度量。

3. 货币市场结构调整变量($inflation$)

货币市场结构调整通过通货膨胀的波动来反映,具体用消费者价格指数的对数的一阶差分来进行计算。

4. 开放市场结构调整变量($import$)

开放市场结构调整通过进出口的波动来反映,具体用进出口占 GDP 的比率来进行度量。

为了分析这些变量以何种形式进入到实证分析中去,本书首先对这些时间序列变量进行单位根检验,如果这些变量存在单位根的话,在进行实证分析时会导致估计结果的偏差,需要对数据进行处理后再进行实证分析。单位根检验结果见表 6-2 所列。表 6-2 中给出了 ADF、PP 和 KPSS 的单位根检验结果,ADF 的检验可以看到,水平序列包含常数项和趋势的检验结果都表明存在单位根,但是一阶差分后明显的不存在单位根问题。同样 PP 检验和 KPSS 检验虽然有些水平序列包含常数项和趋势的检验结果部分表明存在单位根,但是一阶差分后都是不存在单位根的。因此,执行一阶差分形式的操作分析是最好的选择,下部分实证分析中所有用到的变量都进了一阶差分以保证进入到估计方程中的变量平稳性。

表 6-2 单位根检验结果

			ADF	PP	KPSS
GZL	水平序列	常数项	−0.41	−7.52**	1.49**
		常数项和趋势	−1.87	−8.07**	0.13*
	一阶差分	常数项	−2.80	−17.92*	0.10
finance	水平序列	常数项	−0.14	−0.09	1.03**
		常数项和趋势	−2.90	−2.90	0.13*
	一阶差分	常数项	−9.95**	−9.94**	0.17
inflation	水平序列	常数项	−1.19	−2.00	0.82**
		常数项和趋势	−4.20**	−4.01*	0.27**
	一阶差分	常数项	−8.80**	−19.41**	0.38
import	水平序列	常数项	−0.60	−0.58	1.02**
		常数项和趋势	−2.56	−2.52	0.09**
	一阶差分	常数项	−9.30**	−9.30**	0.06

注:** 表示 1% 的显著性水平下显著;* 表示 5% 的显著性水平下显著。

(三)实证结果分析

1. 经济高质量发展的波动分析

为了研究 ARCH 的存在对高质量发展增长的影响,本书用 Engle(1982)的 ARCH-LM 进行检验。因此,首先对高质量发展增长的常数项和它的前四滞后项进行估计,然后分别通过残差平方和对高质量发展的滞后四期和八期进行估计(包含常数项),得出具体的 R^2 的观测值分别为 18.962 和 19.846,P 值分别为 0.008 和 0.000。因此,即使在 1% 的水平上也不能拒绝 ARCH 的存在对高质量发展增长的影响。所以选择 ARCH 模型分析经济高质量发展水平的增长。前文的分析研究通过假设经济结构调整的波动引起经济高质量发展增长的波动来表述两者之间的关系,在实证检验模型上,上文提出了采用扩展的 ARCH 模型来分析经济高质量发展增长的条件波动。经济高质量发展的自回归结果见表 6-3 所列。

表 6 - 3　经济高质量发展的自回归结果

A:均值方程	
变量	
常数项	1.8071(0.00)
GZL_{t-1}	$-0.0448(0.72)$
GZL_{t-2}	$-0.0176(0.81)$
GZL_{t-3}	$-0.1406(0.07)$
GZL_{t-4}	$-0.2680(0.11)$
$h_{GZL\ t}$	$-0.2195(0.07)$
B:条件方差	
常数项	1.2034(0.00)
$h_{GZL\ t-1}$	$-0.1514(0.42)$
$\left\| \dfrac{u_{TFP_{t-j}}}{\sqrt{h_{TFP_{t-j}}}} \right\| - E\left\| \dfrac{u_{TFP_{t-j}}}{\sqrt{h_{TFP_{t-j}}}} \right\| + \varphi\dfrac{u_{TFP_{t-j}}}{\sqrt{h_{TFP_{t-j}}}}\}$	0.9325(0.00)
ϕ	$-0.1076(0.58)$
C:检验	
The Sign Bias Test	(0.75)
Ljung - Box Q - Stat. [4]	(0.60)
Ljung - Box Q - Stat. [8]	(0.87)
ARCH - LM [4]	(0.89)
ARCH - LM [8]	(0.77)

注:括号中为 P 值。

表 6 - 3 中 A 部分为均值方程式(6 - 1)的估计结果,估计中包含了经济高质量发展指标的滞后四期变量。从表中的估计结果可以看到,经济高质量发展指标的滞后四期变量都是负值而且是不显著的,条件方差的估计系数也是不显著的负值,这表明不能找到经济高质量发展自身的波动影响经济高质量发展增长变化的不利影响的统计显著的证据。表 6 - 3 中 B 部分为条件方差方程式(6 - 2)的估计结果,从表中的估计结果可以看到, φ 的估计值是负值,绝对值小于1,对高质量发展增长的负面冲击变化量超过正面冲

击,反映了积极和消极方面对高质量发展增长的条件波动性是不对称的。此外,条件变量对数的滞后值的估计系数小于1,这满足条件变量的非突增性要求。表6-3中C部分为相关估计检验,包括非参数符号偏误检验、Ljung-Box Q检验和ARCH-LM检验,这些检验的P值均是不显著的,支持了制造业全要素增长是规范的。

表6-3估计结果中得到了经济高质量发展指标的滞后四期变量和条件方差的估计系数,不显著的原因本书认为可能有以下几种解释:一是经济高质量发展增长受到其他因素的影响而不是它的历史因素,估计中包括其他变量的设置,可能有助于解释经济高质量发展水平的增长行为和本身演变;二是经济高质量发展增长可能受到经济结构调整的影响,但是仅仅依靠本部分的分析无法从经济高质量发展水平的增长波动性来得出经济结构调整对其的影响。

2. 经济高质量发展指标的影响因素分析

表6-4中的条件方差估计部分中,VAR-GARCH模型中所有的货币市场结构调整和开放市场结构调整波动的估计系数都是显著的正值,满足非负的条件方差设定。同样需要重视的是 $h_{inf_{t-1}}$ 和 $\mu^2_{inf_{t-1}}$ 的系数值和小于1,以及 $h_{open_{t-1}}$ 和 $\mu^2_{open_{t-1}}$ 系数总和也小于1,这也满足条件方差的非激增性属性。

金融市场结构调整导致的金融市场深化的波动变量,是一个额外的潜在影响经济高质量发展增长的变量,因此,本书拟通过将金融市场深化变量及其波动包含到VAR-GARCH模型中分析。具体来说,我们不把金融市场深化的波动变量作为VAR-GARCH模型的三个可变条件变量,而是用货币市场结构调整或开放市场结构调整波动变量来代替,以避免过度参数化。

从表6-4的估计结果可以看出,经济高质量发展指标的均值方程式(6-6)中货币市场结构调整导致的波动(h_{inf_t})的估计值是统计显著的正值,货币市场结构调整将会导致经济高质量发展水平的增长。同样,均值方程的经济高质量发展指标的估计方程式(6-6)中开放市场结构调整导致的波动(h_{open_t})的估计值是统计显著的负值,开放市场结构调整将会导致经济高质量发展的下降,这是合理的,出口和进口可能会受到不同的因素而有不同的动态。因此,为了部分地解决这个问题,我们定义两个新的开放措施:出口占 GDP 的比例和进口占 GDP 的比例。当这两项开放措施包括在经济设定中而不包括任何其他波动措施的时候,开放的波动措施的估计系数是统计显著和消极的。因此,国家在进行结构调整时要尽可能地保持开放政策的稳定性。表 6-4 经济高质量发展指标的均值方程式(6-6)中的第 2 列给出了 VAR-GARCH 模型的估计值,估计值中包含了货币市场结构调整、金融市场结构调整和经济高质量发展三个变量。货币市场结构调整导致的波动在经济高质量发展方程中的估计值是显著的正值,金融市场结构调整导致的波动估计值是显著的负值,估计值的符号和显著性符合前面的理论分析。表 6-4 经济高质量发展指标的均值方程式(6-6)中的第 3 列显示,无论是开放市场结构调整还是金融市场结构调整导致的波动都会影响经济高质量发展,该结果支持了以前的分析,这两个变量会抑制经济高质量发展水平的增长。然而,开放市场结构调整对经济高质量发展水平增长的负效应在统计上不显著,这表明,这两种波动可能会从相同的途径影响经济高质量发展或这两个变量存在高度共线性。

从表 6-4 中的估计结果可以看出,第一,货币市场结构调整导致的波动提高了高质量发展水平的增长,而开放市场结构调整以及金融市场结构调整的波动降低了高质量发展水平的增长。即使货币市场结构调整导致的波动对经济高质量发展增长存在显著的正效应,但是也不建议资源错配导致的低效率的存在,主要是因为货币市场结构调整导致的通货膨胀波动存在较高的不确定性(Friedman,1977)。Hahn(1970)、Juster 和 Wachtel(1972)以及 Juster 和 Taylor(1975)认为通货膨胀不确定性和利率存在负相关,消费者寻求保护自己免受通货膨胀波动的影响。如果收入的变化不匹配通货膨胀的波动,后者会影响实际收入变化,因为损失了消费者消费信心。因此,消费者将增加储蓄,这将导致消费和利率下降。Cukierman 和 Meltzer(1986)认为预期之外的通货膨胀可以由政府来影响,通过减小短期利率以刺激经济,低利率刺激投资,新的投资更可能会增加资本存量,使用更先进的技术,这可能会增加高质量发展水平的增长。

第二,开放市场结构调整降低高质量发展水平的增长。在现有的文献中,有分析开放程度和高质量发展的水平之间关系的各种研究,但 Miller 和 Upadhyay(2000)的研究是唯一研究开放变动对高质量发展影响的文献。在

Miller 和 Upadhyay(2000)的研究与本书类似,认为开放波动和经济高质量发展增长之间呈负相关关系,也即是说,波动幅度较小的开放市场结构调整能够提高经济高质量发展。关于开放和经济高质量发展增长之间的关系,他们认为,更大的开放能促进经济体采纳更高效的技术进行生产,导致生产的较快增长。

第三,金融市场结构调整导致的金融改革深度的波动对经济高质量发展水平的增长具有不利影响,这符合需要信贷来支撑的金融中介和公司都会受到高金融体系波动性的影响假设。在一个经济体中的金融体系波动较大时,金融中介机构更倾向于短期贷款而不是长期贷款,最终影响一个国家的经济高质量发展增长。由于金融机构不太愿意不顾信用等级提供信贷,则新投资水平较低,此外,企业的投资将会使用更多的内部资源。因此,金融中介提供的流动性资金,将会寻找更有效的资源配置,这也会降低经济高质量发展水平的增长。

表 6-4 经济高质量发展的多因素影响结果

A:均值方程		
式(6-4)		
	inf_t	inf_t	fin_t
inf_{t-1}	$-0.4538(0.00)$	$-0.2198(0.00)$	
inf_{t-2}	$-0.2604(0.00)$	$-0.0663(0.00)$	
$open_{t-1}$	$2.8668(0.00)$		$-0.2825(0.13)$
$open_{t-2}$	$5.0419(0.00)$		$0.1578(0.75)$
GZL_{t-1}	$2.2591(0.00)$	$1.8831(0.00)$	$-0.3446(0.61)$
GZL_{t-2}	$5.6043(0.00)$	$4.0345(0.00)$	$0.2430(0.51)$
fin_{t-1}		$2.9771(0.00)$	$-0.0469(0.85)$
fin_{t-2}		$1.5167(0.00)$	$-0.0630(0.66)$
式(6-5)		
	$open_t$	fin_t	$open_t$
inf_{t-1}	$0.0011(0.00)$	$-0.0003(0.37)$	
inf_{t-2}	$0.0042(0.00)$	$0.0160(0.00)$	

（续表）

	$open_t$	fin_t	$open_t$
$open_{t-1}$	$-0.0960(0.01)$		$-0.1274(0.84)$
$open_{t-2}$	$-0.0641(0.06)$		$1.6245(0.57)$
GZL_{t-1}	$-0.0785(0.01)$	$-0.2665(0.00)$	$-0.7351(0.53)$
GZL_{t-2}	$-0.0922(0.00)$	$-0.1599(0.00)$	$1.1660(0.58)$
fin_{t-1}		$-0.3315(0.00)$	$0.2200(0.53)$
fin_{t-2}		$-0.0398(0.00)$	$-0.6146(0.00)$

式(6-6)

	GZL_t	GZL_t	GZL_t
inf_{t-1}	$-0.0022(0.00)$	$-0.0465(0.00)$	
inf_{t-2}	$0.0029(0.00)$	$0.0169(0.00)$	
$open_{t-1}$	$-0.2910(0.00)$		$-0.0184(0.45)$
$open_{t-2}$	$-0.0399(0.00)$		$-0.0380(0.14)$
GZL_{t-1}	$0.0748(0.00)$	$-1.3280(0.00)$	$-0.0316(0.19)$
GZL_{t-2}	$0.0060(0.00)$	$-0.8401(0.00)$	$-0.0414(0.00)$
fin_{t-1}		$-0.6935(0.00)$	$-0.0934(0.00)$
fin_{t-2}		$-0.1539(0.00)$	$-0.0570(0.00)$
h_{inf_t}	$0.0966(0.00)$	$0.0579(0.00)$	
h_{open_t}	$-0.4038(0.00)$		$-0.0084(0.78)$
h_{fin_t}		$-0.7955(0.00)$	$-0.6059(0.00)$

B：条件方差

	h_{inf_t}	h_{inf_t}	
$\mu^2_{inf_{t-1}}$	$0.0001(0.97)$	$0.2108(0.00)$	
$h_{inf_{t-1}}$	$0.9647(0.00)$	$0.0099(0.00)$	
	h_{open_t}		h_{open_t}
$\mu^2_{open_{t-1}}$	$0.0077(0.00)$		$-0.5867(0.00)$
$h_{open_{t-1}}$	$0.2436(0.00)$		$0.2881(0.00)$

（续表）

		h_{fin_t}	h_{fin_t}
$\mu^2_{fin_{t-1}}$		0.0111(0.00)	0.1768(0.57)
$h_{fin_{t-1}}$		0.1002(0.00)	$-$0.1377(0.15)
$Var(GZL_t)$	4.0724(0.00)	7.4911(0.00)	4.6589(0.00)
C:协方差			
$\mathrm{cov}(\mu_{inf_t},\mu_{open_t})$	1536.66(0.00)		
$\mathrm{cov}(\mu_{inf_t},\mu_{fin_t})$		21.8604(0.00)	
$\mathrm{cov}(\mu_{fin_t},\mu_{TFP_t})$		20.2240(0.00)	$-$5.0513(0.00)
$\mathrm{cov}(\mu_{inf_t},\mu_{TFP_t})$	$-$3.5369(0.00)	$-$4.4941(0.00)	
$\mathrm{cov}(\mu_{fin_t},\mu_{open_t})$			341.65(0.45)
$\mathrm{cov}(\mu_{TFP_t},\mu_{open_t})$	$-$7.7568(0.18)		$-$0.5765(0.97)

注:括号中为 P 值。

3. 经济结构调整的实验分析

为了更加形象地分析经济结构调整导致的波动对经济高质量发展的影响,本部分将通过一项实验来具体模拟经济结构调整的影响。具体来说就是分析这三个经济结构调整导致的宏观经济波动各下降16%,会带来多少经济高质量发展增长的变化。之所以选择变化16%是因为 $Z_{1-0.16}=1$,符合标准的正态分布的要求。波动下降对经济高质量发展的影响见表6-5所列。从表6-5的估计结果可以看出,货币市场结构调整导致的通货膨胀的波动下降确实促进了经济高质量发展。例如模型一中,通货膨胀率的波动下降16%会带来4.76%的经济高质量发展水平的增长,在模型二中会带来1.96%的经济高质量发展水平的增长。但是,金融深化和通货膨胀的波动同时下降16%则会带来1.31%的经济高质量发展的降低,而进出口和通货膨胀的波动同时下降16%则会带来1.32%的经济高质量发展水平的增长。模型一中单独进出口水平的波动下降16%会带来5.28%的经济高质量发展水平的增长,在模型三中会带来1.27%的经济高质量发展水平的增长。同样降低金融深化的波动也能带来经济高质量发展水平的增长。

金融深化和进出口的波动同时下降 16％时,经济高质量发展增长了
1.56％,但应当注意在模型一中通货膨胀率的波动下降 16％会带来 4.76％
的经济高质量发展水平的降低,或者进出口的波动下降 16％会带来 5.28％
的经济高质量发展水平的增长,因为这些变化程度是相当高的,必须同时考
虑到它们。因此,我们可以得到,实现 1.32％～1.56％的经济高质量发展水
平年增长是可行的,这意味着在 19 年内 7％～11％的增长。然而,我们的估
计表明,进出口的波动与金融深化的波动以 16％下降,会增加年均国内生产
总值约 1.32％～1.56％。经济高质量发展增长率的提高会带来我国的人均
收入增长率与发达国家之间的有意义的差异,从而显著加快收入收敛。

表 6-5　波动下降对经济高质量发展的影响

	模型一	模型二	模型三
通货膨胀和进出口波动下降 16％	1.32		
通货膨胀和金融深化波动下降 16％		−1.31	
金融深化和进出口波动下降 16％			1.56
通货膨胀波动下降 16％	−4.76	−1.96	
进出口波动下降 16％	5.28		1.27
金融深化波动下降 16％		1.64	1.12

四、简要结论

本章论述了我国经济结构调整导致的相关宏观经济的波动对经济高质
量发展的影响,研究认为货币市场结构调整导致的波动提高了高质量发展
水平的增长,而开放市场结构调整以及金融市场结构调整的波动降低高质
量发展水平的增长。我国是一个发展中国家,也是一个正在经历转型升级
的国家,经济增长正从"旧常态"向"新常态"过渡,降低经济结构调整过程中
产生的宏观经济波动的不稳定性可以帮助我国缩小与发达国家的差距。

第三篇

经济结构调整引领
我国经济高质量
发展的路径研究

第七章 投资结构调整与经济高质量发展

一、引言

党的十九大做出了"我国经济已由高速增长阶段转向高质量发展阶段"这一历史性论断,根据习近平总书记在 2018 年 1 月 31 日在中共中央政治局第三次集体学习时的讲话,现代化经济体系首要内容是要建设创新引领、实现实体经济、科技创新、现代金融、人力资源协同发展的产业体系,使科技创新在实体经济发展中的贡献份额不断提高。2014 年习近平总书记在亚太经合组织(APEC)工商领导人峰会上提出,经济新常态下,中国经济增长动力要"从要素驱动、投资驱动转向创新驱动"。基于此,很多人提出来,我们不再需要投资拉动经济增长,经济高质量发展就是要强创新、弱投资。我国的高质量发展应该降低投资增长率,以便克服过去的投资依赖问题(葛翔宇等,2019)。部分公共媒体甚至将一些经济和投资增速较高的地区,贴上"投资依赖症"的标签。特别重要的是,伴随中央对创新驱动战略的强调和重视,一些地方政府纷纷将"弱化投资"作为贯彻中央精神的重要手段,并带来全社会固定资产投资速度急剧下滑的情境。2012 年,全社会固定资产投资实际增长率为 19.0%,2018 年降至 5.9%。在省市层面,2018 年很多省份的全社会固定资产投资水平在下降,包括北京、天津、宁夏、甘肃等省份。

中国投资出现增速放缓,特别是经济进入高质量发展阶段后,有的地区出现了负增长,这种投资增速的"跳水"现象是否合理?或者说,经济进入高质量发展阶段一定要弱化投资吗?从理论上讲,经济高质量发展最为重要的是提升创新在增长中的贡献,但创新和技术进步往往伴随资本深化,比如新设备的引进必然引起固定资产投资的增长(Jones 和 Manuelli,1997)。在现实中,创新驱动不可能一蹴而就,而在创新驱动发力之前,投资驱动的减弱必然导致经济增长失速。比如,2016 年辽宁 GDP 增长-2.5%,山西也仅增长 4.5%。

从知网中搜索可以看到,高质量发展的文献从 2017 年才开始出现,这些文献中有关高质量发展实证分析主要是对高质量发展的测度及其影响因素的研究,而反过来对我国经济进入高质量发展阶段后对投资影响的文献基本没有出现。从 2017 年以来,大量论文分析高质量发展本身,其中不少度量技术进步和全要素生产率来分析高质量发展。因此,本书主要就经济发展质量的文献进行综述。从改革开放后我国的经济经历了高速增长的阶段,但是这种高速增长是以牺牲环境和资源为代价的粗放式的增长,党的十九大明确提出"中国经济已由高速增长阶段转向高质量发展阶段"。目前大部分文献主要是测度高质量发展水平,比较有代表性的包括茹少峰和魏博阳(2018)将全要素生产率增长率分解为技术进步增长率、技术效率增长率和规模效率增长率三部分,通过三个方面的比较分析测算研究高质量发展的潜在增长率变化;余泳泽 等(2019)采用包含非期望产出的 SBM 模型测算了 2003—2016 年 230 个城市的绿色全要素生产率作为高质量发展的一个重要指标;李金昌 等(2019)从"人民美好生活需要"和"不平衡不充分发展"这个社会主要矛盾的两个方面着手,构建了由经济活力、创新效率、绿色发展、人民生活、社会和谐 5 个部分共 27 项指标构成的高质量发展评价指标体系;李梦欣和任保平(2019)从"创新、协调、绿色、开放、共享"五个方面构建高质量发展的评价指标体系,利用 AHP 初步识别与 BP 神经网络模拟优化的集成方法进行评价测度。还有文献对高质量发展从全要素生产率的角度进行分解,例如涂正革和陈立(2019)讨论了全要素生产率的测度及经济增长方式的"阶段性"规律。

另一部分文献研究高质量发展的影响因素。刘志彪(2018)分析了我国高质量发展的支持因素对经济增长动力的影响;陈诗一和陈登科(2018)从中国环境保护和政府治理的角度对经济高质量发展进行了理论思考;徐忠(2018)从中国货币政策调控方式的转变分析了金融货币政策对高质量发展的影响;孙博文和雷明(2018)认为实现高质量发展,除通过加大交通基础设施建设、降低运输成本之外,还应努力降低市场壁垒和制度分割所带来的交易成本增加;蔡跃洲和陈楠(2019)分析了以人工智能为代表的新一代信息技术革命对高质量发展的影响;田国强(2019)从加快改革与政策调整角度分析了中国经济向高质量发展迈进问题;刘思明 等(2019)考察国家创新驱动力的经济高质量发展效应和机制;邓慧慧和杨露鑫(2019)分析了市场分割导致的效率损失对我国高质量发展的不利影响;陈冲和吴炜聪(2019)通过构建经济质量评价体系,利用我国的面板数据实证分析了消费结构升级对经济质量的具体影响。

正如近两年的文献中提及的,现有文献将重心放在高质量发展测度和全要素生产率视角的分解上,在解释影响因素时,没有考虑到我国经济在进入高质量发展阶段之前将投资作为经济增长的动力,在进入高质量发展阶段后是否还应成为其驱动力。而且现有高质量发展无论是测度还是分解,较少考虑绿色发展与环境保护在高质量发展中体现的问题。事实上,考虑环境等增长质量后,经济增长动力的表现往往有很大不同(Grossman 和 Helpman,1991;Burke et al. ,2015)。综上所述,将绿色发展理念引进本书的研究中,以考虑经济高质量发展问题,运用 Malmquist 指数对 1978—2018 年特别是十八大以后高质量发展进行测算和评价,把我国高质量发展分为综合高质量发展、创新高质量发展和环境高质量发展三个方面进行分析,实证揭示了投资速度和有效投资对经济高质量发展的作用。

二、变量、数据和实证模型

(一)经济高质量发展指数

Galor(1997)和 Jones et al. (1997)基于内生经济增长理论,将经济增长动力细化为资本深化(capital deepening)、技术改变(Technological change)和技术追赶(technological catch - up)三个方面。其中资本深化指的是要素增加的贡献;技术转变指的是由于技术进步导致的生产前沿向外移动;技术追赶指的是在要素投入总量不变情况下,通过资源配置和结构调整,提高生产效率,导致实际产出向生产前沿移动。这样,技术改变和技术追赶合在一起代表全要素生产率的提高。为便于分解,Kumar 和 Russell(2002)将经济增长动力归为要素投入、技术进步和效率提高三方面,并建立经济增长动力模型

$$\Delta y = EF \times TC \times \Delta CAP \qquad (7-1)$$

式(7-1)中 Δy 表示经济增长,EF 表示效率提高,TC 表示技术进步,ΔCAP 表示要素投入的增长。其中效率提高和技术进步构成全要素生产率(TFP)变动:$\Delta TFP = EF \times TC$。

Solow 经济增长核算方程有一个限制条件,即只能处理一个产出变量,本书在度量高质量发展时既考虑经济增长数量,又要考虑增长质量和绿色发展等产出指标,所以,使用前沿生产函数法的非参数的数据包络分析(DEA)方法。同时结合 Malmquist 指数,对 TFP 进行细项分解。Malmquist 指数法的产出变量,大多文献选择的就是单变量 GDP,本书为了考虑绿色发展,本书试图增加一个反映环境因子的增长质量变量,变为双变量。本书选择碳排放强度变量来反映基于绿色发展理念的高质量发展指标,由于碳排放强度是一个负向变量,本书用碳排放强度的倒数 $EGDP$ 和 GDP 作为 Malmquist 指数法的产出双变量。

基于此,第 t 年到 $t+1$ 年以技术 T^t 为参照的 Malmquist 指数为

$$M_i^t(x_i^t, y_i^t, x_i^{t+1}, y_i^{t+1}) = \frac{D_i^t(x_i^{t+1}, y_i^{t+1})}{D_i^t(x_i^t, y_i^t)} \qquad (7-2)$$

式(7-2)中 $x_i^t = (K_{it}, L_{it})'$ 表示地区 i 第 t 的资本和劳动投入向量,$y_i^t = (GDP_{it}, EGDP_{it})'$ 表示地区 i 第 t 的 $EGDP$ 和 GDP 向量,$D_i^t(x_i^t, y_i^t)$ 和 $D_i^t(x_i^{t+1}, y_i^{t+1})$ 表示分别表示以 t 年的技术 T^t 为参照的、第 t 年和 $t+1$ 年生产点的距离函数。

以 $t+1$ 年技术 T^{t+1} 为参照的 Malmquist 指数为

$$M_i^{t+1}(x_i^t, y_i^t, x_i^{t+1}, y_i^{t+1}) = \frac{D_i^{t+1}(x_i^{t+1}, y_i^{t+1})}{D_i^{t+1}(x_i^t, y_i^t)} \qquad (7-3)$$

参考 Caves et al.(1982)的做法,用技术 T^t 和 T^t 为参照的 Malmquist 指数的几何平均值,也即是式(7-2)和式(7-3)的几何平均值作为从 t 年到 $t+1$ 年生产率变化的 Malmquist 指数,具体为

$$M_i^{t+1}(x_i^t,y_i^t,x_i^{t+1},y_i^{t+1})=\left[\frac{D_i^t(x_i^{t+1},y_i^{t+1})}{D_i^t(x_i^t,y_i^t)}\frac{D_i^{t+1}(x_i^{t+1},y_i^{t+1})}{D_i^{t+1}(x_i^t,y_i^t)}\right]^{1/2} \qquad (7-4)$$

如果式(7-4)的 Malmquist 指数大于 1,则表明从 t 年到 $t+1$ 年全要素生产率是增长的。下面把式(7-4)分解成两部分的乘积形式,

$$M_i^{t+1}(x_i^t,y_i^t,x_i^{t+1},y_i^{t+1})=\underbrace{\frac{D_i^t(x_i^{t+1},y_i^{t+1})}{D_i^t(x_i^t,y_i^t)}}_{EF_i^{t+1}}\underbrace{\left[\frac{D_i^t(x_i^{t+1},y_i^{t+1})}{D_i^t(x_i^t,y_i^t)}\frac{D_i^t(x_i^t,y_i^t)}{D_i^{t+1}(x_i^t,y_i^t)}\right]^{1/2}}_{TC_i^{t+1}}$$

$$(7-5)$$

式(7-5)中右边 EF_i^{t+1} 表示从 t 年到 $t+1$ 年生产效率的提升,TC_i^{t+1} 表示从 t 年到 $t+1$ 年生产效率的提升。又如在本书文献综述中提到的,有的学者直接把全要素生产率作为高质量发展的测度,把全要素生产率直接或者做简单处理后作为高质量发展的近似测度应该说有其合理性,因为党的十九大报告中明确指出,"必须坚持质量第一、效益优先,以供给侧结构性改革为主线,推动经济发展质量变革、效率变革、动力变革,提高全要素生产率。"在高质量发展阶段,我们不是单纯地追求经济发展的高速度,而是要追求效率更高、供给更有效、结构更高端、更绿色可持续以及更和谐的增长。经济发展由依靠要素和投资驱动,转向依靠创新驱动,由高污染、高消耗的粗放型经济增长方式,转向绿色环保的集约型增长方式。所以,从全要素生产率的角度来衡量高质量发展是合理的,而且高质量发展实际上就是创新驱动对要素驱动的替换。因此,本书用全要素生产率对经济增长的贡献与要素对经济增长的贡献的比值作为高质量发展的测度指标。由于在构建 Malmquist 指数时加入了反映环境因子的增长质量变量,使 Malmquist 指数法的产出变量变为双变量,所以本书分别计算考虑和不考虑环境因素的全要素生产率对经济增长的贡献以及两者之间的差值与要素对经济增长的贡献的比值。具体来说,考虑环境因素的比值定义为综合高质量发展指数(HQD_{ZH}),测度表达式为

$$HQD_{ZH}=\frac{(TC\times DF)/\Delta y}{1-(TC\times DF)/\Delta y}$$

不考虑环境因素的定义为创新高质量发展指数(HQD_{CX}),测度表达式为

$$HQD_{CX} = \frac{(TC' \times DF')/\Delta y}{1-(TC' \times DF')/\Delta y} \quad ①$$

两者的差值定义为环境高质量发展指数(HQD_{HJ}),测度表达式为

$$HQD_{HJ} = \frac{(TC \times DF)/\Delta y - (TC' \times DF')/\Delta y}{1-(TC' \times DF')/\Delta y} \quad ②$$

(二)数据说明

为了解析经济高质量发展的动态变化,并进行投资水平与高质量增长关系的实证分析,本书采用 1978—2018 年间的面板数据。由于西藏的统计数据不全,重庆在 1997 年才成立,与大多研究一样,本书的横截面仅包含大陆 29 个省市区,其中重庆数据与四川合并处理。对于产出变量 GDP,运用各省市区 GDP 指数进行处理,以消除物价影响。对于反映绿色发展的产出质量变量,本书首先选择各地区以标准煤表示的能源消耗总量,按照排放因子一单位标准煤排放 2.65 吨二氧化碳计算,得到各地区二氧化碳排放量,然后用实际 GDP 除以二氧化碳排放量,即可得单位二氧化碳排放量的 GDP 产出 EGDP。对于各地区资本存量 K 的估算,本书采用张军 等(2004)的方法,提供了 1952—2000 年省际物质资本存量。本书将 1978 年作为基年,按照此方法换算出 1978—2000 年的数据,然后基于各地区固定资产投资数据、固定资产投资物价指数,推算出 2001—2018 年各地区资本存量。对于劳动力,和大多数文献一样,选用从业人员数。

利用本书选取的数据,按照前文中提出的 Malmquist 指数法,对构建的综合高质量发展指数($HQDZH$)、创新高质量发展指数($HQDCX$)和环境高质量发展指数($HQDHJ$)三种高质量发展指数进行测算,绘制了三种高质量发展指数从 1978—2018 年间的变化折线图。1978—2018 年的高质量发展波动情况如图 7 - 1 所示。从图 7 - 1 的趋势可以看到,从 1978—2018 年综合高质量发展指数和创新高质量发展指数的变化趋势基本是相似的,整体来说这两种高质量发展指数都没有超过 0.5,这说明我国的经济增长还是依靠要素驱动为主,创新驱动还没有超过要素驱动,环境高质量发展指数负值

---

① TC' 和 DF' 为 Malmquist 指数产出变量采用 GDP 单变量计算(5)式的数值。

②   该指标法反映的是以环境代价的经济增长水平,所以该指标为负值,且越小越好,该数值越小说明经济增长的绿色含量越高,不是以环境为代价的经济增长。

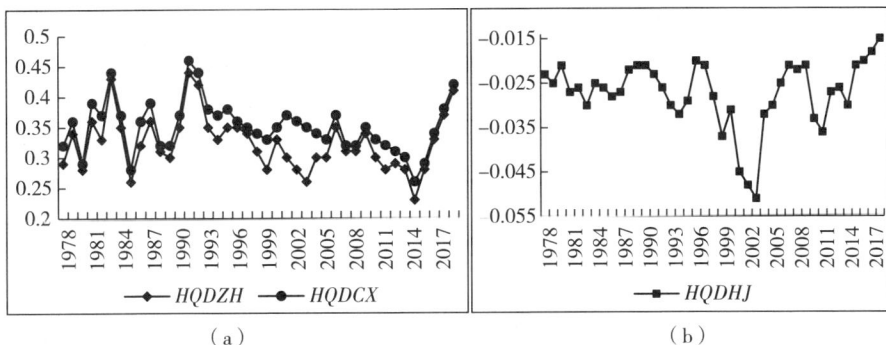

图 7-1　1978—2018 年的高质量发展波动情况

依然很大,这说明在经济增长过程中,还是有很大的比例是以环境为代价产生的,平均来说经济增长动力中有 3.1% 源自于环境破坏。从变化趋势上来看,综合高质量发展指数和创新高质量发展指数在 1990 年以前处于高位波动的状态,这一时期以农村改革为主,家庭联产承包责任制等重大制度性改革释放了生产活力,效率提升与技术进步都十分明显,同一时期中的 1985—1991 年,中国改革由农村转向城市,此时宏观调控出现问题,经济波动性大。这一时期环境高质量发展指数是比较低的,因此经济增长质量是比较高的。从 1990 年到 2008 年综合高质量发展指数和创新高质量发展指数一直处于相对稳定的状态,但是综合高质量发展指数和创新高质量发展指数的差距在变大,主要是这一时期是中国的市场化改革时期,经济活力明显增强,特别是进入 21 世纪是中国经济增长速度最快时期,但增长对环境破坏严重。这一点从环境高质量发展指数的变化趋势也可以看出来,这一时期是环境高质量发展指数波动最大的时期,但是整体还是处于高位水平,增加质量不佳。从 2008 年开始综合高质量发展指数和创新高质量发展指数都呈下降趋势,2015 年达到最小值,主要是 2008 年开始,为应对美国次贷危机引发的全球性金融危机的影响,中国实施四万亿投资刺激计划,导致众多行业产能过剩,TFP 急转直下,呈现负增长状态。从十八大以后的 2013—2016 年,是四万亿投资的消化期,也是中央大力推动创新驱动战略、转变增长方式的重要阶段。因此,从总体来看,创新驱动的整体效果还没有显现出来。在经过连续下滑后,2016 年开始呈现反弹的态势。说明十八大以后,科技创新的政策效果开始显现,四万亿投资消化的阵痛期也正在过去,这一时期的环境高质量发展指数也是呈现向好的态势,数值变小,这是一个非常重要的信号,说明十八大以后中央更加注重增长质量,坚持绿色发展的效果已经显现。

(三)实证模型

在实证部分中,对经济高质量发展与投资增长关系进行实证,试图回答经济高质量发展过程中投资大幅下滑的合理性问题。从前面的实证分析发现,1978—2018年,中国经济高质量发展存在时间上的明显波动性。因此,本书构建分阶段的地区固定效应面板模型进行实证分析

$$HQD_{it} = \beta_1 IV_{it-1} + \beta_2 EIV_{it-1} + \gamma Z_{it-1} + C_i + \varepsilon_{it} \qquad (7-6)$$

式(7-6)中 i 表示省份,t 表示时间,C_i 为地区固定效应,ε_{it} 为误差项。HQD_{it} 为三种高质量发展指数,IV_{it-1} 和 EIV_{it-1} 为两个核心解释变量,IV_{it-1} 反映投资量的增长,表示 i 省份第 $t-1$ 年的投资增长率;EIV_{it-1} 反映投资质量和有效性,表示 i 省份第 $t-1$ 年的有效投资在总投资中的占比。有效投资是和无效投资相对应的,目前没有明确的统计口径。根据 2017 年 7 月 28 日国务院常务会议,加大引进外资力度、进一步激发民间投资将作为促进有效投资的重要手段。外商投资具有吸收先进技术、管理经验和理念等显著的"外溢"效应,而民间投资受市场机制作用,可以保证投资的有效性。因此,文章将外商投资、港澳台投资和民间投资之和作为有效投资的代变量。影响经济高质量的因素可能还有地区经济发展水平、教育、市场开放等因素(毛其淋和盛斌,2012),所以 Z_{it-1} 表示的控制变量包含为人均 GDP 变量($RJGDP_{it-1}$)、人均受教育年限(EDU_{it-1})、开放水平($KFSP_{it-1}$)三个控制变量。人均 GDP 和人均受教育年限在模型中取对数,开放水平用进出口总值与 GDP 的比较表示。这里的自变量用滞后变量,主要是为了解决互为因果可能带来的内生性问题。

三、实证分析

(一)总样本估计结果

本部分利用选取的数据对固定效应面板模型式(7-6)进行实证分析,找出经济高质量发展与投资增长的关系。首先,利用所有时期和省份的总样本数据进行回归估计,先进行的面板数据单位根检验,发现相关变量均是不

平稳的,并都呈现一阶单整。然后进行面板数据协调检验。总样本估计结果见表 7-1 所列,表 7-1 的估计结果显示,检验变量采用三种方法同时检验时,至少有两种方法都是显著的,这表明模型式(7-6)都通过协整检验,因此回归结果是可靠的。在具体的解释变量的估计过程中,分别就三种高质量发展指数作为被解释变量进行回归估计,而且总样本回归中还把两个投资变量分成了三种情况进行估计,一是只包含反映投资量增长的变量,二是只包含反映投资质量和有效性的变量,最后同时包含两种变量的估计结果。从表 7-1 这三种情形投资变量的估计结果来看,差别还是比较大的。投资增长率的回归系数都是负值,但是显著性不同,在对综合高质量发展指数和创新高质量发展进行回归时是不显著的,这说明投资增长率对这两种经济高质量发展的影响是不显著的,投资数量的增长并不能显著的改善高质量发展水平。在对绿色高质量发展指数进行回归时投资增长率的估计值变成显著的负值,这说明投资数量的增长对经济绿色高质量发展形成了负面影响。这个估计结果可能会使人产生一种感觉,投资好像并没有带来经济的高质量发展,反而对绿色高质量发展产生了负面影响。从总样本的估计结果来看,投资数量的增长确实是存在这种现象,但是我们要看到,这是横跨40 多年时间段的估计结果,而我国在这 40 年的改革开放过程中经历了很多次的经济和社会重大变革,所以总样本的估计结果并不一定能够真实地反映每个具体阶段国家的政策调整和国内外环境变化下的结果。因此,在下部分将把总样本分成不同时间段的样本进行分阶段估计,来更好地研究投资数量的增长与高质量发展的关系。而且,这个只是投资数量的变化对高质量发展的影响,在本部分中总样本还对投资质量和效率对高质量发展的影响进行了估计,从表 7-1 投资质量和有效性变量的估计结果来看,在对所有的高质量发展指数进行估计时,都是显著的正值,这一结果表明,只要是有效投资,在对任何高质量发展指数都具有正向促进作用。因此,从这个角度来看,经济高质量发展就是弱化投资的论点是不成立的。弱化的应该是高耗能高污染的投资,而高质量的投资和有效性投资应该是鼓励的。从三个控制变量的估计结果来看,都是比较符合预期的,人均 GDP 变量、人均受教育年限和开放水平三个变量都是显著的正值,这些都是能够对经济高质量发展产生促进作用的经济发展因素。

表 7 - 1　总样本估计结果

	投资数量			投资质量			两类投资		
	HQD_{ZH}	HQD_{CX}	HQD_{HJ}	HQD_{ZH}	HQD_{CX}	HQD_{HJ}	HQD_{ZH}	HQD_{CX}	HQD_{HJ}
IV_{it-1}	−0.059 (0.044)	−0.069 (0.071)	−0.017** (0.004)				−0.055 (1.121)	−0.051 (0.094)	−0.019** (0.003)
EIV_{it-1}				0.272** (0.044)	0.184** (0.062)	0.203** (0.050)	0.226** (0.053)	0.173** (0.069)	0.208** (0.072)
$RJGDP_{it-1}$	0.442** (0.099)	0.466** (0.102)	0.513** (0.084)	0.487** (0.111)	0.489** (0.115)	0.500** (0.093)	0.474** (0.090)	0.481** (0.121)	0.488** (0.108)
EDU_{it-1}	0.850** (0.234)	0.880** (0.175)	0.759** (0.168)	0.742** (0.223)	0.773** (0.192)	0.859** (0.136)	0.831** (0.345)	0.844** (0.372)	0.808** (0.333)
$KFSP_{it-1}$	0.131* (0.069)	0.137* (0.070)	0.125* (0.065)	0.164** (0.044)	0.171** (0.038)	0.150** (0.041)	0.187** (0.055)	0.175** (0.057)	0.180** (0.060)
R^2	0.406	0.445	0.377	0.553	0.571	0.498	0.506	0.532	0.566
Panel rho 值	−0.487**	−0.278**	−0.655**	−0.322	−0.416	−0.497**	−0.505**	−0.572**	−0.339
Panel PP 值	−4.846**	−4.660**	−4.367**	−2.716**	−2.990**	−2.743**	−6.665**	−6.111**	−6.047**
Panel ADF 值	−2.726**	−2.716**	−2.009**	−1.477*	−1.932**	−1.696**	−3.659**	−3.726**	−3.665**

注:括号中的数值为标准误,** 和 * 分别表示1%和5%的显著性水平下显著。由于无法获得2000年以前的反映投资有效性的数据,在估计中投资质量和投资估计用的是2000年以后的数据,人均受教育年限1992年之前的数据缺少,用的是1992年后的数据进行估计。

(二)分阶段估计结果

在总样本中虽然得到了一些结论,但是由于时间段跨度过长,且这段时间恰恰是我国大变革的一段时间,经济政策和国内外环境差异非常大。因此,总样本回归不能很好地反映每个阶段的具体情况,所以本文分阶段来进行估计,力求找出每个阶段经济高质量发展与投资增长的关系。本文把1978到2018年的数据分成了五个时间段,每个时间段下分别就三种高质量发展指数作为被解释变量对投资数量和投资有效性变量进行回归估计。投资与高质量发展分阶段的估计结果见表 7 - 2 所列。表 7 - 2 的估计结果显示,检验变量采用三种方法同时检验时,每个时段至少有两种方法都是显著的,这表明模型式(7 - 6)在各个时段的样本中都通过协整检验,因此回归结果是可靠的。从表 7 - 2 的估计结果来看,不同的时间段内投资数量变量估计系数的数值和显著性都存在差异性。投资数量变量对 1978—1991 年三种高质量发展指数额估计系数是不显著的负值,这表明投资数量的增长对经济高质量发展的影响不显著,主要是这一阶段处于改革的摸索期,要素处于相对充足的状态,配置合理,并没有出现对于经济增长的抑制作用,这个时期关注的是经济发展的速度。在 1992—2000 年、2001—2008 年、2009—2012 年这三个时期,投资数量变量对三种高质量发展指数的估计系数都是显著的负值,这说明这几个时期投资数量的增长对创新驱动和绿色发展的经济高质量发展形成了负面影响。投资数量增长越高的时期,创新驱动越弱,绿色经济增长发展滞后。而在 2013—2018 年,投资数量增长对三种高质量发展指数额估计系数都变成了显著的正值,这说明这一时期投资数量增长越高,创新驱动和绿色发展反而越强,高质量发展越快。因此,从投资数量的估计结果在不同时期的变化来看,十八大之后的经济高质量发展不是要弱化投资,反而应当强化投资。从不同时间段的投资数量的估计结果来看,改革开放的初期阶段投资对经济高质量发展的影响是不显著的,随着改革的推进和经济的高速增长,投资数量的增长已经成为经济高质量发展的抑制力,但是到了十八大后,随着国家的政策调整投资数量的增长逐渐成为经济高质量发展的推动力。

对于投资的分析除了投资数量变量之外,有效投资变量也是一个影响经济高质量发展的重要指标,从表 7 - 2 的估计结果来看,有效投资占比对三种高质量发展指数的回归系数在三个时段都为正,并均在 1% 的显著性水平上通过检验。随着时间推移,有效投资占比的回归系数有增长的趋势,尤其是在 2013—2018 年,这一回归系数增加到 1 以上。这一结果表明,只要是有效投资,在任何时间段都对创新和绿色经济高质量发展具有正向促进作用。这一结论与林毅夫(2016)的观点一致。

因此,不同时间段的估计表明,在改革开放早期要素充足的情况下,经济处于高速增长阶段,要素配置矛盾还没有成为经济增长的绊脚石,创新驱动和绿色发展并不是经济增长的主题,所以这个时间段的投资对创新和绿色高质量发展并没有影响。到了改革开放持续深入之后,资源配置矛盾就成为抑制经济高速增长的因素,此时单纯地追求投资数量的增长并不能带来经济的高质量发展,但是有效投资确是经济高质量发展的有利因素,到了十八大以后,在国家政策调整和产业结构变化之后,投资的增长又成为经济高质量发展的有利因素。因此,当前时期,经济高质量发展就是弱化投资的论点是不成立的,毋庸置疑,经济高质量发展过程中投资大幅下滑是一种不合理的现象。

表 7－2　投资与高质量发展分阶段的估计结果

年份	因变量	IV_{it-1}	EIV_{it-1}	$RJGDP_{it-1}$	EDU_{it-1}	$KFSP_{it-1}$	R^2	Panel rho 值	Panel PP 值	Panel ADF 值
1978—1991	HQD_{ZH}	−0.200 (0.425)	0.566** (0.096)			0.100 (0.086)	0.445	0.375	−5.846**	−2.726**
	HQD_{CX}	−0.274 (0.389)	0.545** (0.130)			0.097 (0.137)	0.453	0.333	−5.770**	−2.783**
	HQD_{HJ}	−0.033 (0.046)	0.533** (0.112)			0.103 (0.125)	0.462	0.359	−5.819**	−2.045**
1992—2000	HQD_{ZH}	−0.048** (0.013)	0.647** (0.142)	0.951* (0.482)		0.161** (0.077)	0.701	−0.731**	−3.716**	−1.477**
	HQD_{CX}	−0.055** (0.022)	0.653** (0.099)	0.903** (0.356)		0.158** (0.042)	0.723	−0.763**	−3.333**	−1.369**
	HQD_{HJ}	−0.021* (0.012)	0.625** (0.138)	0.949* (0.479)		0.144** (0.033)	0.727	−0.777**	−3.467**	−1.731**
2001—2008	HQD_{ZH}	−0.060** (0.009)	0.276** (0.053)	0.718** (0.223)	0.880** (0.278)	0.230** (0.070)	0.814	−0.170**	−6.665**	−6.603**
	HQD_{CX}	−0.057** (0.011)	0.258** (0.044)	0.704** (0.240)	0.875** (0.205)	0.219** (0.057)	0.823	−0.258**	−6.698**	−6.224**
	HQD_{HJ}	−0.029** (0.007)	0.233** (0.067)	0.725** (0.157)	0.832** (0.213)	0.247** (0.036)	0.835	−0.339**	−6.571**	−6.619**
2009—2012	HQD_{ZH}	−0.025** (0.006)	0.319** (0.024)	0.814** (0.084)	0.649** (0.090)	0.101 (0.100)	0.846	−0.869	−5.046**	−3.659**
	HQD_{CX}	−0.017** (0.005)	0.337** (0.048)	0.823** (0.097)	0.667** (0.074)	0.113 (0.075)	0.857	−0.813	−5.632**	−3.301**
	HQD_{HJ}	−0.032** (0.009)	0.306** (0.079)	0.805** (0.111)	0.682** (0.086)	0.104 (0.064)	0.841	−0.844	−5.331**	−3.778**

（续表）

年份	因变量	IV_{it-1}	EIV_{it-1}	$RJGDP_{it-1}$	EDU_{it-1}	$KFSP_{it-1}$	R^2	Panel rho 值	Panel PP 值	Panel ADF 值
2013—2018	HQD_{ZH}	0.010** (0.003)	1.372** (0.088)	0.647** (0.199)	0.809** (0.125)	0.160* (0.82)	0.849	−0.375**	−3.665**	−4.720**
	HQD_{CX}	0.008** (0.001)	1.365** (0.054)	0.651** (0.232)	0.811** (0.134)	0.149* (0.073)	0.855	−0.381**	−3.913**	−4.575**
	HQD_{HJ}	0.012** (0.001)	1.329** (0.076)	0.666** (0.184)	0.823** (0.157)	0.137* (0.069)	0.858	−0.332**	−3.058**	−4.001**

注：括号中的数值为标准误，** 和 * 分别表示 1% 和 5% 的显著性水平下显著。由于无法获得 2000 年以前的反映投资有效性的数据，在估计中投资质量和投资估计从 2001 年开始，人均受教育年限 1992 年之前的数据缺少，人均受教育年限变量从 1992 年开始估计。下表同。

（三）分地区估计

我国各地区间发展阶段和经济结构差异性较大，导致了我国经济发展的空间差异性明显，总样本和时间样本不能很好地反映空间差异性。因此，有必要就不同地区的样本数据进行实证分析，力求找出不同区域间经济高质量发展与投资增长的关系。本书按照大多数文献的传统分类方法，把 1978 到 2018 年的数据分为东、中、西三个地区样本，每个地区样本下分别就三种高质量发展指数作为被解释变量对投资数量和投资有效性变量进行回归估计。投资与高质量发展分地区的估计结果见表 7-3 所列。与前面的总样本和时间段样本一样，表 7-3 的估计结果显示，检验变量采用三种方法同时检验时，每个时段至少有两种方法都是显著的，这表明模型式（7-6）在各个地区的样本中都通过协整检验，因此回归结果是可靠的。从有效投资占比对三种高质量发展指数的回归系数在三个地区的估计结果来看，仍然是显著的正值，这说明在不同地区间投资有效性都是促进各地区高质量发展的有效手段，从数值的大小来看西部地区的投资有效性的估计系数是最大的，东部地区最小，说明西部地区的投资有效性更能促进地区的高质量发展。这要求我们要避免在地区投资过程中出现因地方盲目建设而导致无效投资，尤其是中西部地区，更要注重投资的有效性。这一点从投资数量变量的估计结果更能说明问题,这三个地区中投资数量变量对绿色高质量发展指数的估计结果只有东部地区是正值但是不显著,中西部地区都是显著的负值,所以如果只是一味地挤占资源和无效的投资数量的增长,反而抑制中西部地区绿色高质量发展水平的提升,即使是在东部地区投资数量的变化对绿色高质量发展水平的提升也不具有显著的提升效果。投资数量变量对综合高质量发展和创新高质量发展指数的估计结果差异性较大,东部地区的投资数量变量对综合高质量发展指数的估计数值虽然是正值但不显著,说明在东部地区投资数量的变化对综合高质量发展并没有显著的促进作用,但是对创新高质量发展指数的估计值是显著的正值,这说明在东部地区随着产业结构的调整,投资更多地流向了创新领域,投资数量的增长已经能够提高创新高质量发展的水平。而在中西部地区,这两个估计系数都是显著的负值,中西部地区投资数量的增长主要还在基础设施和承接产业转移上,这些投资数量的增长并不能够提升地区创新能力的增长和绿色发展。因此,经济高质量发展就是弱化投资的论点在地区间也是不成立的,虽然在中西部地区还存在粗放式投资驱动型经济,投资在总体上对创新驱动和经济高质量发展的负面作用不难理解。但是,从东部地区的情况来看,当经济发展到一定程度后,伴随着产业结构的调整和创新能力的提升,投资更多地流向了高新技术产业和绿色产业,这时投资数量的正值就会带来经济高质量发展水平的提升。因此,中西部地区的投资要注意投资数量的增长要体现在产业结构调整和创新绿色发展能力提升上,不是一味地投向基础设施和产能过剩产业,要提高投资的有效性,这样的投资增长才是高质量发展所需要的。

表 7 - 3　投资与高质量发展分地区的估计结果

	东部			中部			西部		
	HQD_{ZH}	HQD_{CX}	HQD_{HJ}	HQD_{ZH}	HQD_{CX}	HQD_{HJ}	HQD_{ZH}	HQD_{CX}	HQD_{HJ}
IV_{it-1}	0.035 (0.067)	0.042** (0.013)	0.022 (0.113)	−0.019* (0.010)	−0.014** (0.003)	−0.015** (0.005)	−0.026** (0.008)	−0.037** (0.012)	−0.024** (0.004)
EIV_{it-1}	0.793** (0.377)	0.720** (0.434)	0.714** (0.376)	0.931** (0.353)	0.945** (0.225)	0.992** (0.167)	1.216** (0.242)	1.105** (0.339)	1.228** (0.240)

（续表）

	东部			中部			西部		
	HQD_{ZH}	HQD_{CX}	HQD_{HJ}	HQD_{ZH}	HQD_{CX}	HQD_{HJ}	HQD_{ZH}	HQD_{CX}	HQD_{HJ}
$RJGDP_{t-1}$	0.505**	0.531**	0.524**	0.612**	0.650**	0.637**	0.673**	0.681**	0.692**
	(0.110)	(0.107)	(0.173)	(0.099)	(0.086)	(0.088)	(0.221)	(0.197)	(0.136)
EDU_{t-1}	0.731**	0.722**	0.715**	0.767**	0.778**	0.754**	0.802**	0.811**	0.825**
	(0.077)	(0.102)	(0.095)	(0.123)	(0.137)	(0.120)	(0.111)	(0.113)	(0.125)
$KFSP_{t-1}$	0.201**	0.214**	0.225**	0.245**	0.237**	0.240**	0.266**	0.275**	0.258**
	(0.055)	(0.046)	(0.051)	(0.034)	(0.028)	(0.045)	(0.041)	(0.039)	(0.044)
R^2	0.757	0.749	0.736	0.662	0.650	0.698	0.631	0.622	0.619
Panel rho 值	−0.345**	−0.401**	−0.367**	−0.413	−0.425	−0.434	−0.607**	−0.611**	−0.642**
Panel PP 值	−1.225**	−1.379**	−1.006**	−3.057**	−3.139**	−3.224**	−1.657**	−1.780**	−1.532**
Panel ADF 值	−3.331**	−3.357**	−3.032**	−2.225**	−2.644**	−2.578**	−4.404**	−4.121**	−4.000**

（四）稳健性检验

前文通过总样本和细分的时间、地区样本进行了实证分析，得到了相关研究结论，但是本书只是使用了一种估计方法进行实证分析，估计结果可能会由于内生性和变量选择等计量问题存在估计结果的偏差。因此，在本部分中通过设置工具变量，选择 GMM 方法进行总样本的稳健性检验，如果总样本的稳健性检验的估计结果与前文相差不大，则说明前面的变量设置和估计方法选择是合理的，结果是可信的。在进行 GMM 估计时，本书选择政府支出水平作为投资数量的工具变量。稳健性检验估计结果见表 7 - 4 所列。从表 7 - 4 的 GMM 估计结果来看，估计方程的 AR（7 - 2）检验表明估计中样本不存在二阶序列相关，通过 Hansen 检验结果可以看到文章对于工具变量的选择是有效的，Wald 检验在 1％ 的显著性水平下显著，所以从检验的结果来看，模型的工具变量选择是有效的，整体上是设置合理的。从表 7 - 4 中个变量的估计结果来看，与表 7 - 1 的总样本估计结果相比总体变化不大，投资数量变量在对综合和创新高质量发展进行估计时现又变得不显著，估计值与总样本相比变小。投资有效性变量的显著性没有发生变化，只是数值变小了一点。因此，通过稳健性检验的估计结果来看，前文实证分析结论是可行的。

表 7 - 4　稳健性检验估计结果

	投资数量			投资质量			两类投资		
	HQD_{ZH}	HQD_{CX}	HQD_{HJ}	HQD_{ZH}	HQD_{CX}	HQD_{HJ}	HQD_{ZH}	HQD_{CX}	HQD_{HJ}
IV_{it-1}	-0.044 (0.058)	-0.052 (0.109)	-0.021** (0.003)				-0.031* (0.016)	-0.037* (0.019)	-0.026** (0.007)
EIV_{it-1}				0.201** (0.035)	0.143** (0.042)	0.177** (0.038)	0.200** (0.042)	0.157** (0.055)	0.189** (0.038)
$RJGDP_{it-1}$	0.327** (0.082)	0.330** (0.80)	0.315** (0.073)	0.399** (0.084)	0.376** (0.077)	0.308** (0.086)	0.406** (0.069)	0.411** (0.078)	0.399** (0.086)
EDU_{it-1}	0.622** (0.111)	0.635** (0.105)	0.608** (0.099)	0.667** (0.076)	0.654** (0.102)	0.621** (0.115)	0.700** (0.097)	0.717** (0.086)	0.693** (0.101)
$KFSP_{it-1}$	0.146* (0.044)	0.153* (0.052)	0.138* (0.037)	0.179** (0.051)	0.202** (0.040)	0.185** (0.058)	0.223** (0.063)	0.235** (0.066)	0.210** (0.054)
$AR(2)$	0.242	0.219	0.241	0.478	0.463	0.440	0.301	0.376	0.303
$Hansen$	0.810	0.781	0.830	0.878	0.834	0.799	0.807	0.753	0.859
$Wald$	94.39**	90.06**	112.33**	78.80**	48.67**	100.14**	143.25**	178.15**	143.07**

综上所述,十八大以来,有人认为,要改变现有增长模式,推动创新驱动战略,就要弱化投资。而上述研究发现,这一观点是错误的。有两个方面的论据:一是在投资驱动型经济模式下,阻碍创新驱动和绿色经济增长的可能只是那些无效投资。只要是有效投资,在经济增长的各个时段都是需要的,对经济高质量发展都是有益的,绝不能弱化。二是十八大以后,中央高度重视经济增长质量,推动绿色发展,淘汰过剩产能,大力实施创新驱动战略。在这些政策推进过程中,必然要对传统产能进行大量技术改造,积极推动新兴项目的上马,经济增长转换需要大量投资。因此,弱化投资,可能会导致新旧产业接续出现空档,造成投资和经济增长的滑坡,经济高质量发展也无从谈起。

四、简要结论

将绿色发展理念引进本章的研究中,以考虑经济高质量发展问题,运用

Malmquist 指数对 1978—2018 年特别是十八大以后高质量发展进行测算和评价,把我国高质量发展分为综合高质量发展、创新高质量发展和环境高质量发展三个方面进行分析,实证揭示投资数量变化和有效投资对经济高质量发展的作用。通过研究认为,经济高质量发展就是弱化投资的论点是不成立的;弱化的应该是高耗能高污染的投资,而高质量的投资和有效性投资应该是鼓励的;从不同时间段和不同地区的估计结果来看,当前时期投资依然是高质量发展的有利因素,但是中西部地区的投资要体现在产业结构调整和创新绿色发展能力提升上。基于本章的理论和实证分析,可以得到如下政策启示:

第一,要进一步重视经济增长质量,推动绿色发展,加强环境保护,杜绝以环境为代价的投资驱动;通过不断扩大高耗能、高污染的投资来持续推动经济增长注定是不可持续的,会使得我国面临着环境保护与经济高质量发展的双重挑战。粗放式的投资驱动经济增长会进一步影响我国经济的高质量发展。必须通过合理有效的政府环境治理政策,才能使投资不断从低效率的高能耗、高排放部门向高效率的低能耗、低排放部门流动,经济发展质量才能够不断提高。

第二,厘清投资与创新驱动和高质量发展的关系,纠正地方政府为了创新驱动而"害怕"投资的心理,积极鼓励各地区大力开展有效投资。新一轮科技革命和产业变革方兴未艾、多点突破,我国经济正处于新旧动能接续转换的攻坚期,必须牢牢把握世界科技和产业深刻变革的历史性机遇,坚持创新发展,把创新摆在国家发展全局的核心位置。必须更加重视科技创新和管理革新,扭转主要依靠要素投入和规模扩张为主的粗放型增长方式,加速向主要依靠知识积累、技术进步和劳动力素质提升的内涵式发展转变。

第三,建立投资管理制度,加强有效投资考核力度,杜绝无效投资。要对地方政府的投资饥渴行为进行管制,强化现有的投资管理制度,要破除传统的由政府对投资资金进行分配的投融资体制,推进社会资本的发展。打破各种有形和无形的壁垒,完善允许民营资本进入的领域和相关法律法规。合理控制投资规模,加强对有效投资的考核力度,在保持适度投资规模的前提下,优化投资结构,坚决抑制高污染、高耗能产业和产能过剩领域的重复建设。

第八章　产业政策调整与经济高质量发展

一、引言

第二次世界大战后,一些发展中国家选择了旨在促进新兴产业或保护当地传统产业的产业政策,以避免来自更先进的国家产品的竞争。然而,这些政策在二十世纪八十年代并没有取得相应的效果,产业政策阻碍了竞争,同时允许政府以一个自由的方式挑选赢家,从而增加政府获得既得利益的范围。我国产业政策的发展历程也表明,现在的政策实施过程中对企业竞争和创新激励不足。适当的政府政策,特别是产业政策,如果是偏向竞争的,可以提高生产率数值和增长率。如果没有适宜的产业政策,创新型企业可以选择在不同行业经营,以面对产品市场的竞争,由于"垄断替代效应"的存在,会导致高部门集中度和低创新激励机制。在这种情况下,通过税收或其他税收补贴计划,鼓励企业在同一部门经营的产业政策,将有利于降低相关产业部门的集中度,增加企业创新的激励。因此,竞争和适当的设计产业政策在诱导创新和生产率增长之间有一定的互补性。

国内外学者研究了产业政策对经济发展的影响,但是与本书的研究有些差异。有的研究认为由于经济知识外部性和高初始生产成本,新兴产业提倡实施政府支持的产业政策,这些产业是需要保护的,在短期内免受外国竞争直到他们成为完全竞争(Greenwald and Stiglitz,2006),无论从理论还是实践方面,幼稚产业论都受到了挑战。例如 Krueger and Tuncer(1982)分析土耳其 60 年代工业政策对经济发展的影响时发现,未受关税保护的企业比受关税保护的企业具有更高的劳动生产率增长率。但是这些相关研究只是关注生产率增长本身,而没有去关注产业政策的设计问题。与本书研究最接近的分析是 Nunn 和 Treer(2010)的研究内容,使用跨国产业层面的面板数据,他们研究了是否像幼稚产业论所提出的那样,关税保护会提高一个行业的劳动生产率增长率,以及该行业会成为技术密集型行业,并使用更多的技能型劳动力。通过研究发现,关税保护与生产率增长以及行业技术密集度之间存在一个显著的正相关关系,但作者同时又指出,这种显著的正相关关系并不意味着关税保护和生产率增长和行业技术进步之间有因果关系,这两个变量之间的关系可能是由于其他变量影响的结果,例如国家机构的运作水平等。但是 Nunn 和 Treer 也指出,这两个变量之间至少有 25% 的相关性与因果关系。总的来说,他们的研究表明,合理的政策设计能够提供经济增长,不仅仅在政策实施的产业内,可能还会惠及其他产业。现在问题仍然是,产业政策的制定是否要降低高技术密集与低技术密集行业之间以及高技术密集内竞争的成本。

基于此,本书利用我国 2008—2015 年工业数据库的数据,研究产业政策与不同行业竞争特征的关系对经济高质量发展的影响,为我国产业政策的发展提供建议。研究的主要发现是,当旨在促进竞争的制造业行业政策实施时,这些政策有利于经济高质量发展。本书具体用勒纳指数衡量竞争来体现不同的行业特征,产业政策包括补贴、税收减免、贷款和关税等。偏向竞争的政策被定义为政策目标在于行业集中度低和鼓励年轻、更有生产力的企业发展的政策。

二、模型构建

(一)基本模型构建假设

本书构建一个两阶段经济系统,系统中生产两种产品 A 和 B,系统中消费的每种商品的数量分别为 x^A 和 x^B,消费者的收入为 $2E$,消费 x^A 和 x^B 数量商品的消费者获得的效用水平为 $\log(x^A)+\log(x^B)$。这意味着如果商品 i 的价格为 p^i,则对商品 i 的需求为 $x^i=E/p^i$,为了简化分析,假定 $E=1$。假定系统的生产由两个大企业 1、2 和非常多的外围企业来完成,外围企业是完全竞争的,并且边际成本为 c_f,两个大企业 $j=1,2$ 都具有相同的初始边际成本 $c,c\leqslant c_f<1$。假定企业的生产成本是企业特定的,并且独立于企业的生

产行业。企业能够通过技术创新提高生产率,为了便于分析,假定两个大企业才能够进行技术创新,技术创新能够降低生产成本,但是生产成本的降低程度在两个产品生产部门 A 和 B 是不同的。为了不失一般性,假定在生产部门 A 中,存在一个技术创新效率指数 δ,能够使生产成本从 c 变为 $c/\gamma_A = c/(\gamma+\delta)$,生产部门 B 中,技术创新能够使生产成本从 c 变为 $c/\gamma_B = c/(\gamma-\delta)$,其中 $\gamma-\delta>1$。同时假定每个大企业具有同样的概率 q 进行技术创新,为了获得 q 概率的技术创新水平,企业需要付出 $q^2/2$ 的成本。最后假定除非两个领导企业选择在同一个部门并在该部门中串谋,否则企业在每个行业中进行的是伯川德竞争。用 φ 表示两个领导企业具有相同成本时在同一部门生产串谋的概率,并假定两个企业以联合垄断的形式串谋时 c_f 是既定的。在这种情形下,$c \leqslant c_f$ 时每个领导企业的期望利润为 $\dfrac{\varphi}{2} \dfrac{c_f-c}{c_f}$。

两个领导企业可以选择在同一部门或不同的部门进行生产,在同一部门生产称为专一性生产方式,在不同部门生产称为多样性生产方式。为了分析方便且不影响分析结果,假定在专一性生产情形下,两个企业都选择最优生产技术 A①。在多样性生产情形下,企业 1 选择最优生产技术 A,企业 2 选择最优生产技术 B,这是一个协调博弈过程,企业最终选择的生产技术是随机的。如果企业最终选择技术 B 而不愿意转换到技术 A 时,多样性生产情形是稳定的,其他情形下的均衡都是专一性。此时,企业决定投资行为以促进技术创新。国家的产业政策会影响企业的技术创新行为,本书产业政策主要是国家对企业利润按一定比例实施的补贴政策或税收政策。假定对部门 A 和 B 中单位利润征收或补贴的比例为 t_A 和 t_B,当 $t_k<0$ 时就是补贴政策,当 $t_k>0$ 时就是税收政策。同时对所有企业来说 γ_i 的信息是共有信息,对企业征收的利润为创新的净利润。税收或补贴会影响企业的部门选择决策,例如企业可以选择专一性而不是多样性生产情形。由于税收或者补贴适用于创新的净利润,所以投资水平是不受税率影响的。创新的期望收益取决于部门间的征收比例差异。本书主要分析征收或补贴的比例为

---

① 部门和技术是等同的,一个生产部门或行业对应一种生产技术,当企业转换生产行业或生产部门时,企业相应的生产技术也要改变,所以文章用生产技术来代替生产部门是合理的。

$t_A \leqslant t_B$ 时的均衡[1]，得出在这种税收或补贴产业政策体系下，部门竞争水平 φ 与行业增长率之间的关系，得出预算约束下最优行业增长率的产业政策。

（二）多样性生产情形

在多样性生产情形下，企业 1 在部门 A 和企业 2 在部门 B 生产，两个企业相比竞争对手在该部门中都具有成本优势。用 e 表示消费者在部门 A 产品上的支出，p_1 表示企业 1 生产产品的销售价格，c_f 表示其他外围企业生产的产品价格。

消费者在预算约束 $p_1 x_1^A + c_f x_f^A \leqslant e$ 下，购买部门 A 产品的数量（包含企业 1 和其他外围企业在部门 A 生产的产品）分别为 x_1^A 和 x_f^A，来使个人效用水平 $\log(x_1^A) + \log(x_f^A)$ 最大化。在该情形下，只有 $p_1 \leqslant c_f$ 时，均衡结果中才能使 $x_1^A \geqslant 0$，消费者预算支出 e，此时企业 1 的利润为 $e - c_1 x_1^A$，企业在 $p_1 \leqslant c_f$ 前提下选择最优的产品出售价格，即 $p_1 = c_f$。从而使得 $x^A = x_1^A = e/c_f$。由于两个生产部门是对称的，假设消费者有 2 单位收入（为了简化分析 $e = 2$），消费者将会在两个部门间平均分配收入，所以可得

$$x^A = x^B = 1/c_f \tag{8-1}$$

首先考虑在产业生产部门中没有税收或者补贴政策，如果企业不是一个潜在的创新者（发生的概率为 0.5），其利润为

$$\pi^{DN} = \frac{c_f - c}{c_f} \tag{8-2}$$

如果企业在部门 i 中选择成为潜在的创新者，当其创新时的利润率为 $c_f - c/\gamma_i$，不进行创新时的利润率为 $c_f - c$。因此企业选择成为潜在的创新者，并且以概率 q 进行技术创新时的期望利润为

$$\pi_i^{DI} = \max_q q \left(c_f - \frac{c}{\gamma_i} \right) x^i + (1-q)(c_f - c) x^i - \frac{q^2}{2} \tag{8-3}$$

由式（8-1）来求解式（8-3）的最大化问题可得多样化生产情形下的最优创新概率和潜在创新者的期望利润为

---

[1]　$t_A \geqslant t_B$ 时的均衡与此时的正好相反，$t_A \geqslant t_B$ 时的产业政策及对企业生产率的影响与 $t_A \leqslant t_B$ 时的分析是对称的，因此文章只要分析一种情形就可以。

$$q_i^D = \frac{\gamma_i - 1}{\gamma_i} \frac{c}{c_f} \tag{8-4}$$

$$\pi_i^{DI} = \frac{(q_i^D)^2}{2} + \frac{c_f - c}{c_f} \tag{8-5}$$

根据技术创新能够使生产部门 A 成本从 c 变为 $c/\gamma_A = c/(\gamma + \delta)$,生产部门 B 中,使生产成本从 c 变为 $c/\gamma_B = c/(\gamma - \delta)$,式(8-4)可写为

$$q_A^D = q^D(\delta) = \frac{\gamma + \delta - 1}{\gamma + \delta} \frac{c}{c_f} \tag{8-6}$$

$$q_B^D = q^D(-\delta) = \frac{\gamma - \delta - 1}{\gamma - \delta} \frac{c}{c_f} \tag{8-7}$$

由于整个部门 i 中包含创新和不创新的两类企业,因此部门整体期望利润为

$$\pi_i^D = \frac{1}{2}(\pi^{DN} + \pi^{DI}) = \frac{1}{4}(q_i^D)^2 + \frac{c_f - c}{c_f} \tag{8-8}$$

当部门 i 中的利润征收比例为 t 时,企业在降低成本上的技术创新概率仍然是 q_i^D,但是部门 i 中企业的期望利润变为

$$\pi_i^D(t) = (1 - t)\pi_i^D \tag{8-9}$$

(三)专一性生产情形

按照前述的假定,每个部门中进行的是伯川德竞争,当两个领导企业都选择在同一部门从事生产活动时,这意味着对企业来说选择该部门具有最优的潜在增长率,否则企业都会选择另外的部门进行生产,例如选择在部门 A 中生产说明该部门对两个企业来说都认为有最优的增长率[①]。在专一性生产情形下,对每个领导企业来说最大的竞争对手都是另一个领导企业,而不是部门中的其他外围企业,因此,最优的均衡价格就像前文分析的仍然为 c,而且 $c \leqslant c_f$。所以在此情形下,根据 $x^i = 1/p^i$ 可得,两个部门的需求为 $x^A = 1/c$ 和 $x^B = 1/c_f$,此时消费者将会从部门 B 中的外围企业中购买商品 B。

首先假定在部门 A 中没有税收或补贴政策,企业 1 选择成为一个潜在

---

① 文章以部门 A 作为分析与部门 B 作为分析部门得到的结果是对称的,所以我们只需选择一个部门进行分析就可以得到文章要的结论,没有必要分析两个部门。

的创新者,此时企业 1 进行技术创新获得的利润率为 $c-\dfrac{c}{\gamma+\delta}$,同时与部门中的其他企业进行伯川德竞争,获得整个部门的产品市场份额 $1/c$。如果企业 1 不进行技术创新,将会以 φ 的概率进行串谋以便制定 c_f 的价格,从而瓜分 $1/c_f$ 的市场需求,从而获得 c_f-c 的利润率。如果企业串谋失败,利润率将会变为 0。因此,潜在的创新企业并且以概率 q 进行技术创新时的期望利润为

$$\pi^{FI}=\max_q q\,\frac{\gamma+\delta-1}{\gamma+\delta}+\frac{1}{2}(1-q)\varphi\,\frac{c_f-c}{c_f}-\frac{q^2}{2} \qquad (8-10)$$

由式(8-10)最大化问题可得多样化生产情形下的最优创新概率和潜在创新者的期望利润为

$$q^F=\frac{\gamma+\delta-1}{\gamma+\delta}-\frac{\varphi}{2}\,\frac{c_f-c}{c_f} \qquad (8-11)$$

$$\pi^{FI}=\frac{(q^F)^2}{2}+\frac{\varphi}{2}\,\frac{c_f-c}{c_f} \qquad (8-12)$$

当企业不选择进行技术创新时,只有当其他企业失败或者串谋成功时才会获得正利润,此时企业的期望利润为

$$\pi^{FN}=(1-q^F)\,\frac{\varphi}{2}\,\frac{c_f-c}{c_f} \qquad (8-13)$$

由式(8-12)和式(8-13)可得,部门 A 中每个企业在专一性生产情形下的期望利润为

$$\pi^F=\frac{1}{2}\pi^{FI}+\frac{1}{2}\pi^{FN}=\frac{(q^F)^2}{4}+(2-q^F)\,\frac{\varphi}{4}\,\frac{c_f-c}{c_f} \qquad (8-14)$$

由式(8-12)和式(8-13)可以看到 π^{FI} 和 π^{FN} 是 φ 的增函数,因此式(8-14)π^F 也是 φ 的增函数,从式(8-11)可以看到 q^F 是 δ 的增函数和 φ 的减函数,因此对式(8-14)求 δ 和 φ 二阶导数可得

$$\frac{\partial^2\pi^F}{\partial\delta\partial\varphi}=\frac{1}{2}\frac{\partial q^F}{\partial\delta}\frac{\partial q^F}{\partial\varphi}-\frac{1}{4}\frac{\partial q^F}{\partial\delta}\frac{c_f-c}{c_f}<0 \qquad (8-15)$$

当部门 A 中的利润征收比例为 t 时,企业在降低成本上的技术创新概率仍然是 q^F,但是部门 A 中企业的期望利润变为

$$\pi^F(t) = (1-t)\pi^F \qquad (8-9)$$

(四)均衡分析

首先分析一个特殊税收或补贴政策,国家在所有部门都实施相同的产业政策,即两个部门不进行征收税收或补贴比例 $t_A = t_B = 0$。当 $\pi^F \geqslant \pi_B^D$ 时,部门 B 是利润最低的部门,没有企业愿意到部门 B 进行生产,专一性生产情形将是唯一的均衡。当 $\pi^F < \pi_B^D$ 的情形下,多样性生产情形将是均衡的选择。因此存在一个最优的临界值 $\delta^F(\varphi)$ 使得 $\pi^F = \pi_B^D$ 存在,而且 $\delta^F(\varphi)$ 是相对串谋概率 φ 的减函数。由式(8-15)可得 π^F 是 δ 的增函数,所以当 $\delta(\varphi) \geqslant \delta^F(\varphi)$,专一性生产情形是企业的均衡和最优选择。由于 φ 表示串谋概率,则 $1-\varphi$ 表示部门的竞争程度,串谋概率 φ 越高部门的竞争程度 $1-\varphi$ 越低,由于 $\delta^F(\varphi)$ 是相对串谋概率 φ 的减函数,所以串谋概率 φ 降低即竞争程度 $1-\varphi$ 增加后 $\delta^F(\varphi)$ 会增加从而使得 $\delta(\varphi) \geqslant \delta^F(\varphi)$ 成立变得越来越困难,从而使企业偏向多样化生产。综上所述,可得定理一:

定理一:技术创新效率指数 δ 存在一个最优的临界值 $\delta^F(\varphi)$,当 $\delta(\varphi) \geqslant \delta^F(\varphi)$ 时,企业进行专一性生产是最优的选择;随着部门竞争程度 $1-\varphi$ 的增加,企业偏向多样化生产。

当 $\pi^F \geqslant \pi_B^D$ 时企业会选择在部门 A 中采用专一性生产,如果实施税收产业政策后企业改变均衡结果,企业会选择在部门 A 中开始生产,由专一性情形改变为多样性生产情形,那么实施税收产业政策后必须满足 $(1-t_B)\pi_B^D \geqslant (1-t_A)\pi^F$,但是由这个关系式得出最优的税收或补贴比例是比较困难的,因此,文章拟构建一个部门间税收的比例关系来进行分析,即

$$\tau = \frac{1-t_A}{1-t_B} \qquad (8-16)$$

式(8-16)意味着部门 A 中的税收或补贴比例相对部门 B 越大,τ 的数值越大。由于 τ 应该能够明确地反映企业对生产情形的选择,另外 τ 还是对两个部门间税收或补贴政策不对称性的一种度量,因此本书将构建一个关系式进行分析。由定理一的分析可知,当 $t_A = t_B = 0$ 时 $\tau = 1$,部门间具有相同的 0 税收或补贴政策,均衡时的技术创新效率指数可以定义为 $\Delta(\varphi, 1) = \delta^F(\varphi)$。假定产业政策倾向部门 A 中,即低税收或高补贴,则 $\tau > 1$ 的时专一

性情形成为均衡的可能,实际上当 $\tau\pi^F>\pi_B^D$ 时均衡结果就是专一性生产情形。由于 π^F 是 δ 的增函数,所以 $\Delta(\varphi,\tau)$ 随着 τ 的增加而降低。因此,不论是产业政策倾向部门 A 还是部门 B,即低税收或高补贴,都会导致专一性生产情形的均衡结果。综上所述,可以得到推论一:

推论一:用 $\tau=\dfrac{1-t_A}{1-t_B}$ 表示一种税收或补贴的产业政策,当 $\tau>1$ 时,存在一个临界值 $\Delta(\varphi,\tau)\leqslant\delta^F(\varphi)$ 使得专一性生产情形的均衡结果,反之均衡结果就是多样性生产情形,并且这个临界值是随着 τ 和 φ 增加而降低。

(五)产业政策与生产率

首先分析在专一性生产情形和多样性生产情形下,技术创新概率的差异,然后再分析差异对生产率的影响。由式(8-6)和式(8-7)可得,当专一性生产情形下具有较高的技术创新概率时,下式是成立的

$$2q^F(\varphi)>q^D(\delta)+q^D(-\delta)=\left(\frac{\gamma+\delta-1}{\gamma+\delta}+\frac{\gamma-\delta-1}{\gamma-\delta}\right)\frac{c}{c_f} \qquad (8-17)$$

由于 $q^F(\varphi)$ 是 φ 的减函数,式(8-17)意味着在专一性生产情形下存在一个最小的部门串谋概率 φ,使得部门中企业的技术创新概率最大。

现在分析产业政策对部门产出水平的影响,如果此时是多样化生产情形,在部门中技术创新概率是独立的,产品的价格仍然是 c_f,这是因为每个部门中的领导企业是与该部门中的外围企业竞争的,技术创新会降低生产成本但不会直接影响产品价格。因此,在多样性生产情形下的总产出为

$$Y^D=\frac{2}{c_f} \qquad (8-18)$$

与多样性生产情形相反,在专一性生产情形下,技术创新活动直接影响企业的产出。如果此时部门中企业没有技术创新活动,企业间将存在一个串谋的概率 φ 制定价格为 c_f,但是如果串谋失败,由于两个领导企业在同一部门竞争价格将会变为 c。如果一个企业进行技术创新,产品价格也将会变为 c。因此,在专一性生产情形下的总产出为

$$Y^F=\frac{q^F}{c}+(1-q^F)\left(\frac{\varphi}{c_f}+\frac{1-\varphi}{c}\right)=\frac{1}{c}-\varphi(1-q^F)\left(\frac{1}{c}-\frac{1}{c_f}\right) \qquad (8-19)$$

所以当企业从多样化生产情形转向专一性生产情形时,变化的产出为

$$\Delta Y = Y^F - Y^D \approx \frac{c_f}{c} - \frac{\varphi}{2}(1-q^F)\left(\frac{c_f}{c}-1\right) - 1 \qquad (8-20)$$

由式(8-20)可以看到,$\varphi(1-q^F)$ 的数值越小产出的变化数值越大,当 $\varphi = 0$ 时,企业从多样化生产情形转向专一性生产情形时产出的变化为正数。根据推论一的分析,以企业利润为基础的税收或补贴的产业政策如果倾向于部门 A 时,即 $\tau > 1$ 时,将会影响企业的技术创新和单位产出水平。只有当 $\tau = 1$ 时企业才会选择多样化生产情形,当 $\tau > 1$ 且足够大时企业会转向专一性生产情形。因此,在以企业利润为基础的税收或补贴的产业政策下,τ-产业政策可以称为有效的产业政策,会导致企业从多样化生产情形转向专一性生产情形,并发生企业产出的变化。

接着分析在 τ-产业政策使企业生产情形发生变化从而导致产出变化的大小及影响程度,由式(8-11)可以看到 q^F 是 φ 的减函数,所以 $\varphi(1-q^F)$ 是 φ 的增函数。因此,φ 越小,即部门中竞争程度越大,并且由推论一可知,当 φ 越小时企业越倾向于选择专一性生产情形,企业从多样化生产情形转向专一性生产情形的产出变化 ΔY 越大。由于 q^F 是 φ 的减函数,所以 φ 越小,专一性生产情形下部门中企业技术创新的概率越高。综上所述,当有效的 τ-产业政策使企业发生生产情形的转换,并进而影响企业的产出和技术创新积极性,当 φ 越小,即部门中竞争程度越大时,τ-产业政策导致的企业转换生产情形而产生的产出增加越高,企业在专一性生产情形下的技术创新积极性越高。因此,可得定理二:

定理二:有效的 τ-产业政策能够使企业发生生产情形的转换,进而影响企业的产出和技术创新积极性,当部门中竞争程度越大时,有效的 τ-产业政策导致的企业转换生产情形产生的产出增加越高,技术创新积极性越高。

(六)实证假设

从上面的理论分析得到的定理和推论,可以得出实证分析的理论假设如下:

假设一:一个倾向于某个行业部门的产业政策对产出和技术创新会有明显的影响,对部门的税收越少或补贴越大将会导致企业集中于某个部门

实行专一性生产；并且这种产业政策倾向性在部门间越明显，对产出和技术创新的影响越明显。

假设二：只是针对某个具体企业的产业政策不会导致行业均衡的变化，对所有企业共同的产业政策会影响企业的技术创新和产出。

假设三：税收或补贴产业政策与控制竞争的产业政策之间能够相互协调。

三、实证研究数据、模型与描述性分析

（一）研究数据

本书使用的数据主要来自国家统计局 2008—2015 年的《中国工业企业数据库》，研究样本包含 2008—2015 年按二位码行业标准划分的共 39 个行业的制造业企业非平衡面板数据，但本书只选取了二位码 13～43 的 30 个行业。我们对原始样本进行了以下的处理：删除了员工人数少于 8 的样本，因为大多数异常值来自这些没有可靠会计系统的个体户（谢千里 等，2008），删除了统计中的错误记录和变量赋值明显不合理的样本观察值，如总资产、固定资产净值、企业年龄、应付工资总额、实收资本等少于零、工业增加值大于总产值等；由于 43 个行业中只有零星的几个企业出口，我们删除了这个行业的企业样本。由于使用的是平衡面板，所以选取了在 2008—2015 年一直存在的企业，最后通过处理共选择了 24 个制造业行业的 154562 个企业的数据（李强，2015）。构建的分析样本中包含实际和名义产出、企业资产水平、企业人员数量、企业薪酬、企业投入水平、企业所有制结构、吸收 FDI 水平、销售收入和出口的信息等。由于国有企业、外资企业和公有制企业行为上的差异性，在实证回归分析中，样本中去掉外资企业和国有资本占比高的企业，最后的实证分析样本为 24 个制造业行业的 106956 个企业的数据。为了控制贸易政策的影响，本书创建了一个时间序列的关税数据，具体数据从世界银行的世界综合贸易解决方案（WITS）获得。

（二）研究模型

1. 变量设置

（1）产业政策变量。本书提及的产业政策是一个综合的概念，是一系列产业政策的总称，具体来说拟用补贴（sub）、流动负债支付利息（int）、税收优

惠(tax)和关税(tar)四个指标来衡量。补贴、流动负债支付利息、税收优惠三个指标是企业层面的数据指标,关税指标是我国二位码行业层面上的数据指标。关税是外生的变量,独立于企业和地区因素。因为关税是行业层面的变量而不是企业层面的变量,数值不随企业而变化,所以不能用关税来表示行业内的关税产业政策对竞争程度的影响,关税政策变量主要是用来分析关税在不同竞争强度的行业是否产生不同的生产率表现。

（2）竞争程度变量($lerner$)。本书用国家和行业层面的勒纳指数来度量竞争程度,勒纳指数度量了企业总价值的增加程度(价格和边际成本之间的差额)。勒纳指数被定义为营业利润减去资本成本与销售额的比值,为了计算勒纳指数首先获得企业、产业和年份上的企业总营业利润、资本成本和销售额。在完全竞争情形下,由于不存在高于资本成本的超额利润,勒纳指数应该等于零,勒纳指数是对竞争程度的反向度量。

（3）经济高质量发展变量(GZL)。经济高质量发展的估计采用第二章的测度方法,具体测度指标计算参见第二章内容。

（4）产业政策-竞争程度交互变量。为了验证推论一的正确性,本书将构建一个产业政策和竞争程度的交互变量,来度量产业政策对不同竞争行业企业经济高质量发展的影响。具体为产业补贴政策与行业竞争程度($sub \cdot com$)。同理,本书也构建了流动负债支付利息和税收优惠产业政策与竞争程度的交互变量($int \cdot com$ 和 $tax \cdot com$)。但是关税产业政策有些不同,关税虽然不随地区发生变化,但是由于各地区制造业行业构成的不同和时间的变化,关税还是会存在地区间的差异,而且地区间竞争程度是不同的,因此,关税产业政策与竞争程度的交互变量($tar \cdot com$)。

（5）产业政策惠及度。假设二中提出惠及整个行业的产业政策对企业的效用和技术创新激励要好于对单个企业的产业政策,因此,本书拟构建产业政策惠及度变量,分别为补贴产业政策惠及度($Herf\_sub$)、税收优惠产业政策惠及度($Herf\_tax$)和利率产业政策惠及度($Herf\_int$)。由于关税在行业中是不变的,对所有企业都是相同的,所以不存在关税产业政策惠及度的问题。在具体构建产业政策惠及度变量时参考产业集中度的度量方法,利用赫芬达尔指数进行度量,例如补贴产业政策惠及度具体为

$$Herf\_sub_{ijt} = \sum_{h \in j, h \notin i} \left(\frac{subsidy_{ijt}}{Sum\_subsidy_{jt}} \right)^2$$

同样的方法可以得到税收优惠和利率的产业政策惠及度为

$$Herf\_tax_{ijt} = \sum_{h \in j, h \notin i} \left(\frac{taxholiday_{ijt}}{Sum\_taxholiday_{jt}} \right)^2$$

$$Herf\_int_{ijt} = \sum_{h \in j, h \notin i} \left(\frac{interest_{ijt}}{Sum\_subsidy_{jt}} \right)^2$$

2. 实证分析模型

依据前文的具体待验证的假设和变量设置内容,考虑到数据结构,拟构建如下计量模型进行实证分析

$$\ln TFP_{ijt} = \theta_1 Z_{ijt} + \theta_2 S_{jt} + \beta_m Herf_{imjt} + \alpha_m \Omega_{mrt} + \mu_j + d_t + \varepsilon_{ijt} \quad (8-21)$$

式(8-21)中 i 表示企业,j 表示行业,t 表示样本时间,m 表示产业政策类型,Ω_{mrt} 表示产业政策变量与竞争程度的交互变量,Z 表示企业层面的控制变量,包括企业国有控股比例等,S 表示行业层面的控制变量,例如关税水平或者外资进入程度等,μ_j 表示企业固定效应,d_t 表示时间固定效应。另外,计量模型中还对行业和时间变量进行了控制。

3. 描述性统计分析

(1)产业政策描述性统计分析

我国政府一直以来都积极推动制造业产业的发展,最近提出了"中国制造2025计划"。推动制造业发展的产业政策包含一系列的政策工具,例如关税保护、低息贷款、税收减免和促进重点领域投资的补贴政策等。首先,本书对我国样本期内的产业政策变量进行统计分析。产业政策的描述性统计见表8-1所列。

表8-1中各类型企业的第一行是接受补贴企业的占比,2008年有9.4%的企业受到了补贴。接受补贴的企业占比在样本比重不断提升,在2013年达到最大值15%,此后下降,到2015年下降到12.3%。这个比重比国有企业和外资企业(包括形成了国有企业的合合资企业)高,但是低于不含外资成分的国内企业。对于国内的私有企业来说,接受补贴的企业的比例稍低,从2008年的8.3%增长到2013年的13.7%,但到2015年又降到

11.5％。表8-1中各类型企业的第二行是接受税收优惠企业的占比,企业接受税收优惠本书定义为企业支付的实际税率低于法定的增值税税率或所得税税率,在样本期内很大一部分制造业企业支付的税率低于法定税率。接受税收优惠的企业,从2008年的41.5％提高到2015年的接近50％。从表8-1可以看到不同类型的企业之间税收优惠也存在较大的差异,国有企业的比重是最低的,外资企业的比重是最高的。例如外资企业在2012年达到了59.2％,但是此时国有企业仅有36.4％。低利率贷款是我国产业政策的一项重要措施,由于银行和政府无法获得相关数据,所以本书选择替代变量来描述这一相关产业政策。企业的数据信息中包含利息总额和流动负债的数据,因此可以计算出贷款债务的实际利率,具体结果如表8-1中各类型企业的第三行所示。从具体数值可以看到,支付非零利息的企业占总企业的比重在2008年为5.56％,并且一直下降,到2013年下降到2.67％,然后又增加到2015年的3.28％。在不同类型的企业中存在显著的差异,私有企业支付的利率大约是国有企业的两倍。表8-1中各类型企业的最后一行数据为进口商品的关税,由于关税税率是由国家统一制定的,所以企业之间没有明显的差异。在样本期内,平均关税从2008年到2015年大幅下降,从平均20个百分点下降到平均为10个百分点。

表8-1　产业政策的描述性统计

	2008	2009	2010	2011	2012	2013	2014	2015
	所有企业							
接受补贴企业占比(％)	0.0936	0.109	0.114	0.128	0.137	0.150	0.136	0.123
接受税收优惠企业占比(％)	0.415	0.452	0.440	0.442	0.455	0.418	0.453	0.496
流动负债支付利息	0.0556	0.0412	0.0365	0.0339	0.0318	0.0267	0.0312	0.0328
进口商品关税	19.47	18.67	13.83	13.57	12.22	10.90	10.16	10.11
	国有企业							
接受补贴企业占比(％)	0.138	0.161	0.170	0.180	0.196	0.196	0.223	0.252
接受税收优惠企业占比(％)	0.305	0.354	0.333	0.342	0.364	0.336	0.366	0.454
流动负债支付利息	0.0415	0.0287	0.0254	0.0237	0.0221	0.0183	0.0182	0.0199
进口商品关税	19.80	19.10	13.75	13.47	12.04	11.00	10.23	10.23

（续表）

	2008	2009	2010	2011	2012	2013	2014	2015
	外资企业							
接受补贴企业占比（％）	0.0677	0.0838	0.102	0.132	0.153	0.180	0.145	0.141
接受税收优惠企业占比（％）	0.539	0.590	0.571	0.584	0.592	0.576	0.597	0.607
流动负债支付利息	0.0407	0.0281	0.0248	0.0218	0.0197	0.0163	0.0184	0.0197
进口商品关税	21.28	19.82	14.64	14.40	12.98	11.44	10.67	10.44
	私有企业							
接受补贴企业占比（％）	0.0834	0.104	0.106	0.118	0.125	0.137	0.130	0.115
接受税收优惠企业占比（％）	0.417	0.430	0.416	0.411	0.420	0.373	0.412	0.466
流动负债支付利息	0.0667	0.0490	0.0423	0.0390	0.0364	0.0303	0.0355	0.0367
进口商品关税	18.64	18.13	13.57	13.32	11.99	10.73	9.98	10.01

表 8-2 中列出的是 2008—2015 年间我国 24 个制造业行业部门的产业政策概况，不同的制造业行业部门间产业政策具有明显的差异性。例如支付的流动负债的利率方面，通信设备、计算机及其他电子设备制造业行业只有 1.8％，但是在通用设备制造业达到了 4.6％、饮料制造业为 4.4％和造纸及纸制品业的 4.3％。关税也具有明显的差异性，烟草行业的关税比例最高，达到了 52.2％，最低的是有色金属冶炼及压延加工业，只有 5.6％。另外，从表 8-2 中也可以看到，补贴和税收也具有明显的行业间差异。

表 8-2　部门产业政策的描述性统计

行业类别	利率	关税	补贴	税收
食品加工制造业	0.0423	21.66	0.108	0.475
饮料制造业	0.0440	27.47	0.105	0.450
烟草制品业	0.0335	52.27	0.228	0.319
纺织业	0.0356	14.38	0.119	0.443
纺织服装、鞋、帽制造业	0.0255	20.31	0.100	0.491
皮革、毛皮、羽毛（绒）及其制品业	0.0307	18.16	0.094	0.0485
木材加工及木、竹、藤、棕草制品业	0.0274	7.556	0.113	0.547

(续表)

行业类别	利率	关税	补贴	税收
家具制造业	0.0396	8.775	0.091	0.500
造纸及纸制品业	0.0437	10.59	0.104	0.453
印刷业和记录媒介的复制	0.0333	17.02	0.101	0.484
文教体育用品制造业	0.0229	11.98	0.125	0.473
石油加工、炼焦及核燃料加工业	0.0390	6.03	0.105	0.387
化学原料及化学制品制造业	0.0390	9.50	0.144	0.451
医药制造业	0.0390	6.13	0.165	0.467
化学纤维制造业	0.0380	8.73	0.165	0.425
黑色金属冶炼及压延加工业	0.0366	6.18	0.108	0.412
有色金属冶炼及压延加工业	0.0396	5.59	0.159	0.432
金属制品业	0.0292	12.14	0.106	0.431
通用设备制造业	0.0461	12.37	0.138	0.444
专用设备制造业	0.0287	9.10	0.137	0.418
交通运输设备制造业	0.0288	17.56	0.149	0.412
电气机械及器材制造业	0.0265	11.66	0.143	0.422
通信设备、计算机及其他电子设备制造业	0.0181	7.07	0.154	0.537
仪器仪表及文化、办公用机械制造业	0.0205	9.43	0.169	0.469

（2）变量描述性分析

变量描述性统计分析见表8-3所列。

表8-3 变量描述性统计分析

变量	均值	标准差	最大值	最小值
$Herf\_sub$	0.569	0.336	0	1
$Herf\_tax$	0.870	0.195	0	1
$Herf\_int$	0.845	0.203	0	1
$lerner$	0.987	0.025	0.027	1
sub	0.113	0.317	0	1

（续表）

变量	均值	标准差	最大值	最小值
tax	0.422	0.493	0	1
int	0.689	0.461	0	1
lntar	2.388	0.471	0.861	4.173
Export Share	0.174	0.151	0.00634	0.684
State Share	0.021	0.126	0	1
FDI	0.239	0.127	0.0007	0.938
lnGZL(*OLS*)	2.015	0.447	−0.229	11.48
lnGZL(*OP*)	1.852	0.463	−0.511	11.16

四、实证结果分析

（一）基本实证结果分析

对于式（8－21）表示的面板计量模型,有很多种估计方法,而式（8－21）的计量模型中同时包含"企业效应"和"时间效应"的面板数据,对于这类面板数据模型的估计,文章根据 Peterson(2009)的研究,Peterson 指出,在仅有时间效应的情况下,最理想的方法应当是采用 Fama－MacBeth 两阶段回归法来估计标准误。在仅有企业效应的情况下,OLS 的标准误会被低估,因为每一个额外观测值所能提供的真实信息量要小于 OLS 模型所假设具有的信息量,在这种情况下,研究者应采用群集标准误(clustered standard errors),并且根据企业来群集。同时具有时间和企业效益的情况下会比较复杂,Peterson 提到,有些时候企业效应是暂时性的,即随着时间的推延,某些影响因素会渐渐消退。Peterson 指出,一种最通常的方法是对某一个维度使用虚拟变量(dummy variable),然后使用另一维度的群集标准误。一般在研究中比较常见的是,对时间取虚拟变量,然后做企业的群集标准误,因为一般的面板数据都具有许多个企业,但未必有足够多的时间点用来做时间群集标准误。因此,本书采用群集标准误对方程的变量进行估计,得到无偏的估计值。基本估计结果见表 8－4 所列,主要研究的重点是式（8－21）中 α_m 和 β_m 的数值大小和符号,解释变量为 *TEP* 的对数值,*GZL* 的估计用了两种方法分别为 OP 方法和 OLS 方法进行估计来进行对比分析。

表 8－4　基本估计结果

变量	(1)	(2)	(3)	(4)	(5)	(6)	(7)	(8)
	GZL_OLS				GZL_OP			
$Herf\_sub$	−0.0387**			−0.0306**	−0.0406**			−0.0318**
	(0.0096)			(0.0082)	(0.0110)			(0.0092)
$sub \cdot com$	0.0023			0.0009	0.0012			0.0001
	(0.0035)			(0.0038)	(0.0034)			(0.0039)
$Herf\_tax$		−0.0998**		−0.0858**		−0.1020**	·	−0.0860**
		(0.0206)		(0.0229)		(0.0228)		(0.0249)
$tax \cdot com$		0.0142**		0.0151**		0.0152**		0.0161**
		(0.0039)		(0.0042)		(0.0042)		(0.0046)
$Herf\_int$			−0.0765**	−0.0567**			−0.0844**	−0.0668**
			(0.0169)	(0.0163)			(0.0194)	(0.0189)
$int \cdot com$			−0.0132**	−0.0123**			−0.0125**	−0.0121**
			(0.0038)	(0.0045)			(0.0039)	(0.0044)
$tar \cdot com$	0.0410**	0.0207*	0.0329**	0.0304*	0.0311*	0.0162	0.0280**	0.0198
	(0.0142)	(0.0098)	(0.0099)	(0.0146)	(0.0144)	(0.0101)	(0.0103)	(0.0148)
$lerner$	−10.620*	−9.348**	−9.403**	−10.259*	−12.979*	−9.098**	−9.395*	−12.048
	(4.711)	(3.448)	(3.416)	(4.534)	(6.320)	(3.676)	(3.677)	(6.101)
$Lerner^2$	6.140*	5.361**	5.412**	5.952*	6.962*	4.926*	5.107*	6.463
	(2.591)	(1.897)	(1.885)	(2.492)	(3.457)	(2.059)	(2.065)	(3.343)
$Export\ Share$	0.327*	0.369**	0.345*	0.342*	0.631**	0.682**	0.650**	0.659**
	(0.140)	(0.138)	(0.139)	(0.140)	(0.177)	(0.174)	(0.174)	(0.177)
$State\ Share$	0.0028	0.0034	−0.0004	0.0030	0.0029	−0.0004	−0.0005	0.0031
	(0.0046)	(0.0041)	(0.0038)	(0.0051)	(0.0047)	(0.0042)	(0.0038)	(0.0050)
sub	0.0115**	0.0109**	0.0115**	0.0104**	0.0081**	0.0076**	0.0082**	0.0067**
	(0.0018)	(0.0017)	(0.0016)	(0.0019)	(0.0019)	(0.0018)	(0.0019)	(0.0020)
tax	0.0219**	0.0201**	0.0217**	0.0204**	0.0213**	0.0196**	0.0212**	0.0199**
	(0.0011)	(0.0010)	(0.0009)	(0.0011)	(0.0010)	(0.0009)	(0.0009)	(0.0010)

（续表）

变量	(1)	(2)	(3)	(4)	(5)	(6)	(7)	(8)
	GZL_OLS				GZL_OP			
int	-0.0128^{**}	-0.0141^{**}	-0.0156^{**}	-0.0119^{**}	-0.0108^{**}	-0.0123^{**}	-0.0138^{**}	-0.0101^{**}
	(0.0016)	(0.0014)	(0.0015)	(0.0017)	(0.0019)	(0.0016)	(0.0017)	(0.0019)
$lntar$	0.0715	0.0618	0.0625	0.0689	0.0526	0.0415	0.0448	0.0475
	(0.0578)	(0.0555)	(0.0555)	(0.0575)	(0.0569)	(0.0550)	(0.0548)	(0.0565)
R^2	0.206	0.206	0.206	0.208	0.180	0.182	0.181	0.183
行业变量	控制	控制	控制	控制	控制	控制	控制	控制
时间变量	控制	控制	控制	控制	控制	控制	控制	控制
观测值	81073	90345	96207	74630	81073	90345	96207	74630

注：**表示 1％的显著性水平下显著，*表示 5％的显著性水平下显著；文章为了简化分析，表中没有列出其他控制变量的估计结果。下同。

表 8-4 中(1)、(2)、(3)列和(5)、(6)、(7)列分别只包含了某一种主要的产业政策变量进行估计，第(4)列和第(8)列把所有的产业政策变量放在一起进行估计，估计值的符号和显著性没有发生改变。从表 8-4 中用 OP 方法计算 GZL 进行估计的结果来看，与 OLS 方法的估计结果相比，主要变量的显著性和变量符号都没有发生改变，只是估计值的大小发生了小的变化。

根据前文的理论假设，"只是针对某个具体企业的产业政策不会导致行业均衡的变化，对所有企业共同的产业政策会影响企业的技术创新和产出"，产业政策惠及度变量的符号预期为负值。从表 8-4 的估计结果来看，三个产业政策惠及度变量的符号都是负值，并且都是显著的，表明任何产业政策如果惠及行业的程度增加，都能够显著的提高行业的经济高质量发展。例如第一列的补贴产业政策惠及度估计值为 -0.0387，并且在 1％的显著性水平下是显著的，表明补贴产业政策惠及度从 1 变为 0，企业的 GZL 将会增加 3.9％。

就单纯的产业政策变量的估计结果来看，补贴、税收优惠和优惠贷款政策对经济高质量发展的影响都是显著的，而且这三种产业政策对经济高质量发展的增长都有促进作用。只是结合具体的行业竞争程度后，就会体现出在不同竞争程度行业中的差异性。产业政策-竞争程度交互变量的具体估计结果,无论从估计值的符号还是显著性来看都具有明显的差异性。补贴产业政策-竞争程度交互变量($sub \cdot com$)是不显著的,这表明对竞争性强的行业给予更多的补贴并不能够显著的提高该类行业的经济高质量发展。税收产业政策变量以及税收产业政策-竞争程度交互变量($tax \cdot com$)都是显著的正值,这表明在竞争性制造业行业中能够显著的降低税收优惠对制造业行业经济高质量发展的增长,这说明在竞争性行业中实施税收优惠产业政策并不是有利的选择。这可能是由于我国税收优惠的多是外资企业,而本书主要的样本是国内企业,国内企业并没有得到过多的税收优惠。优惠贷款产业政策变量以及优惠贷款产业政策-竞争程度交互变量($int \cdot com$)都是显著的负值,在竞争性行业中实施优惠贷款产业政策,能够促进贷款利率的降低对制造业行业经济高质量发展的增长的影响,这说明在竞争性行业中实施优惠贷款产业政策是有利的选择。关税产业政策-竞争程度交互变量的估计值有的是显著的,有的不显著,而且关税产业政策变量对经济高质量发展的影响都是不显著的,表明在竞争性制造业行业中实施关税优惠对制造业行业经济高质量发展的增长影响是不确定的。

(二)企业异质性下的产业政策估计结果

同一制造业行业中的企业存在差异性,本书在计算产业政策惠及度时没有考虑行业中具体企业的异质性问题,因此存在一个问题,行业中不同的企业是否应该获得不同的支持呢? 就像在假设中提出的那样,是不是对创新性更好的企业实施产业政策更能提高企业的经济高质量发展,从而促进企业的进一步创新呢? 另外,Melitz(2003)提出,生产率越高的企业规模可能越大,即企业规模是否会影响产业政策的效果呢? 本部分将通过实证分析这些问题,为了体现企业的异质性本部分将对产业政策惠及度变量的计算进行修正。在基本估计中,产业政策惠及度变量是利用赫芬达尔指数进行的度量,在计算行业内的产业政策惠及度时没有考虑企业的异质性,即所有企业按照统一的权重进行求和。为了体现企业的异质性包括技术创新和企业规模,本书拟利用企业的创新投入水平和企业规模作为权重重新计算赫芬达尔指数来度量产业政策惠及度。具体估计方法参照基本估计过程。异质性产业政策估计结果见表8-5所列。在表8-5中第(1)和(2)列是没有对产业政策惠及度进行修正的估计结果,第(3)列和第(4)列是利用企业规模和企业创新能力对产业政策惠及度进行修正的估计结果。从具体估计结果来看,根据企业规模实施不同的产业政策惠及度对经济高质量发展影响与实施统一的产业政策惠及度相比并没有明显的增加,即根据企业规模的不同来确定产业政策惠及度的差异并不能够明显的提高经济高质量发展。但是从第(4)列的估计结果来看,根据企业创新投入即企业创新能力实施不同的产业政策惠及度,对经济高质量发展影响与实施统一的产业政策惠及度相比明显的增加,即根据企业创新投入的不同来确定产业政策惠及度的差异能够明显的提高经济高质量发展。

表 8-5　异质性产业政策估计结果

变量	(1)	(2)	(3)	(4)
	GZL_OP			
$Herf\_sub$	-0.0304^{**} (0.0081)	-0.0318^{**} (0.0090)		
$Herf\_tax$	-0.0858^{**} (0.0219)	-0.0860^{**} (0.0248)		
$Herf\_int$	-0.0567^{**} (0.0163)	-0.0668^{**} (0.0189)		
$Herf\_sub\_weightsize$			-0.0254^{**} (0.0089)	
$Herf\_tax\_weightsize$			-0.0554^{**} (0.0123)	
$Herf\_int\_weightsize$			-0.0615^{**} (0.0097)	
$Herf\_sub\_weightinnovative$				-0.1020^{**} (0.0312)
$Herf\_tax\_weightinnovative$				-0.0998^{**} (0.0254)
$Herf\_int\_weightinnovative$				-0.0591^{**} (0.0252)

（续表）

变量	(1)	(2)	(3)	(4)
	GZL_OP			
lerner	−10.25*	−12.04	−12.71*	−12.61**
	(4.534)	(6.101)	(6.252)	(6.261)
Lerner²	5.952*	6.463	6.812	6.759
	(2.492)	(3.343)	(3.419)	(3.423)
Export Share	0.342*	0.659**	0.671**	0.672**
	(0.140)	(0.177)	(0.178)	(0.178)
State Share	0.0029	0.0030	0.0026	0.0027
	(0.0049)	(0.0051)	(0.0046)	(0.0050)
sub	0.0104**	0.0066**	0.0078**	0.0079**
	(0.0018)	(0.0020)	(0.0020)	(0.0019)
tax	0.0204**	0.0199**	0.0200**	0.0199**
	(0.0011)	(0.0010)	(0.0010)	(0.0010)
int	−0.0119**	−0.0100**	−0.0099**	−0.0099**
	(0.0017)	(0.0019)	(0.0019)	(0.0019)
R^2	0.207	0.183	0.181	0.181
行业变量	控制	控制	控制	控制
时间变量	控制	控制	控制	控制
观测值	74630	74630	74715	74673

（三）稳健性检验

前部分的研究中虽然用了两种方法度量经济高质量发展,但是GZL仍然可能存在计算偏差的问题,从而影响参数的估计结果。在本部分中将对GZL的计算进行修正,从而对前述研究结果进行稳健性检验。最近有关经济高质量发展的研究表明,在OP的第一阶段估计时如果投入中去掉政策变量将会导致估计偏差。因此,本部分中首先在OP的第一阶段估计时的投入变量中加入主要政策变量重新计算GZL,以该GZL为被解释变量的稳健性检验结果见表8−6中(1)、(3)和(5)列中所列。另外,近年来有关决定经济高质量发展的因素研究从企业内部的转到企业间,例如 Olley 和 Pakes (1996)和 Melitz(2003)研究认为,企业生产率的提升不是通过企业内部的学习而是通过企业之间的学习实现的。因此,本部分从行业层面计算 GZL 作为第二种稳健性检验,以该 GZL 为被解释变量的稳健性检验结果见表 8 - 6 中(2)、(4)和(6)列中所列。从这两种新的 GZL 的计算方法得出的估计值来看,与前文的估计值相比只是数值大小发生了变化,但是估计值的显著性和符号并没有发生改变。这说明前文的 GZL 计算方法是可行的,得到的实证分析结果也是有说服力的。

表 8 - 6 稳健性检验结果

变量	(1) GZL_OP _policy	(2) GZL_OP _sector	(3) GZL_OP _policy	(4) GZL_OP _sector	(5) GZL_OP _policy	(6) GZL_OP _sector
$Herf\_sub$	-0.0115^{**} (0.0019)	-0.0107^{**} (0.0018)				
$Herf\_tax$	-0.0282^{**} (0.0056)	-0.0172^{**} (0.0048)				
$Herf\_int$	-0.0527^{**} (0.0042)	-0.0495^{**} (0.0041)				
$Herf\_sub\_$ $weightsize$			-0.0018^{**} (0.0008)	-0.0021^{**} (0.0006)		
$Herf\_tax\_$ $weightsize$			-0.0174^{**} (0.0079)	-0.0084^{**} (0.0013)		
$Herf\_int\_$ $weightsize$			-0.0666^{**} (0.0070)	-0.0514^{**} (0.0064)		
$Herf\_sub\_$ $weightinnovative$					-0.0667^{**} (0.0076)	-0.0535^{**} (0.0071)
$Herf\_tax\_$ $weightinnovative$					-0.0891^{**} (0.0058)	-0.0742^{**} (0.0063)

（续表）

变量	(1)	(2)	(3)	(4)	(5)	(6)
	GZL_OP_policy	GZL_OP_sector	GZL_OP_policy	GZL_OP_sector	GZL_OP_policy	GZL_OP_sector
$Herf\_int\_weightinnovative$					-0.0099^{**}	-0.0379^{**}
					(0.0026)	(0.0065)
$lerner$	-1.201^{**}	1.081^{**}	-1.225^{**}	-1.094^{**}	-1.120^{**}	-1.007^{**}
	(0.304)	(0.272)	(0.318)	(0.281)	(0.309)	(0.274)
$Lerner^2$	0.801^{**}	0.719^{**}	0.818^{**}	0.724^{**}	0.758^{**}	0.675^{**}
	(0.186)	(0.166)	(0.194)	(0.170)	(0.188)	(0.167)
$Export\ Share$	0.0154	0.0016	0.0126	0.0016	0.0194	0.0061
	(0.112)	(0.105)	(0.114)	(0.105)	(0.111)	(0.103)
$State\ Share$	-0.0774	0.0167	-0.0595	0.0316	-0.0791	0.0156
	(0.0961)	(0.0955)	(0.0990)	(0.0976)	(0.0992)	(0.0979)
sub	0.0109^{**}	0.0100^{**}	0.0103^{**}	0.0106^{**}	0.0101^{**}	0.0107^{**}
	(0.0031)	(0.0036)	(0.0018)	(0.0017)	(0.0025)	(0.0039)
tax	0.0142^{**}	0.0203^{**}	0.0142^{**}	0.0203^{**}	0.0143^{**}	0.0209^{**}
	(0.0019)	(0.0020)	(0.0011)	(0.0014)	(0.0008)	(0.0015)
int	-0.0066^{**}	-0.0062^{**}	-0.0124^{**}	-0.0117^{**}	-0.0156^{**}	-0.0144^{**}
	(0.0027)	(0.0026)	(0.0028)	(0.0027)	(0.0028)	(0.0027)
R^2	0.079	0.067	0.068	0.059	0.092	0.078
行业变量	控制	控制	控制	控制	控制	控制
时间变量	控制	控制	控制	控制	控制	控制
观测值	64454	64454	64454	64454	64454	64454

五、简要结论

本章讨论了我国产业政策的变化对经济高质量发展的影响,从理论和实证两个方面分析不同竞争程度的行业实施不同的产业政策对经济高质量发展的影响。首先通过构建理论模型分析产业政策在竞争程度不同的行业内对生产率影响的理论假设,随后利用我国2008—2015年的《中国工业企业数据库》进行实证分析得到一些有用的结论:

第一,不考虑行业特征时,政府补贴、税收优惠和贷款优惠产业政策对经济高质量发展的增长都具有显著的促进作用。但是考虑制造业行业竞争特征后,产业政策对经济高质量发展的增长的影响会发生改变。在竞争性强的行业中实施优惠税收和优惠贷款产业政策对经济高质量发展的增长具有更强地促进作用,但在竞争行业中实施产业补贴政策不能对经济高质量发展的增长产生更强的促进作用。这就要求我们在设计产业政策时,必须使产业政策能够更符合制造业行业的竞争性特征,产业政策的设计要在竞争性行业中更能够促进经济高质量发展的增长。本书的分析告诉我们适宜的制造业行业环境结合合理的产业政策选择能够更好地提升制造业的经济高质量发展。

第二,产业政策实施时要扩大惠及面,使更多的企业能够享受到产业政策的效果,因为本书分析认为任何产业政策惠及度的增长都会带来经济高质量发展的提升。所以政策制定时要充分考虑到政策的影响程度,如果只是针对少数企业的产业政策,并不能够明显地带来经济高质量发展的增长,而针对行业内大多数企业的产业政策能够更好地促进经济高质量发展的提升。

第三,对创新能力强的企业提供产业政策支持更能够提高经济高质量发展。本书研究发现根据企业创新投入即企业创新能力实施不同的产业政策惠及度,对经济高质量发展影响与实施统一的产业政策惠及度相比明显的增加,即根据企业创新投入的不同来确定产业政策惠及度的差异能够明显地提高经济高质量发展。因此,要求政府制定产业政策时要重点关注创新型企业,对创新型企业给予更优惠的产业政策,例如更好的补贴、更优惠的贷款政策和税收政策等,能够给企业带来更高的经济高质量发展的提升。

第九章 技术创新溢出、外部经济环境与出口贸易高质量发展

一、引言

中国自改革开放以来,正是得益于经济全球化快速发展和全球产业链国际梯度转移所带来的重要战略机遇,主要凭借人口红利、土地红利、政策红利以及较低环境规制成本等传统低成本优势,以"低端嵌入"的方式承接来自发达国家产业和产品价值增值环节的国际梯度转移,并借助于发达经济体的巨大需求市场为依托,快速而深度地融入经济全球化分工体系,促进了中国出口贸易的"爆炸式"增长,并带动了经济腾飞,实现了令世界瞩目甚至"不可思议"的巨大成就。然而,在改革开放之初由于要素禀赋等现实条件的约束,中国在产业国际竞争力十分低下的条件下只能采取弱势者的竞争方式,"低端嵌入"全球产业链分工体系,由此推动的出口贸易增长伴有出口附加值不高、技术复杂度偏低以及国内价值链偏短等出口价值链问题。这在特定的历史发展阶段具有合理性和存在的理由。但是这种"粗放式"的发展模式是高代价的和不可持续的,尤其是自 2008 年全球金融危机冲击及其阴霾的影响下,其弊端日益凸显。2008 年金融危机爆发,以物联网、云计算与人工智能为代表的新一代技术革命爆发,发达国家制造业回流和再工业化潮流,2018 年美国肆意挑起的贸易战等外部环境变化,人口老龄化日趋显现,中国出口高速增长逐渐进入高质量发展的新常态时期,支撑出口数量高速增长的动能面临着失效、衰减的状态,难以有效地促进出口数量进入新一轮的上升通道。目前,全球经济的持续低迷;新国际贸易保护主义的兴

起;更多具有低成本优势的发展中经济体参与全球竞争;全球新一轮产业革命和技术革命的白热化竞争等国际层面变化,以及国内各种生产要素价格集中进入上升期;中国作为"世界工厂"面临资源能源和环境约束日益严峻;经济增速放缓等国内层面变化,更是构成了中国出口贸易转型升级的七重倒逼压力。因此必须从出口质量入手,通过出口附加值的提升来实现新的出口增长动力。

党的十九大报告指出,我国经济已由高速增长阶段转向高质量发展阶段,正处在转变发展方式、优化经济结构、转换增长动力的攻关期,建设现代化经济体系是跨越关口的迫切要求和我国发展的战略目标。2018年1月31日习近平总书记在中共中央政治局第三次集体学习时的讲话指出,现代化经济体系首要内容是要建设创新引领、实现实体经济、科技创新、现代金融、人力资源协同发展的产业体系,使科技创新在实体经济发展中的贡献份额不断提高,现代金融服务实体经济创新的能力不断增强,人力资源支撑实体经济发展的作用不断分化。现代化产业体系的建设目标就是要加快发展先进制造业,推动互联网、大数据、人工智能和实体经济深度融合,在中高端消费、创新引领、绿色低碳、共享经济、现代供应链、人力资本服务等领域培育新增长点、形成新动能,加快制造强国的建设。因此,技术创新溢出是当前我国出口贸易高质量发展的关键,通过技术创新溢出提升我国出口的质量得到了学术界和我国领导人的一致认可。但是通过技术创新溢出促进出口贸易高质量发展,在实践中的效果并没有达到我们的预期,中国制造业和技术创新溢出在开放型经济发展战略带动下虽获得了长足发展,但总体而言,仍处于全球产业链的中低端,面临着发展先进制造业进而攀升全球产业链高端的迫切需求,从技术创新演进角度看,核心关键技术自主创新能力不强,一些重点制造业核心技术"卡脖子"现象严重,对外依存度较高。因此,我国出口贸易高质量发展需要技术创新溢出能力提升,尤其是关键核心技术的支撑和引领。然而,当前我国技术创新溢出对出口质量的提升遭遇"供求"双约束,呈低水平均衡,即技术创新溢出支撑和引领出口贸易高质量发展方式转变的作用明显不强,同时出口借助技术创新溢出的"外力"来突破高质量发展的动力不足。原因主要是技术创新溢出对出口贸易高质量发展的影响归根到底取决于出口企业自身的技术吸收能力(肖利平和谢丹阳,

2016），而出口企业的技术吸收能力则与企业所处的外部经济环境有关，包括金融市场发展环境（张林 等，2014）、人力资本水平（何兴强 等，2014）和基础设施环境（王永进 等，2010）等三类外部经济环境水平密切相关。

现有研究对技术溢出效应已经做了大量研究，且大多只考虑技术创新溢出对出口复杂度的直接作用，但研究技术创新溢出如何通过外部经济环境对出口贸易高质量发展产生影响相对较少，很少考虑外部经济环境在技术创新溢出影响出口贸易高质量发展的约束作用。我国外部经济环境是否制约了技术创新溢出对出口贸易高质量发展的提升？外部经济环境如何对技术创新溢出影响出口贸易高质量发展的效应产生影响？其作用机制是什么？不同外部经济环境下，技术创新溢出对出口贸易高质量发展的影响存在何种差异？对这些问题，现有研究语焉不详，更没有进行明确的理论实证进行分析。基于此，本书首先探讨外部经济环境约束下技术创新溢出对出口贸易高质量发展影响的微观理论模型，然后利用数据实证进一步探讨外部经济环境约束下，技术创新溢出对出口贸易高质量发展的影响。

二、理论分析

从知网中搜索可以看到，高质量发展的文献从 2017 年才开始出现，这些文献中有关出口贸易高质量发展的分析文献基本没有出现。因此，本书从贸易转型升级的角度对出口贸易高质量发展的文献进行分析，有关我国贸易转型升级的影响因素研究中，技术进步和技术创新被很多学者认为是影响我国贸易转型升级的主要因素，诸如孙杭生 等（2009）学者的研究，他们通过规范分析认为，影响我国加工贸易转型升级的关键因素主要包括：相关产业的关联程度、政府有关加工贸易的政策取向、技术创新能力以及劳动力素质等。实证分析方面的代表性研究诸如周茂 等（2019）和毛其淋（2019）采用计量方法实证分析了贸易转型升级的影响因素，结果发现，利用外资、技术进步以及产业基础是影响我国贸易转型升级的关键因素。卓乘风和邓峰（2018）在其研究中通过对之前学者的研究进行总结发现，出口加工企业的就业人员工资水平、教育投入水平、基础设施水平等是影响我国加工贸易转型升级的重要因素，但是通过面板数据模型对我国各省的情况进行分析后却发现，出口加工企业的就业人员工资水平对加工贸易出口影响不显著，而其余两项则具有显著影响。张雨(2017)在实证分析中将加工贸易增值率作为衡量加工贸易转型升级的主要指标,据此通过计量分析发现,加工贸易企业的研发经费投入、配套行业产值占 GDP 的比重以及外资企业的投资水平等,是影响加工贸易转型升级的主要因素。王正新和朱洪涛(2017)将产业基础、技术进步水平、外商直接投资水平、配套产业作为解释变量,计量分析其对加工贸易转型升级的影响。上述研究都认为技术创新和技术进步是我国贸易转型升级的关键因素,我国贸易的高质量发展必须注重技术创新能力的提升,但是技术创新溢出对贸易高质量发展的影响取决于外部经济环境的状况。一方面是由于技术具有半公共物品属性,技术可以被众多人共同使用而且相互不影响;另外一方面,技术流动和扩散也是有条件的和不完全扩散的(Siebert,1969)。Keller(2001)估计了贸易的模式占技术创新溢出中所有差异的绝大部分,外国直接投资和语言技能的差异各占 15% 左右。总体说来,影响技术创新溢出的因素不仅取决于外部知识溢出状况和内因的经济主体特征,还取决于内因外因的匹配关系。这种匹配关系包括:一是扩散源与吸收方的技术相似度;二是两者之间的技术差距;三是两者之间的社会一致性,如文化、制度等相似性。影响技术创新溢出程度的是吸收能力,即使技术创新溢出机制在不同发展中国家是一致的,但其对经济发展的影响取决于特定国家对技术的吸收和利用能力。现有文献认为,影响发展中国家技术吸收能力的因素主要包括:人力资本水平、R&D 投入等,这些因素被称为"门槛"因素,即只有当这些因素高于某个最低的门槛值时,扩散的技术才会被有效地吸收利用(Javorcik,2004)。Xu(2000)发现美国跨国公司提供的技术转让有助于发展中国家生产率的增长,但是不利于最不发达国家的生产率增长。原因在于一个国家需要达到最低的人力资本门槛水平才能从跨国公司的技术转让中获益。Braunerhjelm et al.(2010)提出的模型展示了增长如何依赖于知识的积累和通过在职者和企业家活动来传播,并且他们认为在技术的扩散和转化方面,"企业家"是一个缺失的环节。另外,信息通信技术(ICT)的采用对技术创新溢出也具有重要的影响,尤其是当那些科学知识容易通过可编码化的方式进行传播的时候。Steinwender(2018)揭示了 ICT 技术的改进如何促进全球价值链的形成和前沿技术的传播。他们考察了"电报"这一革命技术的推出对 19 世纪棉纺织工业的影响。相对于最终产品,通过电报的联系增加了中间产品的贸易,主要原因在于产品的规格能通过文字发送电报进行远距离沟通。电报的采用促进了国际技术的传播,通过进口中间品间接获取关于生产过程和当地需求的知识。金融因素在技术创新溢出中的作用也不能被忽视。Valente(2007)开发了一个由消费者、异质企业和金融部门组成的理论模型,用于研究需求和供给之间的动态交互作用,以及金融约束在环境技术创新扩散中的作用。他们发现财务约束是阻碍企业创新的障碍,它影响着企业的创新策略和技术范式的演变。当金融约束不那么有约束力时,企业不会察觉到采用生态创新的障碍性因素,那么自然地市场上普遍存在的"绿色技术"会增加。

大量研究表明技术创新可以通过技术外溢效应促进贸易的高质量发展,但技术创新溢出效应产生取决于出口厂商的吸收能力,这也是技术创新溢出大部分在发达经济体显著,而在落后国家作用不明显的原因。而吸收能力的高低依赖于国家的人力资本、金融市场发展与基础设施等"人""财""物"相关的外部经济环境水平(祝树金 等,2010;张杰 等,2014),因此外部经济环境不同,厂商的吸收能力也不同,从而技术创新对出口贸易高质量发展的溢出效应也存在差异。技术创新对出口贸易高质量发展的影响应考虑国家的外部经济环境,不同外部经济环境下技术创新对出口贸易高质量发展的作用存在差异。外部经济环境是否约束了技术创新溢出对出口贸易高质量发展的提升作用?其微观理论机制是什么?因此,研究外部经济环境是否约束了技术创新溢出对出口贸易高质量发展的提升作用之间的关系,一方面有助于我们理解技术创新溢出对出口贸易高质量发展的提升的渠道;另一方面,考察技术创新溢出对出口贸易高质量发展的影响机制和影响效果,为我们研究合理改善外部环境和促进出口贸易高质量提供新的思路。

三、实证分析

(一)计量模型

基于前文分析,为探讨技术创新溢出对出口贸易高质量发展之间的关系,技术创新溢出对出口贸易高质量发展的作用是否受到金融发展、人力资本和基础设施等外部经济环境的制约,现借鉴 Hansen(1999)门槛模型,构建

以技术创新溢出和外部经济环境为门槛变量的技术创新溢出对出口贸易高质量影响的面板门槛模型

$$\ln EXPHQ_{it} = \alpha_0 + \alpha_1 TECH_{it} I(THRE_{it} < \eta) + \alpha_2 TECH_{it} I(THRE_{it} > \eta)$$

$$+ \alpha_3 RX_{it} + \alpha_4 Z_{it} + \theta_i + \varepsilon_t + \mu_{it}$$

上式中，i 表示地区，t 表示年份。$I(*)$ 为示性函数，$THRE_{it}$ 为门槛解释变量，包括金融市场发展水平变量（FIN）、人力资本变量（HCM）和基础设施建设水平变量（$INFR$）；RX_{it} 为门限被解释变量，本书即为技术创新溢出变量（$TECH$）；Z_{it} 为控制变量，包括对外开放程度变量（$OPEN$）、政策力度变量（GOV）；市场化水平变量（$MARK$）；ε_t 和 θ_i 表示个体异质性，μ_{it} 为随机扰动项，假设其服从 0 均值同方差的正态分布。

（二）变量构建与数据来源

1. 出口贸易高质量变量（$EXPHQ$）

基于全球价值链的产业分工模式，其不同的环节和阶段按照其要素密集的特征被配置到具有不同要素禀赋优势的国家和地区，换言之，不同国家和地区专业化的生产链条往往具有不同的技术复杂度。因此，出口技术复杂度在一定层面能够大体反映出口价值链情况，能够体现一个国家出口层次质量，所以本书选择出口技术复杂度作为出口贸易高质量发展的测度。具体来说本书对 Hausmann(2007) 提出的出口技术复杂度指标进行修正，测算我国 31 省 2002—2017 年出口贸易高质量发展情况。修正后的产品出口贸易高质量发展指标为

$$PRODY_{ht} = \sum_i \frac{x_{iht}(1-\theta)/x_{it}(1-\theta)}{\sum_i x_{iht}(1-\theta)/x_{it}(1-\theta)} \times PGDP_{it}$$

$$EXPHQ_{it} = \sum_i \frac{x_{it}(1-\theta)}{\sum_i X_{it}(1-\theta)} \times PRODY_h$$

上式中，x_{iht} 表示 i 地区 t 年的出口额；x_{it} 表示 i 地区 t 年的产品总出口额；$PGDP_{it}$ 为 i 地区 t 年的人均 GDP；$PRODY_h$ 表示产品 h 的出口技术复杂度，$EXPHQ_{it}$ 表示 i 地区的出口贸易高质量变量；θ 为出口品中进口中间投入所创造的价值，以相应省市出口特定产品中以加工贸易形式进口的比重

来表示,具体为进料加工和来料加工装配形式的进口占该产品所属产业的总出口中的比重。

2. 主要解释变量和控制变量

技术创新溢出变量($TECH$),以各省实际技术成交额作为技术创新溢出的测度变量,同时也作为门槛模型的门槛被解释变量,数据来源于各年各地区的中国统计年鉴。门槛解释变量包括金融市场发展水平、人力资本水平和基础设施建设水平三类。其中金融市场发展水平变量(FIN)以该省(市、区)金融增加值与 GDP 之比作为代理变量,数据来源于国家统计局;人力资本变量(HCM)以人均受教育年限作为人力资本的代理变量,数据分别来源于《中国教育年鉴》;基础设施建设水平变量($INFR$),本书借鉴胡鞍钢的方法,以该地区一年的人均消费标准煤 PEC_{it} 作为综合基础设施的代理变量,数据来源于中国统计年鉴。本书设置了一些控制变量,包括对外开放程度变量($OPEN$),用当地进出口总额与 GDP 之比衡量;Rodrik(2006)指出,中国政府的贸易和工业政策显著提升了中国出口产品的技术复杂度,本书以该省财政收支占 GDP 的比重来衡量政府的政策力度变量(GOV);市场化水平变量($MARK$)以各省市场化指数来表示。其中,前三个控制变量数据来源于各年各地统计年鉴,市场化指数来源于历年《中国市场化指数》。

(三)实证结果分析

现利用 2002—2017 年我国省际面板数据,在构建以上门槛模型的基础上,利用 stata15 软件进行估计和检验。首先是进行门槛值检验,金融市场发展水平变量(FIN)、人力资本变量(HCM)和基础设施建设水平变量($INFR$)的 LM 统计量均在 1% 的显著水平下拒绝了原假设,表明技术创新溢出对出口贸易高质量的影响存在基于金融发展、人力资本和基础设施的单门槛效应。金融市场发展水平变量(FIN)、人力资本变量(HCM)和基础设施建设水平变量($INFR$)的门槛值分别为 3.0315、5.7233 和 0.0185[①]。在存在门槛效应的基础上,利用门槛模型进行所有解释变量的参数估计。基准门槛回归结果见表 9-1 所列。

---

① 由于篇幅限制,此处只给出了具体门槛值和显著性,具体检验结果如需要可以向作者索要。

表9-1 基准门槛回归结果

	(1)	(2)	(3)
	ln $EXPHQ$	ln $EXPHQ$	ln $EXPHQ$
$TECH$ ($THER_{it} < \eta$)	0.167*** (9.87)	−0.661*** (−8.13)	0.114*** (5.05)
$TECH$ ($THER_{it} > \eta$)	0.220*** (10.40)	0.212*** (11.02)	0.170*** (9.04)
FIN	0.131*** (10.58)		
HCM		0.331*** (14.26)	
$INFR$			0.288*** (7.84)
控制变量	控 制	控 制	控 制
_cons	7.726*** (33.45)	5.089*** (36.77)	7.521*** (43.09)
R^2	0.832	0.879	0.893
F	356.987	339.032	385.684

注:表中***为显著性水平为1%时显著,括号内的为 t 值。下表同。

表9-1中,(1)~(3)分别为以金融发展、人力资本和基础设施为门槛的估计结果。从(1)金融发展门槛结果来看,当金融发展水平低于门槛值3.0315时,$TECH$ 的系数为0.167,并在1%的显著性水平下显著;当金融发展水平高于门槛值3.0315时,$TECH$ 的系数为0.22,并在1%的显著性水平下显著,说明金融发展水平越高,技术创新溢出对出口贸易高质量的提升作用越明显。这与目前部分研究结论相符,金融发展水平越高,当地出口厂商越能通过便利高效的融资、风险分担机制很快地吸收、外资厂商技术、管理经验的学习,进而实现技术创新溢出对本国厂商产品出口贸易高质量的提升。人力资本门槛估计结果(2)表明,当当地人力资本水平在门槛值5.7233以下时,$TECH$ 系数显著为负,而人力资本水平跨越门槛值5.7233时,$TECH$ 系数则转变为正,并在1%的显著性水平下显著。这说明人力资

本较低时技术创新溢出不但无法提升地区出口贸易高质量水平,反而会阻碍当地出口贸易高质量水平的提升;只有当人力资本跨越门槛值时,技术创新溢出才能显著提升地区出口贸易高质量水平。技术差距太大不利于技术创新溢出,如果劳动力素质太过低下反而会对本地厂商造成灾难性冲击。人力资本较低时,技术创新会因为地区缺乏吸收和应对技术创新带来的冲击,从而不利于出口贸易高质量水平的提升。从基础设施门槛估计结果(3)来看,当基础设施水平在门槛值 0.0185 以下时,$TECH$ 系数为 0.114,并在 1% 的显著性水平下显著,当基础设施水平跨越门槛值 0.0185 时,$TECH$ 系数提高为 0.17,并在 1% 的显著性水平下显著,说明基础设施水平越高,技术创新溢出对当地出口贸易高质量的提升作用越大。基础设施水平的提高有利于地区厂商研发新产品、获取新产品相关信息以及出口,极大降低了出口厂商吸收技术创新外溢,提高自身出口技术水平的成本。另外金融发展、人力资本和基础设施水平系数均显著为正,说明金融发展、人力资本和基础设施水平提高有利于地区出口贸易高质量水平的提升,这与现有相关研究结论一致。

表 9-2　各省吸收能力门槛通过情况

门槛区间	估计参数	省份(2002 年)	省份(2017 年)
$FIN<3.0426$	0.167***	黑龙江、海南、湖南、广西、安徽、湖北、江西、内蒙古、河南、辽宁、西藏、山东、吉林、河北、陕西、福建、甘肃	无
$FIN>3.0426$	0.220***	其他省市	所有省份
$HCM<5.8344$	−0.661***	西藏	无
$HCM>5.8344$	0.212***	其他省份	所有省份
$INFR<0.0196$	0.114***	西藏、广西、江西、海南、安徽、湖南、云南、重庆、河南、四川、陕西、湖北、福建、甘肃、贵州、广东、江苏、黑龙江、山东、吉林	西藏
$INFR>0.0196$	0.170***	其他省份	其他省份

表 9-2 展示了 2002 年和 2017 年我国各省跨越金融发展、人力资本以及基础设施门槛值的情况。就金融发展来看,2002 年处于门槛值以下的有黑龙江等 17 省,而 2017 年则已经全部跨越门槛值。说明当前金融发展水平在技术创新溢出效应对出口贸易高质量提升中的作用进一步再提升。九年义务教育作为我国的一项基本国策,从一开始便得到了好的实施,因此 2002 年时只有西藏处于低门槛值以下,2017 年时则已经全部跨越门槛值,劳动力素质提高并且廉价,这也从侧面说明了我国技术创新和出口贸易高质量发展持续攀升的原因。从基础设施来看,2002 年时西藏等 20 省都处于门槛值以下,而 2017 年时除西藏外均已跨越门槛值,说明当前我国基础设施水平整体上是有利的,能够更好地发挥技术创新溢出对出口贸易高质量发展的提升作用。

(四)外部经济环境与出口贸易高质量的实证分析

金融发展、人力资本和基础设施分为不同种类,其功能和作用也存在差异,因而对技术创新溢出效应的吸收能力也存在区别。为进一步探讨外部经济环境的异质性下技术创新溢出对出口贸易高质量的差异化作用,现将金融发展、人力资本和基础设施分为不同的类型。金融部门主要包括银行、证券、保险三大行业,其在金融领域的功能也存在差异,本书分三个不同维度来测度异质性金融发展水平,具体如下:银行业发展水平($FIN-BD$)以各省银行业总资产占 GDP 比重来衡量。证券业发展水平($FIN-SD$)以证券化率即各省市当年上市公司市值占 GDP 的比重衡量。保险业发展水平($FIN-ID$)以保险密度取对数来衡量。其中,银行业资产数据来源于中国人民银行,证券业和保险业数据分别来源于《中国证券与期货年鉴》和《中国保险年鉴》。将人力资本分为教育知识资本变量($HCM-EK$)和技术知识资本变量($HCM-TK$)两类,分别用劳动力中大专以上学历占比和 $R\&D$ 投入强度作为代理变量。基础设施同样分为交通运输变量($INFR-RM$)、邮电通信变量($INFR-TPS$)以及互联网变量($INFR-PTC$)三类基础设施建设水平,分别用人均铁路运营里程、人均邮电业务量及单位面积光缆长度来表示。

1. 金融发展水平

现在利用数据对门槛模型分别以银行业发展水平($FIN-BD$)、证券业发展水平($FIN-SD$)和保险业发展水平($FIN-ID$)三大金融业发展发展水平为门槛变量对门槛模型进行估计。首先还是进行门槛值检验,$FIN-BD$、$FIN-SD$ 和 $FIN-ID$ 三个 LM 统计量均 1% 的显著性水平下显著,说明技术创新溢出对出口贸易高质量的影响均存在基于银行、保险和证券发展的单门槛效应,门槛值分别为 0.1141、0.0613 和 489.86[①]。在存在门槛效应的基础上,利用门槛模型进行技术创新溢出和外部经济环境中的金融发展变量的参数估计。异质性外部经济环境参数估计结果(金融发展)见表 9 - 3 所列。

表 9 - 3　异质性外部经济环境参数估计结果(金融发展)

	(1)	(2)	(3)
	$\ln EXPY$	$\ln EXPY$	$\ln EXPY$
$TECH$ ($THER_{it} < \eta$)	0.201*** (7.71)	0.183*** (6.43)	0.078*** (4.98)
$TECH$ ($THER_{it} > \eta$)	0.274*** (6.30)	0.251*** (6.05)	0.188*** (5.72)
$FIN\text{-}BD$	2.881*** (5.40)		
$FIN\text{-}SD$		0.002 (0.37)	
$FIN\text{-}ID$			0.001 (1.15)
控制变量	控制	控制	控制
$\_cons$	7.341*** (35.12)	8.047*** (36.01)	8.127*** (48.27)
R^2	0.867	0863	0.937
F	300.321	252.877	339.074

表 9 - 3 的门槛估计结果表明,不管是哪种金融部门,均验证了前文金融发展水平越高,技术创新溢出对出口贸易高质量的提升作用越大的结论。

---

① 由于篇幅限制,此处只给出了具体门槛值和显著性,具体检验结果如需要可以向作者索要。

具体来看,不管是银行、证券以及保险对出口贸易高质量的直接作用,还是其约束下发挥技术创新溢出对出口贸易高质量发展的提升作用,银行业发展的作用最大,证券业发展的作用次之,保险业发展的作用相对较低。这与我国特殊的金融体系有关,我国主要是以银行为主的间接融资为主,证券和保险起步较晚且发展缓慢,截至 2019 年一季度,中国金融机构总资产302.71 万亿元,其中银行业 275.82 万亿元,约占 91.12%,因此绝大部分融资由银行业提供,其作用也越大。

表 9 - 4　各省金融发展水平门槛通过情况

门槛区间	估计参数	省份(2002 年)	省份(2017 年)
$FIN-BD<0.1141$	0.201^{***}	青海、贵州、河北、山东、安徽、内蒙古、湖南、江苏、河南	无
$FIN-BD>0.1141$	0.274^{***}	其他省市	所有省份
$FIN-SD<0.0613$	0.183^{***}	西藏、内蒙古、河北、贵州、青海、广西、河南、山东、山西、云南、江西、安徽、甘肃、宁夏、湖南、黑龙江、湖北、吉林、重庆、江苏、四川、福建、浙江、辽宁、陕西	无
$FIN-SD>0.0613$	0.251^{***}	其他省份	所有省份
$FIN-ID<489.86$	0.078^{***}	西藏、贵州、广西、青海、湖南、甘肃、安徽、四川、江西、海南、云南、河南、湖北、内蒙古、重庆、宁夏、陕西、河北、吉林、山西、黑龙江、新疆、福建、山东、辽宁、广东	无
$FIN-ID>489.86$	0.188^{***}	其他省份	所有省份

表 9 - 4 展示了各省 2002 年和 2017 年银行、证券和保险门槛分布情况,2002 年还存在一定的省份处在门槛值以下,但随着我国金融业的发展,2017年银行、证券和保险均已跨越门槛值,金融发展作为技术创新溢出促进出口贸易高质量提升的中介作用进一步体现。具体来看,2002 年银行业发展尚有青海等 9 省处于门槛值以下,2017 年所有省份均已跨越银行业发展水平

门槛;证券和保险业起步晚,且分布不均衡,2002 年处在门槛值以下的省份较多,但近年来发展迅速,到 2017 年各省均已跨越门槛值。

2. 人力资本

现将教育知识资本变量($HCM-EK$)和技术知识资本变量($HCM-TK$),利用 2002—2017 年省际面板数据对门槛模型进行门槛回归。首先还是进行门槛值检验,教育知识资本变量($HCM-EK$)和技术知识资本变量($HCM-TK$)的 LM 统计量分别为 75.29 和 44.63,并在 1% 和 10% 的显著性水平下拒绝原假设,因此表明技术创新溢出对出口贸易高质量的影响存在显著的基于教育知识资本和技术知识资本的门槛效应,门槛值分别为8.8289 和 0.6199[①]。在存在门槛效应的基础上,利用门槛模型进行技术创新溢出和外部经济环境中的人力资本变量的参数估计。异质性外部经济环境参数估计结果(人力资本)见表 9-5 所列。

表 9-5 异质性外部经济环境参数估计结果(人力资本)

	(1)	(2)
	ln$EXPY$	ln$EXPY$
$TECH$ ($THER_{it} < \eta$)	0.149*** (6.21)	0.138*** (5.16)
$TECH$ ($THER_{it} > \eta$)	0.202*** (9.35)	0.212*** (9.16)
$HCM-EK$	0.023*** (7.49)	
$HCM-TK$		0.638*** (9.04)
控制变量	控制	控制
_cons	8.095*** (47.28)	7.064*** (38.40)
R^2	0.811	0.791
F	206.113	274.390

---

① 由于篇幅限制,此处只给出了具体门槛值和显著性,具体检验结果如需要可以向作者索要。

从表9-5的回归结果来看，不管是教育知识资本还是技术知识资本，知识资本越高，技术创新溢出对出口贸易高质量的提升作用越强，与前文估计结果一致。不同的是，在低门槛值时，教育知识资本相对于技术知识资本对技术创新溢出影响出口贸易高质量提升的促进作用更强，而门槛值以上时则相反，跨越门槛值后技术知识资本作用更强。这说明教育知识资本在地区厂商吸收技术创新溢出起基础性作用，而技术知识资本则在高水平的吸收能力下作用更大。

表9-6 各省人力资本水平门槛通过情况

门槛区间	估计参数	省份（2002年）	省份（2017年）
$HCM-EK<8.8289$	0.149***	西藏、云南、重庆、河南、四川、安徽、湖北、广西、甘肃、湖南、江苏、福建、黑龙江、青海、山东、贵州、内蒙古、广东、山西、吉林、宁夏、陕西、浙江、海南	无
$HCM-EK>8.8289$	0.202***	其他省份	所有省份
$HCM-TK<0.6199$	0.138***	西藏、海南、新疆、内蒙古、广西、云南、河南、宁夏、山西、河北、贵州、江西、青海	西藏、海南、青海、新疆
$HCM-TK>0.6199$	0.212***	其他省份	其他省份

从表9-6来看，2002年我国大部分省份教育知识资本处于门槛值以下，自1999年起，我国教育部门开始推行基于解决经济和就业问题的扩大普通高校本专科院校招生人数的教育改革政策，我国大专以上学历比例有了较大幅度的提升，2017年则全部处于门槛值以上，一定程度上提升了我国出口厂商对技术创新溢出的吸收能力。技术知识资本2002年西藏自治区等13省处于门槛值以下，2017年大部分省份跨越了门槛值，只有西藏、海南、青海和新疆尚处于门槛值以下。

3. 基础设施

将基础设施分为交通运输变量（$INFR-RM$）、邮电通信变量（$INFR-TPS$）以及互联网变量（$INFR-PTC$）三类基础设施建设水平，利用相关数据对门槛模型进行门槛效应检验。首先还是进行门槛值检验，以交通运输变量（$INFR-RM$）、邮电通信变量（$INFR-TPS$）以及互联网变量（$INFR-PTC$）为门槛的 LM 统计量分别为 50.73、71.70 和 41.80，均在 5% 的显著性水平下拒绝原假设，说明技术创新溢出对出口贸易高质量的影响存在显著的基于交通运输、邮电通信以及网络通信基础设施的门槛效应，门槛值分别为 0.5303、605.5086 和 1605.6222[①]。在存在门槛效应的基础上，利用门槛模型进行技术创新溢出和外部经济环境中的基础设施变量的参数估计。异质性外部经济环境参数估计结果（基础设施）见表 9-7 所列。

表 9-7 异质性外部经济环境参数估计结果（基础设施）

	（1）	（2）	（3）
	$\ln EXPY$	$\ln EXPY$	$\ln EXPY$
$TECH$ （$THER_{it}<\eta$）	0.218 *** （7.42）	0.131 *** （4.03）	0.216 *** （8.30）
$TECH$ （$THER_{it}>\eta$）	0.283 *** （9.17）	0.225 *** （8.96）	0.272 *** （9.74）
$INFR-RM$	0.310 *** （3.99）		
$INFR-TPS$		0.001 *** （5.43）	
$INFR-PTC$			0.001 *** （6.02）
控制变量	控 制	控 制	控 制
$\_cons$	7.614 *** （34.76）	7.787 *** （35.66）	7.050 *** （33.43）
R^2	0.849	0.876	0.869
F	175.060	226.183	218.448

表 9-7 回归结果表明，交通基础设施对出口贸易高质量发展的提升有显著的推动作用，而邮电通信和互联网基础设施对出口贸易高质量的直接

---

① 由于篇幅限制，此处只给出了具体门槛值和显著性，具体检验结果如需要可以向作者索要。

提升作用较小,但三者通过提高本地厂商对技术创新溢出的吸收能力,从而间接地提升了出口厂商的出口贸易高质量,总的来说,基础设施水平越高,技术创新溢出对当地出口贸易高质量发展的提升作用越大。

表 9 - 8 各省人力资本水平门槛通过情况

门槛区间	估计参数	省份(2003 年)	省份(2017 年)
$INFR-RM<0.5303$	0.218***	西藏、上海、江苏、广东、重庆、浙江、海南、山东、安徽、四川、河南、福建、湖北、湖南、贵州、云南、江西	上海、江苏、广东、浙江
$INFR-RM>0.5303$	0.283***	其他省份	其他省份
$INFR-TPS<605.5086$	0.131***	贵州、安徽、河南、四川、甘肃、江西、广西、湖南、云南、西藏	无
$INFR-TPS>605.5086$	0.225***	其他省份	所有省份
$INFR-PTC<1605.6222$	0.216***	福建、安徽、河南、陕西、广西、贵州、山东、湖南、重庆、山西、辽宁、宁夏、湖北、江西、吉林、河北、黑龙江、四川、云南、甘肃、海南、内蒙古、新疆、青海、西藏	新疆、西藏、青海、内蒙古、甘肃、海南、重庆、黑龙江、吉林、四川、江西、云南、陕西
$INFR-PTC>1605.6222$	0.272***	其他省份	其他省份

表 9 - 8 结果显示,2002 年人均铁路运营里程处于门槛值以下的有西藏等 17 省,2017 年处于门槛值以下为上海、江苏、广东和浙江,之所以出现这种情况,一是由于近年来我国人口不断由中西部地区省份向东部沿海发达省份转移,二是由于中央的区域协调政策,中西部地区铁路营业里程增长明显加快,导致以上四省人均铁路运营里程仍然处于门槛值以下。2002 年贵州等 10 省人均邮电通信基础设施处于门槛值以下,2017 年则全部跨越了门槛值。就互联网基础设施而言,2002 年福建等绝大部分省份处于门槛值以下,2017 年仍有新疆等 13 省处于门槛值以下,这是因为我国互联网起步较晚,中西部地区自然条件和经济相对落后的原因。但总体而言,目前基础设

施在促进当地厂商吸收技术创新溢出,提升出口贸易高质量的促进作用明显。

(五)稳健性检验

为进一步探讨结果的稳健性,本书将通过变换各类门槛变量验证前文结果的稳健性。具体变量的重新计算方式为:银行业发展水平($FIN-BD$)、证券业发展水平($FIN-SD$)和保险业发展水平($FIN-ID$)分别用人民币贷款/GDP的比重(%)、A股股票交易额/GDP的比重(%)和保险深度,即保费收入/GDP(%)重新测度;教育知识资本变量($HCM-EK$)和技术知识资本变量($HCM-TK$)分别重新用每万人在校大学生(人)和R&D投入强度,即R&D经费支出/GDP(%)测度;基础设施变量改为陆运基础设施($INFR-HM$)和网络通信基础设施($INFR-TMP$)变量表示,分别用人均公路里程(公里)和每百人移动电话(台)来进行测度。利用新构建的变量对门槛模型进行门槛估计。门槛检验结果、稳健性检验结果见表9-9、表9-10所列。从门槛检验结果来看,除银行业发展为门槛变量的模型外,其他模型均存在显著的门槛效应。

表9-9 门槛检验结果

	Threshold	门槛值	LM统计量	Prob	Crit10	Crit5	Crit1
$FIN-BD$	Single	1.5500	24.90	0.1900	31.2521	34.3676	47.4265
$FIN-SD$	Single	0.2304	170.55	0.0000	22.6721	27.3691	32.9108
$FIN-ID$	Single	0.9600	132.10	0.0000	25.5363	34.2138	51.4925
$HCM-EK$	Single	3.7233	81.34	0.0200	54.9882	66.1930	91.5660
$HCM-TK$	Single	1013.0000	131.86	0.0000	45.6798	52.5353	68.9705
$INFR-HM$	Single	4.8867	55.21	0.0200	32.6729	40.8519	62.0163
$INFR-TMP$	Single	27.3000	130.15	0.0000	30.2473	36.8692	54.7319

表9-10 稳健性检验结果

	(1)	(2)	(3)	(4)	(5)	(6)	(7)
	$\ln EXPY$	$\ln EXPY$	$\ln EXPY$	$\ln EXPY$	$\ln EXPY$	$\ln EXPY$	$\ln EXPY$
$TECH$	0.312***	0.108***	−0.619***	0.061***	−0.585***	0.278***	0.002
$(THER_{it}<\eta)$	(9.55)	(4.40)	(−6.79)	(4.02)	(−6.42)	(9.40)	(0.36)

（续表）

	(1)	(2)	(3)	(4)	(5)	(6)	(7)
TECH ($THER_{it} > \eta$)	0.387***	0.205***	0.312***	0.102***	0.247***	−0.571***	0.039***
	(7.04)	(8.31)	(6.19)	(5.40)	(5.67)	(−6.87)	(4.45)
FIN − BD	0.050						
	(0.53)						
FIN − SD		−0.002					
		(−0.37)					
FIN − ID			0.000				
			(0.01)				
HCM − EK				0.672***			
				(8.11)			
HCM − TK					0.000***		
					(6.33)		
INFR − HM						0.015***	
						(7.14)	
INFR − TMP							0.014***
							(9.51)
控制变量	控制	控制	控制	控制	控制	控制	控制
_cons	7.118***	8.012***	7.006***	6.769***	7.075***	7.207***	8.681***
	(9.79)	(5.50)	(5.65)	(7.36)	(5.58)	(9.33)	(9.06)
R^2	0.810	0.769	0.747	0.882	0.807	0.782	0.945
F	161.201	234.776	207.043	553.948	297.179	252.871	1439.102

表 9－10 结果大致验证了前文技术创新溢出影响出口贸易高质量存在显著的基于金融发展、人力资本和基础设施的门槛效应，金融发展、人力资本和基础设施等外部环境越好，技术创新溢出对当地出口厂商出口贸易高质量的提升作用越明显的结论，说明了前文实证结果的稳健性。与前文存在较大差异的是，当以人均公里里程作为交通基础设施的代理变量进行门槛估计的结果，人均公路里程低时技术创新溢出对出口贸易高质量有较大提升作用，而在人均公路跨越门槛值后其作用却恰好相反。另外在低保险

密度和 R&D 投入强度时,技术创新溢出对出口贸易高质量的作用为负,跨越门槛值之后,则转变成显著为正,说明只有吸收能力达到一定的程度才能利用技术创新溢出促进当地出口贸易高质量提升。

四、结论与政策含义

本章探讨了外部经济环境约束下技术创新溢出对出口贸易高质量的影响,具体是基于修正后的 Husmann(2007)测算出口贸易高质量的方法计算了我国 2002—2017 年各省出口贸易高质量水平,借鉴 Hansen(1999)的方法构建以三种外部经济环境为门槛变量的技术创新溢出对出口贸易高质量的影响的面板门槛模型,研究发现:技术创新溢出对出口贸易高质量的影响存在显著的基于金融发展、人力资本和基础设施水平三类外部配套设施的单门槛效应,总体来说当地外部经济环境越好,厂商吸收能力越强,技术创新溢出对出口贸易高质量发展的提升作用越明显,大部分省市目前已经处于相应门槛值以上,技术创新溢出效应明显。其中对于人力资本外部经济环境而言,地区只有跨越相应的人力资本门槛值以后,技术创新溢出才能对当地的出口贸易高质量发展有提升作用,否则技术创新不仅无法产生溢出效应,反而会因为技术创新吸收能力不足而对本地厂商和产业造成不利冲击。银行业发展水平对技术创新溢出的约束作用远大于证券业和保险业。相应门槛值以下时,教育知识资本相对于技术知识资本对技术创新溢出影响出口贸易高质量发展提升的促进作用更强,而处于门槛值以上时则相反,跨越门槛值后技术知识资本作用更强。

从本章的研究结论中可以发现有一定的政策含义:第一,为有效发挥技术创新对我国出口贸易高质量发展的技术溢出效应,各省应该对本土出口厂商"人""财""物"三方面的外部经济环境建设采取配套措施;第二,人力资本过低的中西部地区大部分省份应着重提高劳动力素质和基础设施建设,跨越相应的技术创新溢出门槛。东部地区省份人力资本和基础设施已经相对完善,需进一步完善融资和营商环境;第三,优化出口结构和质量,不仅要提高技术创新的水平,还要注重地区外部经济环境的建设以提高自身的吸收能力。

第十章 出口结构调整与经济高质量发展

一、引言

国内外越来越多的研究表明,出口企业相对于非出口企业来说表现出更高的效率,出口企业往往规模更大,资本密集度更高,技术更先进,并支付更高的工资获得更高的生产率等(Bernard 和 Jensen,1999)。相关研究表明,至少有三种机制可以解释企业出口参与与绩效之间的关系。第一种解释是 Melitz(2003)提出的企业自我选择机制(self – selection),只有最好的企业才会从事国际贸易;第二种解释是 De Loecker(2007)提出的企业出口学习效应(learning – by – exporting),企业进入出口市场后,他们所获得的新知识和技能,能够促进他们的企业经济高质量发展;第三种解释是 Bernard et al.(2011)提出的出口企业可以优化产品范围,专注于自己的核心竞争力(core competence)。现有的研究中,有很多实证研究已经证实了企业自我选择机制(self – selection)的存在,对于企业出口学习效应(learning – by – exporting)的研究存在有不同的看法,而对于核心竞争力(core competence)存在的假设研究则鲜有人关注。在本书中,将对这三个途径进行实证分析,特别是实证文献中很少受到关注核心竞争力(core competence)解释企业出口参与与绩效之间的关系进行实证分析。本书还专门研究了前人文献中没有关注的解释企业出口参与与绩效之间关系的机制:企业比较优势的变化对企业出口参与的影响,进而改变企业经济高质量发展。这主要是因为企业生产资源的配置取决于产品,产品出口影响企业资源配置进而影响企业经济高质量发展。因此,本书具体利用我国 2006—2015 年的《中国工业企业数据库》的数据构建面板模型,采用配对样本方法进行实证分析。通过这些实证分析方法构建一个非出口企业的控制样本来评价出口参与、比较优势与企业经济高质量发展之间的关系。

随着企业层面数据的研究越来越普遍,出口参与对企业效应的研究被广泛提及,大部分研究认为出口参与企业相对非出口企业具有更高的效率,企业规模更大,能够生存更长的时间,并支付更高的工资水平(Bernard et al.,2007)。如前文所述,至少有三种机制可以解释企业出口参与与绩效之间的关系:企业自我选择机制(self - selection)、企业出口学习效应(learning - by - exporting)和核心竞争力(core competence)。这三种解释目前都有很多文献涉及。

自我选择理论强调沉没的进入成本的重要意义,开创性工作是由Bernard et. al.(2003)和Melitz(2003)提出的,贸易活动如何阻止低效率的企业出口而只让高效率的企业服务国外市场的理论。企业出口学习效应理论强调出口参与对企业的学习效应,出口企业可以从国外买家学习先进的产品设计和生产技术,特别是对欠发达国家的企业出口参与具有更加重要的意义(World Bank,1993;De Loecker,2007)。企业层面的数据实证检验了自我选择理论的正确性,但是对于企业出口学习效应理论进行的实证检验得到了不同的结果。一方面,Clerides et al.(1998)和 Bernard et al.(1999)首次对企业出口参与影响生产率和自我选择效应进行了实证检验,他们实证检验了出口参与企业比非出口参与企业具有更高的生产率水平。另一方面,最近的相关实证研究找到了支持企业出口学习效应理论的相关证据,Lileeva(2010)利用美国取消关税作为分析工具对加拿大的企业进入美国市场进行了预测,研究显示进入国外市场能够使生产效率低的企业提高生产率和技术水平。Kraay(1999)针对我国的情况进行了研究,通过对 2000 多个企业进行实际调研获得数据进行分析发现,出口企业相对非出口企业具有更高的生产率。Park et al.(2007)利用 1997 年的亚洲经济危机作为分析工具进行研究,发现中国出口到发达国家的企业具有更高的生产率水平。

最近的相关理论研究开始利用多产品生产企业来验证,企业出口参与如何通过提升核心竞争力来提高企业生产率。这些研究模型中有一个共同的假设:产品多样性是有成本的,进入国外市场为企业专注于较窄的产品生产范围提供了一个机会。在这些文献中,Feenstra 和 ma(2008)研究了由于"自身蚕食"(cannibalization)的存在,贸易自由化如何降低企业的产品生产范围。Eckel 和 Neary(2010)通过理论分析研究了多样性生产企业利用大市场规模专注于自身的核心竞争力时,出口参与如何影响企业的生产率。在他们的模型分析中每个企业都具有与最低的边际成本相对应的核心竞争力,生产非核心竞争力的产品具有更高的成本。基于 Melitz(2003)的多产品模型,Bernard et al.(2011)从理论上研究认为,贸易自由化将导致资源在企业内部和企业间的重新分配,将会带来企业和制造业行业经济高质量发展的增长。企业的多产品生产能够使企业放弃对消费者没有吸引力的产品,转而生产那些有利于贸易自由化的产品,产品生产的转换将带来生产率的提升。因此,本书在核心竞争力理论的基础上,重新找出一种解释出口参与与制造业经济高质量发展的途径。主要是从企业出口参与导致的企业比较优势变化,从而带来产品生产模式的改变,解释制造业经济高质量发展的提升。具体来说,本书扩展了多产品生产模型,首先假定劳动密集型产品生产(发展中国家的核心竞争力)能够解释现有的出口参与收益,然后把模型投入由单一投入要素扩展为资本和劳动力两种投入要素,分析企业出口参与在比较优势变化下如何影响生产率,并创新性地进行实证检验。

二、数据来源与分析

本书使用的数据主要来自国家统计局 2006—2015 年的《中国工业企业数据库》,研究样本包含 2006—2015 年按二位码行业标准划分的共 39 个行业的制造业企业非平衡面板数据,但本书只选取了二位码 13~43 的 30 个行业。我们对原始样本进行了以下的处理:删除了员工人数少于 8 的样本,因为大多数异常值来自这些没有可靠会计系统的个体户(谢千里 等,2008),删除了统计中的错误记录和变量赋值明显不合理的样本观察值,如总资产、固定资产净值、企业年龄、应付工资总额、实收资本等少于零、工业增加值大于总产值等;由于 43 行业中只有零星的几个企业出口,我们删除了这个行业的企业样本。由于使用的是平衡面板,所以选取了在 2006—2015 年一直存在的企业,最后通过处理共选择了 24 个制造业行业的 313048 个企业的数据(马丽丽、李强,2015)。在本章的后半部分还用到了我国海关 2006—2012 年企业－交易层面的海关贸易数据,在该部分中将合并中国海关贸易数据库和中国工业企业数据库,具体是找到两个数据库中都存在的企业,把两个数据库的变量合并到一起。中国工业企业数据库和海关数据库合并企业数见表 10－1 所列。

表 10－1 中国工业企业数据库和海关数据库合并企业数

	海关数据库中出口企业数	中国工业企业数据库中出口企业数	两个数据库中相同的企业数	符合率
2006	62771	36888	19733	0.37
2007	68072	40128	22904	0.39
2008	78612	45004	25994	0.41
2009	95629	50594	29789	0.42
2010	120589	76593	46010	0.49
2011	144030	74388	48552	0.47
2012	171205	78206	52324	0.45

企业的实际产出和增加值由企业外部的产业价格指数确定,企业工资水平由消费者价格指数计算确定,价格指数数据来自我国各年的统计年鉴。本书用人均资本表示比较优势的变化,由于比较优势的变化是本书重点关注的一个内容,因此,准确地核算资本和劳动变量是本书的一个关键内容。在数据库中企业没有报告固定投资水平,中国工业企业数据库中只报告了企业的固定资产原值和固定资产净值,而且都是不同年份的名义价值。为了获取企业的真实资本水平,本书采用 Brandt et al.(2011)的方法,利用企业建立时的信息计算资本存量,通过永续盘存法计算每年企业的真实资本存量。在计算过程中假定折旧率为 9%,名义固定投资是固定资产原值的变化值,按照 Perkins 和 Rawski(2008)的方法对名义固定投资进行调整,同时采用固定资产净值来表示名义固定投资进行稳健性检验。在对劳动进行核算时为了体现劳动质量的差异,本书试图使用工资总额代替劳

动力数量来对劳动进行衡量。然而问题也是存在的,这种方法可能会漏掉员工的额外收益,从而低估员工的工资水平,这种低估可能受制于企业的所有制结构、所在地区和年份等因素。因此,为了更好地反映劳动数量,本书用企业雇佣的员工数量反映劳动力,用工资总额进行稳健性检验。为了解决投入的内生性问题产生的估计偏差,本书采用 Levinsohn 和 Petrin(2003)的方法,用中间投入作为不可观察的生产波动的代理变量。经济高质量发展(GZL)的度量采用第二章的计算结果,具体计算过程和方法如前文第二章所示。

在本书中,非出口企业指的是在研究期间内从来没有出口过的企业,新出口企业指的是在研究期前一年不出口,研究期开始后出口的企业,这些新出口企业研究期前的特征可以与非出口企业相匹配,出口企业指的是在研究期前已经开始出口的企业。表 10-2 中列出了样本期奇数年的出口企业和非出口企业的数量表现,表中列出了外资企业和内资企业中出口企业、新出口企业和非出口企业的数量。从表 10-2 可以看出,内资企业中出口企业(包括新出口企业和原出口企业)占比从 16% 到 24%,这个比例和美国 1992 年大约占比 20%(Bernard et al. ,2003)接近。但是我国外资企业和内资企业中出口企业的占比存在明显差异,外资企业中更加倾向于出口,例如表中所示,外资企业中出口企业占比都在 60% 以上。在表 10-2 中还列出了新出口企业的出口强度,大约 80% 内资企业中的新出口企业同时也在国内出售产品,但是整体来看我国内资企业中新出口企业超过一半的企业出口额占比不到 10%。

表 10-2　奇数年的出口企业和非出口企业的数量表现

	2007		2009		2011		2013		2015	
	内资企业	外资企业	内资企业	外资企业	内资企业	外资企业	内资企业	外资企业	内资企业	外资企业
企业总数	118251	25272	121896	29232	140107	36192	195902	55597	246558	78801
百分比(%)	100%	100%	100%	100%	100%	100%	100%	100%	100%	100%
非出口企业数	97079	9209	96944	9534	107578	10954	156325	20786	208027	26220

（续表）

	2007		2009		2011		2013		2015	
	内资企业	外资企业	内资企业	外资企业	内资企业	外资企业	内资企业	外资企业	内资企业	外资企业
百分比(%)	82	36	80	33	77	30	80	37	84	33
出口企业数	18394	14742	23283	18442	30128	23616	31088	32759	33504	49773
百分比(%)	16	58	19	63	22	65	16	59	14	63
新出口企业数	2778	1321	1569	1356	2401	1622	8489	2052	5027	2808
百分比(%)	2.3	5.2	1.3	4.6	1.7	4.5	4.3	3.7	2.0	3.6
新出口企业的出口强度(%)										
出口额占比	企业占比									
0～10	35.9	25.2	41.1	35.1	38.9	33.8	58.1	36.0	46.2	36.1
10～20	11.1	7.7	11.9	9.7	11.6	9.9	20.3	12.5	11.6	10.5
20～30	7.2	5.1	6.6	9.2	7.8	5.3	3.8	6.2	5.8	5.9
30～40	6.0	4.1	5.2	4.6	6.1	4.3	2.5	4.2	4.5	4.2
40～50	6.2	6.0	3.9	2.8	5.1	4.0	2.1	4.0	3.5	3.9
50～60	4.4	4.2	4.2	3.0	4.8	4.0	1.2	3.7	2.4	3.2
60～70	5.3	4.7	3.3	2.4	4.3	4.2	1.2	3.1	2.3	2.9
70～80	4.2	6.8	3.5	4.2	4.0	4.7	1.4	3.4	2.2	3.1
80～90	5.7	7.6	5.3	4.9	3.7	4.9	1.4	2.8	2.2	3.5
9～100	14.2	28.7	15.1	24.1	13.8	24.9	8.1	24.1	19.3	26.7
总和	100.0	100.0	100.0	100.0	100.0	100.0	100.0	100.0	100.0	100.0

三、理论模型分析

(一)出口参与与比较优势

本书参考 Bernard et al.（2010）文中的模型（下文简称 BRS 模型），构建理论模型分析企业出口参与、比较优势与经济高质量发展之间的关系。首先假定消费者消费一个连续性商品集合的效用函数为：$U = \left[\int_0^1 C_s^v \, ds\right]^{\frac{1}{v}}$，其中 $\kappa \equiv 1/(1-v) > 1$ 表示商品之间的替代弹性。在每种商品中，企业生产具有水平差异化的品种，并且具有自身的消费需求。消费者对商品 C_s 需求具有如下形式

$$C_s = \left\{\int_{\omega \in \Omega_s} \left[\lambda_s(\omega) c_s(\omega)\right]^\rho\right\}^{\frac{1}{\rho}}, 0 < \rho < 1$$

效用函数中 $\sigma \equiv 1/(1-\rho) > 1$ 表示消费商品内各品种之间的替代弹性。根据 BRS 模型的假定，消费商品内各品种之间的替代弹性大于商品之间的替代弹性，即 $\sigma > \kappa > 1$。

根据 Melitz(2003) 的研究，企业在生产率上存在异质性和存在出口固定成本，BRS 模型也延续了该研究结论假定生产率最低的企业退出市场，生产率中等的企业面对国内市场，生产率高的企业同时面对国内市场和国际市场。除了生产率的异质性影响企业出口外，企业的产品在国外销售还依赖于是否满足国外消费偏好，本书称为"消费者体验（consumer taste）"。同时企业还存在一个取决于产品生产类型的固定成本 f_s，企业根据"消费者体验（consumer taste）"的变化增加或减少产品的生产。

根据前文的分析和研究比较优势变化的影响，在 BRS 模型假定有两种投入要素，分别为劳动和资本，此时企业具有如下成本函数

$$TC = \left(f_s + \frac{q_s}{\varphi}\right) w^{1-\beta(s)} r^{\beta(s)} \tag{10-1}$$

式（10-1）中 w 和 r 分别为劳动工资和资本利息，为了便于分析，假设劳动工资为基本计价单位，即 $w=1$。$\beta(s)$ 表示产品 s 的资本密集度，表示产品生产过程中的比较优势变化，该参数增加时说明产品生产比较优势偏向资本优势，反之偏向劳动比较优势；φ 为企业层面的生产能力，在所有产品生产中是不变的。为了不失一般性假定产品生产集合为 $s \in [0,1]$，因此 $\beta(0) = 0, \beta(1) = 1, \beta'(s) > 0$，即产品资本密集度随着产品序列增加而增加。因此，出口到国家 j 时企业利润最大化的价格为

$$p_{sj} = \frac{\sigma \tau_j}{\sigma - 1} \frac{r^{\beta(s)}}{\varphi}$$

其中 τ_j 为出口到国家 j 的冰山贸易成本,为了简化分析,假定所有产品的 τ_j 都是相同的。

现在考察两个国家:中国和出口目的国 j,出口目的国 j(例如美国)假定为资本相对丰富的国家。由于贸易限制,要素价格在两个国家之间是不同的,国家 j 的工资-利息比要比劳动力相对丰富的中国大,即 $w_j/r_j > 1/r$。因此,产品 s 在国家 j 和中国之间的相对价格为 $\widetilde{P}_j(s) = P_j(s)/P(s)$,是相对比较优势 β 的减函数,即 $\widetilde{P}_j{}'(s) < 0$(具体推导过程见附录)。

在给定 $\widetilde{P}_j(s)$ 随着产品变化而改变时,即使"消费者体验"没有发生改变时,中国的企业由于经济高质量发展的改变成为新出口企业,向国家 j 出口产品组合。假定企业生产产品 s 的生产能力为 φ,对每个产品 s"消费者体验"存在一个临界值 $\lambda_s^*(\varphi)$,使得此时企业生产产品在国内销售时的利润正好为 0,即

$$\pi_s(\varphi, \lambda_s^*(\varphi)) = \frac{R_s}{\sigma}\left[\rho P(s)\varphi\lambda_s^*(\varphi)\right]^{\sigma-1} - f_s r^{\beta(s)} = 0 \qquad (10-2)$$

式(10-2)中 $\pi_s[\varphi, \lambda_s^*(\varphi)]$ 表示企业在国内市场上出售产品 i 获得的利润,R_s 表示在产品 s 上国内的消费支出,$P(s)$ 产品 s 销售价格指数。通过对(10-2)式求解可以得到企业层面上的"消费者体验"的临界值为 $\lambda_s^*(\varphi)$,类似的也可以得到对每个产品 s"消费者体验"存在一个临界值 $\lambda_{sj}^*(\varphi)$,使得此时企业生产产品出口到国家 j 时的利润正好为 0,当 $\lambda_s > \lambda_{sj}^*(\varphi)$ 时,企业会将产品 s 出口到国家 j(具体推导过程见附录)。同时,可以得到企业出口和国内销售两种情形下"消费者体验"临界值的比值 $\tilde{\lambda}(s) = \dfrac{\lambda_{sj}^*(\varphi, P_j(s))}{\lambda_s^*(\varphi, P_j(s))}$ 为

$$\tilde{\lambda}(s) = \left(\frac{P_j(s)}{P(s)}\right)^{-\gamma}\Lambda_j \qquad (10-3)$$

式(10-3)中 $\Lambda_j = \tau_j\left(\dfrac{\hat{P}_j}{\hat{P}}\dfrac{R}{R_j}\dfrac{f_{sj}}{f_s}\right)^{\frac{1}{\sigma-1}}$ 表示国家层面的出口阻力,独立于企业的比较优势。给定企业面临的 λ,$\tilde{\lambda}(s)$ 越大企业的出口倾向越低。

Λ_j 是 τ_j、出口固定成本 f_{sj} 和两国之间的相对价格指数 $\hat{P}_j/\hat{P}$ 的增函数,原因主要是由于国家 j 价格指数的增加降低了国外消费者的购买力,反过来又会减少产品 s 的市场规模。鉴于同样的原因,Λ_j 是国家 j 收入水平 R_j 的减

函数。为了研究的方便,现有研究假定经济体之间存在对称性,即 $\hat{P}_j = \hat{P}$,
$R = R_j$;出口的固定成本要大于国内销售的固定成本,即 $f_{sj} > f_s$;冰山贸易
成本 $\tau_j > 1$。在这些假定下,$\Lambda_j > 1$,偏离这些假定,$\Lambda_j < 1$。如果国家 j 是比
中国更具资本比较优势的国家,则 $P_j(s)/P(s)$ 是 s 的减函数,给定假设条件
$\sigma > \kappa > 1$,$\tilde{\lambda}(s)$ 是资本比较优势的增函数,同时 $\beta'(s) > 0$,则 $\partial\tilde{\lambda}(s)/\partial s > 0$。
换句话说,产品的资本比较优势越明显,由"消费者体验"导致的企业国内销
售产生的利润要大于出口到国家 j 的利润。

进一步地,本书计算企业在生产能力给定条件下出口和国内销售变化
时的比较优势变化。假定企业的生产能力为 φ,生产产品 s 的资本比较优势
表示为:$\theta_s = (rk_s)/(rk_s + wl_s)$,$k_s$ 和 l_s 表示生产产品的资本和劳动投入。
因此,当企业的生产能力为 φ,在国内销售产品时的总体比较优势为

$$\Theta_d(\varphi) = \int_0^1 \frac{R_s(\varphi, \lambda_s)}{R(\varphi)} \theta_s I_s(\lambda_s \geq \lambda_s^*(\varphi)) \, \mathrm{d}s$$

上式中 d 表示国内市场销售,$I_s(\lambda_s > \lambda_s^*(\varphi))$ 是一个指示函数,当 $\lambda_s \geq$
$\lambda_s^*(\varphi)$ 取值为 1,$R_s(\varphi)$ 表示企业生产产品 s 的国内销售量,$R(\varphi)$ 表示企业所
有的产品的国内销售量。

同理,当企业向国家 j 出口产品时的总体比较优势为

$$\Theta_j(\varphi) = \int_0^1 \frac{R_{sj}(\varphi, \lambda_s)}{R_j(\varphi)} \theta_s I_s(\lambda_s \geq \Phi_j(s)\lambda_s^*(\varphi)) \, \mathrm{d}s$$

上式中 $\Phi_j(s) \equiv \tilde{P}(s)^{\frac{1-\sigma(1-v)}{(\sigma-1)(1-v)}} \Lambda_j$ 是 s 的增函数,$R_{sj}(\varphi)$ 表示企业生产产品
s 的国家 j 销售量,$R_j(\varphi)$ 表示企业所有产品的国家 j 销售量。假定比较优势
θ_s 只取决于企业不取决于地点,即任何市场销售比较优势都是相同的。因
此,当企业选择在国内和国外同时销售产品时的总体比较优势为

$$\Theta_{d+j}(\varphi) = d_j(\varphi)\Theta_d(\varphi) + (1 - d_j(\varphi))\Theta_j(\varphi) \tag{10-4}$$

式(10-4)中 $d_j(\varphi) = \dfrac{R(\varphi)}{R(\varphi) + R_j(\varphi)}$,当企业的生产能力增加时,企业从
非出口参与变成出口参与,此时假定存在一个足够高的贸易成本,使得出口
市场的"消费者体验"临界值大于国内市场,即对于任意的 s,$\Phi_j(s) > 1$ 或者

$\lambda_{sj}^*(\varphi) > \lambda_s^*(\varphi)$。由于 $\partial\tilde{\lambda}(s)/\partial s > 0$，劳动比较优势越明显的企业面临的 $\tilde{\lambda}(s)$ 越小，企业更容易引发一个"消费者体验" λ_s，使得 $\lambda_s > \tilde{\lambda}(s)$，从而实现企业的出口参与。换句话说，资本比较优势明显的出口企业不可能引致一个高的"消费者体验" λ_s，从而使 $\lambda_s > \tilde{\lambda}(s)$ 实现出口参与，即使他们能在国内市场出售产品。因此，出口参与企业的劳动比较优势要超过资本比较优势，所以可以得到第一个假设（具体证明过程见附录）：

假设一：当企业出口到资本比较优势大的国家后，完全出口参与企业的劳动比较优势大于部分出口参与企业，更大于非出口参与企业，即企业的总体资本比较优势满足下列条件

$$\Theta_j(\varphi) < \Theta_{d+j}(\varphi) < \Theta_d(\varphi)$$

根据本书的模型分析，劳动力丰富国家的新出口参与企业出口到资本丰富的国家时，将会经历如下变化：第一，出口参与后劳动比较优势产品销售量将会大幅提升；第二，如果国内市场的"消费者体验"临界值大于出口市场的临界值，企业会选择在国外市场销售某种产品而不在国内市场销售。特别是给定一个 s，如果 $\lambda_s^*(\varphi) > \lambda_s > \lambda_{sj}^*(\varphi)$，企业会发现增加产品 s 的国外销售量会比在国内销售利润高，这种情况特别是在劳动比较优势产品上更明显，对于资本比较优势产品来说，出口参与企业的这两种变化相对会减少。

通过本书的模型分析，能够得到企业出口参与后如何发生比较优势转变，同时模型也可以分析具有劳动比较优势的企业更容易出口参与。在限制劳动生产能力后，具有劳动比较优势的企业更容易满足国外的劳动密集型产品的"消费者体验"，主要是由于对所有企业来说，向资本密集型国家出口劳动密集型产品的"消费者体验"临界值是比较小的，而劳动比较优势企业更容易出口。对所有产品 s 来说，由于 $\lambda_s^*(\varphi)$ 是 φ 的减函数，生产能力高的企业具有更广的产品范围。因此，在其他条件相同的情形下，本身生产能力更高的企业产品范围收缩会更小，也就是说，劳动生产能力高的企业出口后，其资本比较优势下降也小。因此，可以得到第二个假设：

假设二：生产能力高的企业出口参与引起的资本比较优势的降低要小于生产能力低的企业，也就是说出口参与引起的企业比较优势的变化受到

企业自身生产能力的影响,即

$$\frac{\Theta_{d+j}(\varphi)}{\Theta_d(\varphi)} < \frac{\Theta_{d+j}(\varphi')}{\Theta_d(\varphi')} < 1, \varphi' > \varphi$$

(二) 出口参与、比较优势与经济高质量发展

在本部分中将分析给定生产能力 φ,企业出口参与后,产品范围的变化对企业经济高质量发展的影响。为此,本书构建如下产品 s 国内销售的经济高质量发展

$$\mu_s = \frac{R_s(\varphi, \lambda_s)}{x_s(\varphi, \lambda_s)} \tag{10-5}$$

式(10-5)中 $x_s(\varphi, \lambda_s) = \Gamma_s l(\varphi, \lambda_s)^{1-\beta(s)} k(\varphi, \lambda_s)^{1-\beta(s)}$,表示的是生产投入集合,$\Gamma_s$ 为企业生产固定成本,由(1)式确定。由生产量的表达式 $q_s(\varphi, \lambda_s) = \varphi[x_s(\varphi, \lambda_s) - f_s]$,式(10-5)可以重新改写为

$$\mu_s = \frac{r^{\beta(s)}}{\rho} \left[1 - \frac{f_s}{x_s(\varphi, \lambda_s)} \right]$$

由于 $x_s(\varphi, \lambda_s)$ 是 λ_s 和 φ 的增函数,μ_s 也会是 λ_s 和 φ 的增函数,这表明拥有更高的"消费者体验"临界值和生产能力的企业,能够更容易的超过生产固定成本,生产和出口更多的产品。

同样的,本书构建如下产品 s 出口国家 j 时的经济高质量发展

$$\mu_{sj} = \frac{\tau_j r^{\beta(s)}}{\rho} \left[1 - \frac{f_{sj}}{x_{sj}(\varphi, \lambda_s)} \right]$$

从上式可以看到,当 τ_j 足够大或者企业分配给出口部门的生产要素 $x_{sj}(\varphi, \lambda_s)$ 足够多时,将会使 $\mu_{sj} > \mu_s$,相反如果固定出口成本 f_{sj} 足够大时将会使得 $\mu_{sj} < \mu_s$。

由对产品 s 国内销售和出口到国外的经济高质量发展的计算公式和方法,可以得到出口参与企业层面的经济高质量发展为

$$TFP_j(\varphi) = d_j(\varphi) \int_0^1 \mu_s \frac{R_s(\varphi, \lambda_s)}{R(\varphi)} ds + [1 - d_j(\varphi)] \int_0^1 \mu_{sj} \frac{R_{sj}(\varphi, \lambda_s)}{R_j(\varphi)} ds$$

$$(10-6)$$

式(10 - 6)中 $d_j(\varphi)$ 与式(10 - 4)中的完全相同,用 $TFP(\varphi)$ 表示企业出口参与前的经济高质量发展,由式(10 - 7)可以看到,当 $TFP_j(\varphi) > TFP(\varphi)$ 时,可能是由于两个原因: $\varphi' > \varphi$,即生产能力的增加,或者是生产能力不变,出口参与引起企业生产要素向更高的"消费者体验"转移。

假定开放模型中的两个国家是对称的(相同的国家大小和要素禀赋),并且不存在冰山贸易成本,由于出口比国内销售具有更高的固定成本,因此,对于任意的 $s,\mu_s > \mu_{sj}$ 。在这种情形下,生产能力 φ 不变,出口参与往往伴随着较低的 GZL。但是当国家间不对称时,出口参与与 GZL 的关系是不明确的。对于给定的产品 s ,有且只有

$$\tau_j \left(1 - \frac{f_{sj}}{x_{sj}(\varphi, \lambda_s)} \right) > \left(1 - \frac{f_s}{x_s(\varphi, \lambda_s)} \right)$$

时, $\mu_s < \mu_{sj}$ 。为了分析简便,假设 $\tau_j = 1$,该不等式可以简化为

$$\frac{f_{sj}}{f_s} < \left(\frac{P_j(s)}{P(s)} \right)^\gamma \frac{R_j/\hat{P}_j}{R/\hat{P}}$$

假定 f_{sj}/f_s 对所有产品都是相同的,由于 $\tilde{P}'(s) < 0$ 和 $\gamma > 0$,不等式右边是 s 的减函数。意味着对具有资本比较优势的产品,不等式成立的可能性下降。换句话说,出口参与企业的产品越具有劳动比较优势,企业通过出口参与获得的经济高质量发展提升越明显。因此,可以得到第三个假设:

假设三:出口参与企业的产品越具有劳动比较优势,企业通过出口参与获得的经济高质量发展提升越明显。

三、实证分析

(一)出口企业与非出口企业的比较

在进行实证分析之前,本书拟对出口企业和非出口企业进行基本数据分析以得出相关规律性结论,为后续实证分析提供经验性假设。为了进行基本的数据分析,首先构建以下计算公式来对数据进行整理和汇总

$$\ln S_i = \alpha_0 + \beta E_i + F_{ind} + F_{prov} + F_{year} + \mu_i \qquad (10 - 7)$$

式(10 - 7)中 S_i 表示两个变量,经济高质量发展(GZL)和比较优势

(K/L)，E_i 表示企业是否出口企业的虚拟变量，如果是出口企业则取值为 1，新出口企业和非出口企业取值为 0；在式中加入了产业、地区和年份固定效应变量，μ_i 为误差项；新出口企业和非出口企业之间的 S_i 百分比差异可以通过(10-7)式的估计值计算，具体公式为 $100 \times [\exp(\beta) - 1]$。出口企业与非出口企业的比较基本估计结果见表 10-3 所列。

表 10-3 出口企业与非出口企业的比较基本估计结果

	所有企业	所有企业	私有企业	外资企业	国有企业	次贷危机之前	次贷危机之后
A：因变量 ln(GZL)							
β	0.136** (0.000)	0.086** (0.000)	0.100** (0.001)	0.002 (0.439)	0.090 (0.021)	0.131** (0.000)	0.073** (0.000)
观测值	1916346	1916346	1104986	421231	390127	543920	1372425
B：因变量 ln(K/L)（K 按照固定资产原值，L 按照企业雇佣的员工数量计算）							
β	−0.190** (0.000)	−0.061** (0.000)	−0.081** (0.000)	−0.030** (0.000)	−0.040** (0.000)	−0.020** (0.000)	−0.074** (0.000)
观测值	1976636	1976636	1163418	421560	391656	568126	1431349
C：因变量 ln(K/L)（K 按照固定资产净值，L 按照企业雇佣的员工数量计算）							
β	−0.170** (0.000)	−0.023** (0.000)	−0.024** (0.000)	−0.016 (0.078)	−0.025* (0.046)	0.001 (0.163)	−0.024** (0.000)
观测值	1982456	1982456	1170348	421677	390430	568724	1413364
D：因变量 ln(K/L)（K 按照固定资产原值，L 按照企业工资总额计算）							
β	−0.310** (0.000)	−0.142** (0.000)	−0.177** (0.000)	−0.077** (0.000)	−0.153** (0.000)	−0.123** (0.000)	−0.157** (0.000)
观测值	1976636	1976636	1163418	421462	391346	568120	1431479
年份	控制	控制	控制	控制	控制	控制	控制
地区	不控制	控制	控制	控制	控制	控制	控制
产业	不控制	控制	不控制	不控制	不控制	控制	控制

注：** 和 * 表示 1% 和 5% 的显著性水平下显著。

在表 10 - 3 中,A 部分是以 GZL 为因变量进行的估计,其余部分为比较优势(K/L)作为因变量进行的估计。在估计过程中,把样本分为了全部企业、国有企业、私有企业和外资企业以及加入 WTO 前和加入 WTO 后进行估计,并在估计过程中分别对年份、地区和产业进行了不同程度的控制。

从 A 部分第一和第二列的经济高质量发展(GZL)的估计结果来看,如大多数学者的研究类似,出口企业比非出口企业具有更高的经济高质量发展。第三列私有企业的估计结果表明,出口企业比非出口企业具有明显的生产率提升现象,但是第四列的外资企业并没有体现出经济高质量发展在出口和非出口企业之间的差异,国有企业也体现出与外资企业相似的结论,这可能是由于软预算约束和测量误差导致的估计结果不显著。从加入 WTO 前后来看,加入 WTO 之前我国出口企业对经济高质量发展的提升作用要比加入 WTO 后更加明显。

从现有的研究来看,比较优势在出口企业和非出口企业之间也有明显的差异,出口企业往往更多是资本密集型的企业(Biesebroeck,2005 和 Loecker,et al. 2007 等)。从文章比较优势的估计结果来看,与国外的学者存在明显的差异,我国出口企业相比非出口企业是劳动密集型的企业,这验证了理论分析中的假设一。考虑到我国出口商品中比较有竞争优势的为劳动密集型产品,再看我国出口企业相对非出口企业具有劳动比较优势可能就不会使人感到惊讶。但由于文章是分析的行业内企业的比较优势变化,而传统的比较优势理论是解释的产业之间的资源配置影响出口优势,因此用传统的比较优势理论是很难解释文章的估计结果的,而文章的理论分析给出了相关解释。从表 10 - 3 中 $B-D$ 部分可以看到,除了 C 部分中度量方法改变导致有一部分估计结果不显著外,其他估计结果都是显著的负值。当用企业工资总额作为劳动的度量时,出口企业相对非出口企业在比较优势上的差异更加明显,原因是用工资总额度量劳动数量会体现出企业的劳动质量差异,出口企业雇佣更多的技术能力更高的工人,支付更多的工资,从而导致用工资总额度量劳动力时,出口企业会表现出更明显的劳动密集型。

(二)新出口企业和非出口企业的比较

为了研究出口参与对企业产出的影响,本书中采取倾向得分匹配法(PSM)来研究出口参与的自然实验,得出出口参与影响我国企业的绩效变化。倾向得分匹配法（PSM）首先要构建处理组和对照组,通过对出口参与前后两组的比较得出出口参与的影响。具体来说,样本中从来没有出口参与的企业作为对照组,样本中有出口参与活动的企业作为处理组。为了保证能够对同一产业中的新出口企业和非出口企业进行比较,首先根据企业的报告年份和产业把企业分为不同的单元,在每一个单元中利用 Probit 模型获得倾向得分(propensity score),具体包含的计算倾向得分的变量为 GZL、工资水平、资本比较优势、企业年龄、销售额和省份虚拟变量。在计算倾向得分后,在每个单元中对新出口企业和非出口企业进行等分匹配,本书中采用了三种方法匹配进行对比分析,分别为倍差匹配(difference - in - difference matching)、最邻近匹配(Nearest neighbor matching)和局部线性回归匹配(local linear regression matching)。新出口企业和非出口企业的比较估计结果见表 10 - 4 所列,在表中包含了两部分比较结果,一是新出口企业与非出口企业经济高质量发展的变化,二是新出口企业与非出口企业比较优势的变化。从表 10 - 4 的结果可以看到,利用倍差匹配法进行估计的全样本结果显示,出口参与对于新出口企业的 GZL 具有显著的促进作用,出口参与能够使新出口企业的 GZL 提高大约 7%。与表 10 - 3 中出口企业和非出口企业的结果相似,不同类型企业的出口参与对新出企业的 GZL 的影响具有显著的差异性,尤其是私有企业的出口参与效应更加显著。但是外资企业中出口参与对新出企业的 GZL 的影响差异性不显著。与前文分析相同,由于外资企业具有出口的经验和技术,出口参与对其的影响效应在下降,加入 WTO 前后的差异性不明显。利用最邻近匹配和局部线性回归匹配进行得分匹配的估计结果也没有发生明显的改变。

表 10 - 4 中同时列出了出口参与对新出口企业的资本比较优势的影响,同样采用了三种方法匹配进行对比分析,从表 10 - 4 中结果可以看出,利用倍差匹配法进行估计的全样本结果显示,出口参与对新出企业的资本比较优势具有显著的抑制作用。从不同类型企业的估计结果来看,虽然不同类型的企业中,出口参与对新出企业的资本比较优势具有抑制作用,但是外资企业是不显著的,加入 WTO 前后的差异性同样不明显。利用最邻近匹配和局部线性回归匹配进行得分匹配的估计结果也没有发生明显的改变。

表 10-4 新出口企业和非出口企业的比较估计结果

	lnGZL					
	(1)	(2)	(3)	(4)	(5)	(6)
	所有的新出口企业	私有企业的新出口企业	国有企业的新出口企业	外资企业的新出口企业	加入 WTO 前的新出口企业	加入 WTO 后的新出口企业
倍差匹配	0.070** (0.002)	0.081** (0.003)	0.064* (0.015)	0.003 (0.490)	0.067** (0.004)	0.073** (0.003)
局部线性回归匹配	0.068** (0.003)	0.070** (0.005)	0.061 (0.082)	0.002 (0.673)	0.062** (0.004)	0.071** (0.004)
最邻近匹配	0.053** (0.001)	0.055** (0.004)	0.050* (0.014)	−0.004 (0.417)	0.066** (0.001)	0.042** (0.002)
	$\ln(K/L)$					
倍差匹配	−0.060* (0.017)	−0.062* (0.037)	−0.050 (0.062)	−0.051 (0.063)	−0.065* (0.044)	−0.060* (0.028)
局部线性回归匹配	−0.047* (0.014)	−0.046* (0.027)	−0.041* (0.036)	−0.038 (0.093)	−0.049* (0.023)	−0.046* (0.012)
最邻近匹配	−0.061* (0.015)	−0.074* (0.019)	−0.039* (0.024)	−0.058 (0.061)	−0.069* (0.019)	−0.065** (0.007)

注：** 和 * 表示 1% 和 5% 的显著性水平下显著。

　　基于以上的分析,可能有人会问出口参与对企业比较优势的影响是不是持续的。可能会出现中国出口参与企业通过出口具有劳动比较优势的产品熟悉国外市场,但是随后出口在国内销售的具有资本比较优势的产品。为了分析出口参与对企业比较优势的影响是不是持续的,本书利用倍差匹配法对出口企业出口持续 n 年后和非出口企业的比较优势进行分析,其中 $1 \leqslant n \leqslant 8$。出口企业出口持续 n 年后和非出口企业的比较优势进行分析结果见表 10-5 所列,基本上所有的结果都是显著的负值,表明我国的出口企业在资本比较优势上的下降是持续性的[①]。

---

　　① 出口企业新的比较优势如何获取从而能够提高出口效应和制造业全要素生产率,以及我国当前的新比较优势来源是什么,具体内容见后续章节《新比较优势来源:制度》。

在匹配年份中与非出口企业相比,在表 10 - 5 中第一列(出口年份)出口参与后,在 n 年后一直是低资本比较优势的。例如 2001 年的新出口企业,相比与之匹配的非出口企业在 2002—2009 年都是低资本比较优势的。而且从时间变化上看,新出口企业相比与之匹配的非出口企业资本比较优势的差距呈扩大的趋势,例如 2001 年的新出口企业相比与之匹配的非出口企业(2000 年)资本比较优势少 0.085,而到了九年后则少了 0.183。

表 10 - 5　出口企业出口持续 n 年后和非出口企业的比较优势进行分析结果

	1 年	2 年	3 年	4 年	5 年	6 年	7 年	8 年	9 年
2001	−0.085* (0.048)	−0.131* (0.027)	−0.148* (0.033)	−0.170* (0.040)	−0.177* (0.047)	−0.180 (0.051)	−0.183* (0.046)	−0.184 (0.140)	−0.183 (0.078)
2002	−0.053* (0.047)	−0.080* (0.026)	−0.081* (0.030)	−0.120* (0.033)	−0.130* (0.042)	−0.128* (0.044)	−0.141 (0.053)	−0.142 (0.058)	
2003	−0.050* (0.023)	−0.103* (0.018)	−0.130* (0.016)	−0.141* (0.041)	−0.148* (0.048)	−0.156 (0.341)	−0.151 (0.457)		
2004	−0.016 (0.151)	−0.063* (0.040)	−0.076* (0.033)	−0.092* (0.036)	−0.088 (0.051)	−0.093 (0.062)			
2005	−0.054* (0.019)	−0.084* (0.021)	−0.095* (0.025)	−0.105* (0.033)	−0.114* (0.036)				
2006	−0.076* (0.023)	−0.083* (0.030)	−0.100* (0.035)	−0.111* (0.036)					
2007	−0.050* (0.030)	−0.080* (0.026)	−0.097* (0.035)						
2008	−0.060** (0.008)	−0.080 (0.060)							
2009	−0.070** (0.004)								
Pooled	−0.060* (0.022)	−0.090* (0.019)	−0.106* (0.032)	−0.121* (0.026)	−0.132* (0.034)	−0.140* (0.041)	−0.156* (0.050)	−0.164 (0.094)	−0.183 (0.078)

注:** 和 * 表示 1% 和 5% 的显著性水平下显著。

(三)生产能力与比较优势分析

前文实证分析已经对假说一进行了实证分析假说二认为生产能力高的企业的出口参与将引致低的资本比较优势下降,即企业出口参与引起的比较优势的变化受到自身生产能力的影响。本部分将就该假说进行相关实证分析,具体构建如下实证分析模型

$$\Theta_{i,d}^{\text{matched}}(\varphi) - \Theta_{i,d+j}(\varphi) = \alpha X_i + \beta_1 F_{\text{ind}} + \beta_2 F_{\text{prov}} + \beta_3 F_{\text{year}} + \mu_i \quad (10-8)$$

式(10-8)中 $\Theta_{i,d+j}(\varphi)$ 表示企业 i 的资本比较优势,$\Theta_{i,d}^{\text{matched}}(\varphi)$ 表示匹配的非出口企业的资本比较优势,X_i 表示企业特征变量集合,F_{ind}、F_{prov} 和 F_{year} 表示产业、省份和年份固定效应。本部分实证分析主要是检验具有相似的出口前企业特征,对于出口参与引起的资本比较优势的影响。

比较优势的影响因素见表10-6所列,第一列是全部样本的结果,从第一列可以看到,GZL 的估计结果是显著的负值,这表明 GZL 对出口参与引起的出口企业和非出口企业间的资本比较优势差距具有抑制作用,这也验证了假说二的结论。同样,企业的工资规模与 GZL 具有相似的影响效应。但是,企业的销售额用来度量生产能力时,对比较优势的影响是显著的正值,这与假说二的预测是不相符合的。从不同类型的企业和 WTO 前后的出口参与企业的估计结果中,同样可以得出假说二的正确性。

表 10-6 比较优势的影响因素

	(1) 所有的新出口企业	(2) 国内企业的新出口企业	(3) 外资企业的新出口企业	(4) 加入 WTO 前的新出口企业	(5) 加入 WTO 后的新出口企业
$\ln(GZL)$	-0.058^{**} (0.002)	-0.051^{**} (0.004)	-0.080^{**} (0.007)	-0.079^{*} (0.012)	-0.055^{**} (0.004)
$\ln(wage)$	-0.144^{**} (0.000)	-0.154^{**} (0.000)	-0.130^{*} (0.033)	-0.189^{**} (0.000)	-0.086^{*} (0.012)
$\ln(sales)$	0.109^{**} (0.000)	0.138^{**} (0.000)	0.140^{**} (0.000)	0.103^{**} (0.000)	0.109^{**} (0.000)
$\ln(age)$	-0.055^{*} (0.016)	-0.019 (0.051)	-0.005 (0.340)	-0.048 (0.093)	-0.041^{*} (0.017)

	（1）	（2）	（3）	（4）	（5）
所有制	控制	不控制	不控制	控制	控制
产业	控制	控制	控制	控制	控制
省份	控制	控制	控制	控制	控制
观测值	50231	33645	16586	10074	40157

注：** 和 * 表示 1％和 5％的显著性水平下显著。

（四）比较优势与 GZL 分析

本部分中利用式（10 - 8）对比较优势与制造业经济高质量发展的关系进行分析，以对假设三的内容进行检验，在实证分析时式（10 - 8）的被解释变量变为制造业经济高质量发展 GZL，GZL 解释变量变为劳动比较优势变量，具体估计方法不变。GZL 的影响因素见表 10 - 7 所列。从表 10 - 7 的估计结果可以看到，在控制了所有制、产业和省份变量后，劳动比较优势系数是显著的正值，而且对于不同类型的企业和加入 WTO 前后的显著性和符号没有发生变化。这个估计结果与理论假设的结论是一致的，即出口参与企业致力于核心竞争力有利于提升企业的经济高质量发展。

表 10 - 7　GZL 的影响因素

	（1）所有的新出口企业	（2）国内企业的新出口企业	（3）外资企业的新出口企业	（4）加入 WTO 前的新出口企业	（5）加入 WTO 后的新出口企业
$\ln(L/K)$	0.070 **	0.071 **	0.066 **	0.077 **	0.063 **
	(0.000)	(0.000)	(0.001)	(0.001)	(0.000)
$\ln(wage)$	0.153 **	0.183 **	0.168 **	0.090 **	0.163 **
	(0.000)	(0.000)	(0.001)	(0.002)	(0.001)
$\ln(sales)$	0.140 **	0.120 **	0.157 **	0.156 **	0.140 **
	(0.000)	(0.000)	(0.000)	(0.002)	(0.000)
$\ln(age)$	−0.088 **	−0.093 *	−0.083 *	−0.072	−0.111 *
	(0.008)	(0.011)	(0.037)	(0.076)	(0.015)
所有制	控制	不控制	不控制	控制	控制

	(1)	(2)	(3)	(4)	(5)
产业	控制	控制	控制	控制	控制
省份	控制	控制	控制	控制	控制
观测值	50231	33645	16586	10074	40157

注：** 和 * 表示 1% 和 5% 的显著性水平下显著。

四、简要结论

本章分析了出口参与、比较优势与制造业经济高质量发展的关系，主要对不同比较优势的企业出口参与后的经济高质量发展变化进行了理论分析和实证检验。本章通过对劳动力丰富的国家选择出口劳动密集型产品到资本密集型国家的情形进行理论分析得出，当企业出口到资本比较优势大的国家后，完全出口参与企业的劳动比较优势大于部分出口参与企业，更大于非出口参与企业；生产能力高的企业出口参与引起的资本比较优势的降低要小于生产能力低的企业，即出口参与引起的企业比较优势的变化受到企业自身生产能力的影响；出口参与企业的产品越具有劳动比较优势，企业通过出口参与获得的经济高质量发展提升越明显。并利用我国的 2006—2015 年的工业数据库数据，采用匹配分析法进行研究发现，出口参与提升了企业的经济高质量发展水平。利用不同的匹配方法，研究认为出口参与能够提高企业的经济高质量发展 5.5% 到 7.4% 个百分点。同时研究也发现，国内生产能力强的企业更倾向于出口。新出企业相对非出口企业来说增加劳动比较优势的同时，也会引致经济高质量发展的提升。这些研究结果提示我们，要采取有效措施提示企业的生产能力，使企业更好地参与到国际市场中去，提升制造业经济高质量发展水平。从产业政策的角度来看，要提高整个产业的出口比重。同时，研究结果也表明不同所有制类型企业的研究结果存在差异，要针对不同类型的企业制定相关政策。

五、附录

根据 BRS 模型，当企业生产能力为 φ 时，国内销售的"消费者体验"临界

值 $\lambda_s^*(\varphi)$ 满足利润为 0 的条件，即

$$\pi_s\left[\varphi,\lambda_s^*(\varphi)\right]=\frac{R_s}{\sigma}\left[\rho P(s)\varphi\lambda_s^*(\varphi)\right]^{\sigma-1}-f_s r^{\beta(s)}=0 \tag{A1}$$

其中，$\pi_s\left[\varphi,\lambda_s^*(\varphi)\right]$ 表示企业在国内市场上出售产品 i 获得的利润，R_s 表示在产品 s 上国内的消费支出，$P(s)$ 产品 s 销售价格指数。有消费者的效用最大化问题可得

$$R_s=\left[P(s)^{\frac{-v}{1-v}}\bigg/\int_0^1 P(k)^{\frac{-v}{1-v}}dk\right]R$$

其中，R 为整个社会的消费支出水平，$P(s)=\left[\int_{\omega\in\Omega_s}p(s,\omega)\,\mathrm{d}\omega\right]^{\frac{1}{1-\sigma}}$，结合 $P(s)$，R 和 $\hat{P}=\int_0^1 P(k)^{\frac{-v}{1-v}}$，求解（A1）式可得 $\lambda_s^*(\varphi)=\dfrac{\zeta P(s)^{-\gamma}}{\varphi}\left(\dfrac{r^{\beta(s)}f_s\hat{P}}{R}\right)^{\frac{1}{\sigma-1}}$，

其中 $\zeta=\dfrac{\sigma^{\frac{1}{\sigma-1}}}{\rho}$，$\gamma=\dfrac{\sigma(1-v)-1}{(\sigma-1)(1-v)}$，当 $\sigma(1-v)>1$，$\gamma>0$。

在给定 φ 和 $\lambda_s^*(\varphi)$ 时，可得企业服务特定市场的期望利润为

$$\pi(\varphi)=\int_0^1\left[\int_{\lambda_s^*(\varphi)}^{\bar{\lambda}}\pi(\varphi,\lambda_s)g(\lambda_s)\,\mathrm{d}\lambda_s\right]\mathrm{d}s-f_e$$

其中，$g(\lambda_s)$ 表示消费者体验的分布函数。

同理，可以得到出口到国家 s 的"消费者体验"临界值 $\lambda_{sj}^*(\varphi)$ 为

$$\lambda_{sj}^*(\varphi)=\frac{\zeta\tau_j P_j(s)^{-\gamma}}{\varphi}\left(\frac{r^{\beta(s)}f_{sj}\hat{P}_j}{R_j}\right)^{\frac{1}{\sigma-1}}$$

由 $\lambda_{sj}^*(\varphi)$ 和 $\lambda_s^*(\varphi)$ 的比值关系可得（3）式。

下面分析如果国家 j 是比中国更具资本比较优势的国家，则 $P_j(s)/P(s)$ 是 s 的减函数。假定对于给定的产品在我国（c）和国家（j）的价格指数分别为

$$P_j=\left[\int_{\omega\in\Omega_j}\left(\frac{p_j(\omega)}{\lambda_j(\omega)}\right)^{1-\sigma}\mathrm{d}\omega+\int_{\omega\in\Omega_{cj}}\left(\frac{\tau_{cj}p_c(\omega)}{\lambda(\omega)}\right)^{1-\sigma}\mathrm{d}\omega\right]^{\frac{1}{1-\sigma}}$$

$$P_c=\left[\int_{\omega\in\Omega_c}\left(\frac{p_c(\omega)}{\lambda(\omega)}\right)^{1-\sigma}\mathrm{d}\omega+\int_{\omega\in\Omega_{jc}}\left(\frac{\tau_{jc}p_j(\omega)}{\lambda(\omega)}\right)^{1-\sigma}\mathrm{d}\omega\right]^{\frac{1}{1-\sigma}}$$

根据 Bernard et al.（2007）的分析思路，两种价格指数可以重新表示为

$$P_j = \left[M_j \left(\frac{w_j^{1-\beta} r_j^{\beta}}{\rho \bar{\varphi}_j} \right)^{1-\sigma} + M_{cj} \left(\frac{\tau_{cj} r_j^{\beta}}{\rho \bar{\varphi}_{cj}} \right)^{1-\sigma} \right]^{\frac{1}{1-\sigma}}$$

$$P_c = \left[M_c \left(\frac{r_j^{\beta}}{\rho \bar{\varphi}_c} \right)^{1-\sigma} + M_{jc} \left(\frac{\tau_{jc} w_j^{1-\beta} r_j^{\beta}}{\rho \bar{\varphi}_{jc}} \right)^{1-\sigma} \right]^{\frac{1}{1-\sigma}}$$

参数 φ 和 λ 都可以在均衡框架内进行分析,具体均衡构建过程在 Bernard et al. 文章中有详细的分析,为了分析方便假定每个国家的潜在产品 M 是固定不变的。不需要对方程完全求解就可以得到,$M_c > M_{cj}$,$M_j > M_{jc}$,$\bar{\varphi}_{cj} > \bar{\varphi}_j$,$\bar{\varphi}_{jc} > \bar{\varphi}_j$。假定 M_j/M_c,M_{jc}/M_{cj},$\bar{\varphi}_c/\bar{\varphi}_j$ 都是 β 的增函数。下面来分析本书中的理论假设

$$\left(\frac{P_j}{P_c} \right)^{\sigma-1} = \frac{\dfrac{M_c}{M_j} + \dfrac{M_{jc}}{M_j} \left(\dfrac{\bar{\varphi}_{jc}}{\bar{\varphi}_c} \dfrac{1}{\tau_{jc} w_j} \left(\dfrac{w_j}{r} \right)^{\beta} \right)^{\sigma-1}}{\left(\dfrac{\bar{\varphi}_j}{\bar{\varphi}_c} \dfrac{1}{w_j} \left(\dfrac{w_j r}{r_j} \right)^{\beta} \right)^{\sigma-1} + \dfrac{M_{cj}}{M_j} \left(\dfrac{\bar{\varphi}_{cj}}{\tau_{cj} \bar{\varphi}_c} \right)^{\sigma-1}} \tag{A2}$$

由于 $\dfrac{w_j}{r_j} > \dfrac{w}{r}$ 可以得到,$\dfrac{w_j r}{r_j} > 1$,(A2) 在前文的假定条件下可以看到 $\left(\dfrac{P_j}{P_c} \right)^{\sigma-1}$ 是 β 的减函数。

下面简单的分析对于任意的 $\exists s(\varphi) \in (0,1]$,即 $\lambda_{sj}^*(\varphi) \leqslant \lambda_s^*(\varphi) \, \forall s \leqslant s(\varphi)$ 和 $\lambda_{sj}^*(\varphi) > \lambda_s^*(\varphi) \, \forall s > s(\varphi)$ 假设一成立,这些条件意味着对于某些产品总是存在出口的"消费者体验"超过国内销售。假定一个企业的生产能力发生明显的增长,即 $\varphi_t > \varphi_{t-1}$,从而引起企业的出口参与行为。分析产品 s 的一个给定"消费者体验"λ,当 $s \leqslant s(\varphi)$ 时,企业在国内销售的企业出口参与的概率为 $\Pi_1 = 1$,企业不在国内市场销售的企业出口参与的概率为 $\Pi_3 = \dfrac{1 - G(\lambda_{sj}^*(\varphi))}{G(\lambda_s^*(\varphi))}$。当 $s > s(\varphi)$ 时,企业在国内销售的企业出口参与的概率为 $\Pi_3 = \dfrac{1 - G(\lambda_{sj}^*(\varphi))}{1 - G(\lambda_s^*(\varphi))}$,企业不在国内市场销售的企业出口参与的概率为 $\Pi_4 = 0$。有且只有 $\lambda_{sj}^*(\varphi)/\lambda_s^*(\varphi)$ 是增函数时,Π_2 是增加的而 Π_3 是减少的。同时考虑这四种情形时,当 $s \leqslant s(\varphi)$ 新的出口参与企业更加倾向于增加产品出口,当 $s > s(\varphi)$ 时出口参与意愿下降。这种出口参与机制使得 $\Theta_j(\varphi) < \Theta_d(\varphi)$。

第十一章 环境政策调整与经济高质量发展

一、引言

自卢卡斯提出"资本为什么不从富国流向穷国"命题以来,经济高质量发展和经济增长的关系得到广泛研究。当中国经济以高投入、高耗能、高排放驱动的增长遇到产能过剩、资源瓶颈和环境压力加大的阻碍,中国经济增长进入了结构调整阶段。该阶段里,产业的优化升级和结构的转型都依赖于经济高质量发展的提高。因此,如何实现经济高质量发展的有效提高,成为理论和政策关心的重点。而与以往仅从技术进步视角关注一国经济增长和跨国收入差距不同(Acemoglu 和 Zilibotti,2001;Benhabib et al. ,2014),近年来,环境问题与经济高质量发展日益成为新的研究视角(Jacobsen et al. ,2012)。经过改革开放以来几十年的高耗能、高污染的快速发展,这种发展模式是不能持续的。因此,环境规制是我国经济调整过程中不可回避的问题。环境规制对经济高质量发展的影响有两种观点:一是传统的理念认为环境规制会带来企业生产过程中成本的增加,降低企业的竞争力,从而带来经济高质量发展的下降;二是修正主义者认为环境规制会迫使企业增加投入,进行技术创新,获取发展优势,利用技术创新可以抵消掉环境规制对经济高质量发展的不利影响,这两种观点在国内外的文献中都得到了证实。我国目前的问题是环境的公共服务提供不足与污染加剧之间的矛盾,我国环境的公共服务提供不足不仅是资金和技术投入不足的问题,更是在我国地区分权制度下产生的环境分权问题,即环境的保护和治理程度等公共服务供给在我国不同的层级政府间存在不同的配置。那么,在我国这种环境分权体制下,这种环境治理方式对经济高质量发展会产生什么样的影响,也就是说合理的环境分权水平是多少? 因此,本书拟在这方面有所贡献。

事实上,相对于市场化程度高度发达的西方国家,中国地方政府一直以"市场缔造者"角色参与经济运行并通过一些特殊的制度安排来实现就业的增加和经济的增长,但这种试图运用政府力量改变市场结果的做法不可避免地会带来道德风险、效率损失和资源配置扭曲等问题。大量研究表明,在中国渐进式、双轨制的改革过程中,分权制的存在可以说是一个客观现象(Hsieh 和 Klenow,2009;Huihui Deng et al. ,2012)。自 2013 年以来,分权的体制问题得到了本届政府的高度重视,中央正在极力推动深度转型,旨在减少不必要的分级政府干预,消除分权制度扭曲导致的资源错配和效率损失。例如,《中共中央关于全面深化改革若干重大问题的决定》明确指出,要紧紧围绕使市场在资源配置中起决定性作用,深化经济体制改革,加快完善现代市场体系、宏观调控体系、开放型经济体系。凡是能由市场形成价格的都交给市场,政府不进行不当干预,切实推进水、石油、天然气、电力、交通、电信等领域价格改革,放开竞争性环节价格。

尽管已有研究已经对中国的分权制度及影响因素做了一些探索研究,但是没有解释清楚环境分权通过产业结构调整对经济高质量发展的影响机制,没有从微观企业的角度实证分析环境分权对经济高质量发展的影响,另外,环境分权与经济高质量发展之间也不是简单的线性关系。因此,本书尝试从理论和实证两个方面研究环境分权与经济高质量发展的影响机制及相互关系。本章余下部分安排如下:第二部分为理论模型分析;第三部分为模型构建和变量说明;第四部分为实证分析;第五部分为结论。

二、模型分析

本书模型的构建拟参考 Fudenberg(2000)和 Ederington 和 McCalman(2013)提出的企业生产率提升决策模型,将本地区的环境分权因素引入模型中,在垄断竞争的环境中分析环境分权对本地经济高质量发展提升决策的影响。

(一)需求

假设存在多个对称的国家,国家内部为多个分割的地区,地区的环境规制具有自主权。地区内所有企业的全部产品或者部分产品在本地区内销售,地区的企业数量是稳定的。根据基本的模型假设,地区内生产的产品有两个:差异化产品和标准化产品。其中消费者对标准化产品的需求为 $C(t)$,对差异化产品的需求为 $C_0(t)$。因此,用跨期效用函数表示的该地区的消费者效用为

$$U = \int_0^\infty (C_0(t) + \log C(t)) \, \mathrm{e}^{-\beta t} \, \mathrm{d}t \qquad (11-1)$$

假设消费者对标准化产品的需求为 $C(t)$ 具有 CES 函数的形式,即

$$C(t) = \left[\int_0^{n(t)} (q_{it})^{\frac{\sigma-1}{\sigma}} \mathrm{d}i \right]^{\frac{\sigma}{\sigma-1}} \qquad (11-2)$$

式(11-2)中 σ 表示产品需求替代弹性,$\sigma > 1$,$n(t)$ 表示在 t 期可供消费的差异化产品的数量,q_{it} 表示消费者在 t 期消费 i 产品的数量。假设消费者的预算约束为 E,利用式(11-2)的消费者效用最大化问题可以得到消费具体产品 j 的数量为

$$q_{jt} = E \frac{p_{jt}^{-\sigma}}{p^{1-\sigma}} \qquad (11-3)$$

式(11-3)中 p_{jt} 表示产品 j 的销售价格,p 表示地区的产品价格指数。为了研究环境分权对经济高质量发展的影响,把地区内的企业分为经济高质量发展高的企业和低的企业,则地区的产品价格指数可以分解为

$$p^{1-\sigma} = n_l \left[r_l (p_l^h)^{1-\sigma} + (1 - r_l)(p_l^l)^{1-\sigma} \right] + n_d \left[r_d (p_d^h)^{1-\sigma} + (1 - r_d) \right.$$
$$\left. (p_d^l)^{1-\sigma} \right] + n_f \left[r_f (p_f^h)^{1-\sigma} + (1 - r_f)(p_f^l)^{1-\sigma} \right]$$

$$(11-4)$$

式(11-4)中各变量的下标 l、d 和 f 分别表示地区内的企业、地区外的企业和国外的企业,n 表示各类企业的数量,r 表示各类企业中高经济高质量发展所占的比重,$0 \leq r \leq 1$,p^h 和 p^l 分别表示高经济高质量发展和低经济高质量发展企业的产品销售价格。

(二) 生产

假设企业生产过程中只有一种劳动投入要素,地区间人口数量相同且

不能流动,为了分析简单本书把工资水平设定为1。由于本书研究环境分权对经济高质量发展的影响,把地区内的企业分为经济高质量发展高的企业和低的企业,因此,高经济高质量发展企业的生产函数假定为 $l_{it} = f + q_{it}/\varphi$,低经济高质量发展企业的生产函数假定为 $l_{it} = f + q_{it}$,生产函数中 l 表示企业生产中的劳动投入水平,f 表示企业生产中的固定投入水平,$\varphi > 1$ 表示高经济高质量发展企业的经济高质量发展水平。经济高质量发展的提升需要成本为 $D(t)$,$D'(t) < 0 < D''(t)$,而且 $D(0) = \infty$,$D(\infty) = 0$,表明经济高质量发展提高越早成本越低。

(三) 环境分权

在存在环境分权的情形下,国外企业和外地企业到本地市场经营需要付出额外的成本假设都为 $S\gamma$,其中 S 表示环境分权程度,γ 表示环境分权成本系数,国外企业和国内外地企业到本地销售的运输成本为冰山成本形式,分别为 τ_d 和 τ_f。在垄断竞争环境下,假设企业在市场销售中按照边际成本加成定价方法。因此,本地两类经济高质量发展企业的本地销售价格为

$$p_l^h = \sigma/(\sigma-1)\varphi, \quad p_l^l = \sigma/(\sigma-1) \tag{11-5}$$

国内企业两类经济高质量发展企业的本地销售价格为

$$p_d^h = \sigma\tau_d(1+S\gamma)/(\sigma-1)\varphi, \quad p_d^l = \sigma\tau_d(1+S\gamma)/(\sigma-1) \tag{11-6}$$

国外企业两类经济高质量发展企业的本地销售价格为

$$p_d^h = \sigma\tau_f(1+S\gamma)/(\sigma-1)\varphi, \quad p_d^l = \sigma\tau_f(1+S\gamma)/(\sigma-1) \tag{11-7}$$

在垄断竞争的市场结构情形下,如果先不考虑成为高经济高质量发展企业需要的成本条件下,由式(11-3)和式(11-5)可得本地两类经济高质量发展企业的利润函数为

$$\pi_l^h = \frac{(\sigma/(\sigma-1)\varphi)^{1-\sigma}E}{\sigma p^{1-\sigma}} - f, \quad \pi_l^l = \frac{(\sigma/(\sigma-1))^{1-\sigma}E}{\sigma p^{1-\sigma}} - f \tag{11-8}$$

(四) 经济高质量发展提升

假定企业经营时间从 0 开始,初始阶段地区内所有的企业都为低经济高质量发展企业,企业从时期 T^a 开始提升全要素生产率,因此,根据生命周期函数可以得到本地企业提升经济高质量发展后的利润函数为

$$\prod(T^a) = \int_0^{T^a} e^{-\beta t} \pi_l^l dt + \int_{T^a}^{\infty} e^{-\beta t} \pi_l^h dt - e^{-\beta T^a} D(T^a) \qquad (11-9)$$

由式(11-9)可以看到,企业的利润取决于 T^a 的值,即企业采取提升经济高质量发展的时间影响企业的利润大小。因此,通过求 T^a 的一阶导数可以得到求解利润最大化问题的最优解,从而得到企业最佳的提升经济高质量发展的时间。因此,由式(11-8)和式(11-9)可得本地企业提升经济高质量发展的门槛条件为

$$\frac{(\sigma/\sigma-1)^{1-\sigma} E(\varphi^{\sigma-1}-1)}{\sigma p^{1-\sigma}} = \beta D(T^a) - D'(T^a) \qquad (11-10)$$

把价格指数方程式(11-4)和本地企业的销售价格式(11-5)代入式(11-10)并求解 r,可得本地企业高经济高质量发展比重的变化函数,也即是企业的经济高质量发展提升路径为

$$r_l = \frac{E}{n_l[\beta D(t) - D'(t)]} - $$

$$\frac{n_d[1+r_d(\varphi^{\sigma-1}-1)][\tau_d(1+S\gamma)]^{1-\sigma} + n_f[1+r_f(\varphi^{\sigma-1}-1)][\tau_f(1+S\gamma)]^{1-\sigma}}{n_l(\varphi^{\sigma-1}-1)}$$

$$-\frac{1}{\varphi^{\sigma-1}-1} \qquad (11-11)$$

对式(11-11)求环境分权程度 S 的一阶导数,可得经济高质量发展的提升与地区环境分权之间的关系式为

$$\frac{dr_l}{dS} = \frac{(\sigma-1)n_d\tau_d\gamma[1+r_d(\varphi^{\sigma-1}-1)][\tau_d(1+S\gamma)]^{-\sigma}}{n_l(\varphi^{\sigma-1}-1)}$$
$$+ \frac{(\sigma-1)n_f\tau_f\gamma[1+r_f(\varphi^{\sigma-1}-1)][\tau_f(1+S\gamma)]^{-\sigma}}{n_l(\varphi^{\sigma-1}-1)} \qquad (11-12)$$

由于前文中假定 $\sigma>1,\varphi>1$,所以可得式(11-12)大于0,即 $dr_l/dS>0$。这表明本地高经济高质量发展企业所占比重与地区的环境分权程度之间存在正向关系。这与 Ederington 和 McCalman(2011)的研究贸易壁垒得到的结论相似,他们研究认为在地区内企业相对稳定的情形下,地区贸易壁垒与高生产率企业所占比重之间存在正向关系,地区贸易壁垒的增加将会带来企业生产率的提升。环境分权实际上也构成了地区的一种贸易壁垒,本书

的结论与 Ederington 和 McCalman 的理论机制是一致的,即环境分权促进了当地经济高质量发展的提升。原因主要是对当地企业来说,环境分权提高了高经济高质量发展企业所占的比重,地区环境分权增加了企业采取提高经济高质量发展措施的概率,在地区内企业相对稳定的情形下,可以进行理论证明,环境分权通过促使企业采取提高经济高质量发展措施,能够显著地提高当地企业的经济高质量发展。更深层次的原因可能是由于环境分权实质上会起到一种市场保护的作用,有效降低地区内企业面临的竞争,有效维持了本地企业的市场份额,降低了企业的外部性风险,进而激励了企业对研发、技术引进和扩大规模等生产率提升行为的投资(徐保昌和谢建国,2016)。

为了进一步地分析高经济高质量发展企业所占比重与环境分权之间的关系,对式(11-11)求环境分权程度 S 的二阶导数,可得

$$
\frac{\mathrm{d}^2 r_l}{\mathrm{d}S^2} = -\frac{\sigma(\sigma-1)n_d\tau_d^2\gamma^2\left[1+r_d(\varphi^{\sigma-1}-1)\right]\left[\tau_d(1+S\gamma)\right]^{-(1+\sigma)}}{n_l(\varphi^{\sigma-1}-1)}
$$

$$
-\frac{\sigma(\sigma-1)n_f\tau_f^2\gamma^2\left[1+r_f(\varphi^{\sigma-1}-1)\right]\left[\tau_f(1+S\gamma)\right]^{-(1+\sigma)}}{n_l(\varphi^{\sigma-1}-1)}
$$

$$(11-13)$$

由于前文中假定 $\sigma>1, \varphi>1$,所以可得式(11-13)小于0,即 $\mathrm{d}^2 r_l/\mathrm{d}S^2<0$。与对式(11-12)的分析类似,式(11-13)表明随着地区环境分权强度的提高,环境分权对地区内高经济高质量发展企业比重提高的促进作用在下降,环境分权对经济高质量发展的促进作用的概率在降低。也即是说,环境分权对地区经济高质量发展的促进作用随着环境分权程度的提高而下降。

环境分权对经济高质量发展提升行为的影响出现上述的规律,从经济学的角度分析主要是由于环境分权对经济高质量发展的影响存在正负两个方面的交替效应,吴延兵(2008)认为企业的研发、技术引进和规模提升等行为能够对经济高质量发展的提升有显著的促进作用,而较低程度的环境分权能够刺激企业更多的选择这些行为,该阶段下环境分权对于经济高质量发展的提升行为的正向效应大于负向效应。随着环境分权程度的提升,环境分权会使得地区内一部分缺乏进取精神和内部治理结构不完善的企业安

于现状,从而阻碍了企业的研发、技术引进和规模提升等行为,随着环境分权程度的增长,负向效应逐渐超过正向效应,导致环境分权对经济高质量发展提升的促进作用不断下降。

为了进一步分析环境分权对经济高质量发展的影响存在正负两个效应,本书把通过影响企业决策行为来影响经济高质量发展的提升路径方程式(11-11)用隐函数 $TFP(S,D)$ 代替,S 表示环境分权程度,D 表示经济高质量发展的提升需要成本为 $D(t)$,即企业的经济高质量发展决策,由前述的分析可得

$$\frac{\partial TFP(S,D)}{\partial S} > 0, \frac{\partial^2 TFP(S,D)}{\partial S^2} < 0 \qquad (11-13)$$

式(11-13)的结果分析了地区环境分权通过影响企业决策行为影响经济高质量发展的提升机制,而现实是环境分权还可以通过其他外部途径,而非直接影响企业行为决策影响经济高质量发展的提高,例如环境分权会通过影响地区的技术外溢和资源配置途径影响经济高质量发展:首先,完全开放的经济环境中外地企业的进入会通过垂直和水平两种溢出途径,对地区内的企业产生技术溢出效应(Javorcik,2004),因此,环境分权在导致地区间市场壁垒产生的同时,也阻碍了地区间企业的进入产生的技术外溢效应,从而抑制经济高质量发展的提升,而且环境分权的壁垒强度越高,抑制作用越强;其次,环境分权导致的地区间市场壁垒,会对非本地市场生产要素的流入产生阻碍作用,降低生产要素的优化配置(毛其淋和盛斌,2012),增加地区内企业的生产成本,在其他条件不变的情形下,会导致经济高质量发展的下降,而且环境分权的壁垒强度越高,抑制作用越强。因此,基于上述文献分析,用 $TFP(S,O)$ 隐函数表示环境分权通过影响地区的技术外溢和资源配置对经济高质量发展进行影响的途径,其中 O 表示技术外溢和资源配置影响途径,与 D 表示的企业决策行为影响途径相对应。通过上述分析 $TFP(S,O)$ 隐函数满足下面的条件

$$\partial TFP(S,O)/\partial S < 0, \partial^2 TFP(S,O)/\partial S^2 > 0 \qquad (11-14)$$

假设环境分权的两种途径对经济高质量发展影响的总效应为 $TFP(S)$,满足下面的关系式

$$TFP(S) = TFP(S,D) + TFP(S,O) \qquad (11-15)$$

对式(11-15)求环境分权程度 S 的一阶导数,可以得到环境分权的两种途径影响经济高质量发展的总效应过程

$$\partial TFP(S)/\partial S = \partial TFP(S,D)/\partial S + \partial TFP(S,O)/\partial S \quad (11-16)$$

式(11-16)的符号总效应受到两种分效应的影响,而这两种效应具有完全不同的影响方向,因此,总效应可能是大于零也可能是小于零的,即环境分权对经济高质量发展的影响在考虑两种影响途径时是非单调的函数。当环境分权产生较低的市场壁垒效应时,环境分权通过影响企业提升经济高质量发展的决策行为的促进作用明显,而环境分权抑制技术外溢和配置效率阻碍经济高质量发展提升的作用较低,此时,环境分权的促进作用要超过抑制作用,即

$$|\partial TFP(S,D)/\partial S| > |TFP(S,O)/\partial S| \qquad (11-17)$$

式(11-17)的关系式存在,表明式(11-16)是大于零的,即低强度的环境分权产生较低的市场壁垒效应促进了企业生产率的提升,但由于 $\partial^2 TFP(S,D)/\partial S^2 < 0$ 和 $\partial^2 TFP(S,O)/\partial S^2 > 0$,说明随着环境分权导致的市场壁垒效应增加,促进作用在下降而抑制作用在上升。当环境分权到达一定程度后,抑制作用会超过促进作用,此时

$$|\partial TFP(S,D)/\partial S| \leqslant |\partial TFP(S,O)/\partial S| \qquad (11-18)$$

式(11-18)表明环境分权超过一定强度后,环境分权通过影响企业提升经济高质量发展的决策行为的促进作用不再明显,而环境分权抑制技术外溢和配置效率阻碍经济高质量发展提升的作用将起主导作用,因而环境分权将会导致经济高质量发展的降低。

因此,基于前述的理论分析,本文提出如下要验证的理论假设:

理论假设:环境分权与地区内的经济高质量发展之间存在一种倒 U 型的关系,当环境分权导致的市场壁垒程度处于较低强度时,环境分权能够促进经济高质量发展的提升;反之,当环境分权导致的市场壁垒程度超过一定强度时,环境分权则会抑制经济高质量发展的提升。

三、模型构建和变量说明

(一) 数据来源和实证模型构建

1. 数据来源

本书使用的数据主要来自国家统计局 2006—2015 年的《中国工业企业数据库》,研究样本包含 2006—2015 年按二位码行业标准划分的共 39 个行业的制造业企业非平衡面板数据,但本书只选取了二位码 13—43 的 30 个行业。我们对原始样本进行了以下的处理:删除了员工人数少于 8 的样本,因为大多数异常值来自这些没有可靠会计系统的个体户(谢千里 等,2008),删除了统计中的错误记录和变量赋值明显不合理的样本观察值,如总资产、固定资产净值、企业年龄、应付工资总额、实收资本等少于零、工业增加值大于总产值等;由于 43 行业中只有零星的几个企业出口,我们删除了这个行业的企业样本。由于文中使用的是平衡面板,所以选取了在 2006—2015 年一直存在的企业,最后通过处理共选择了 24 个制造业行业的 154562 个企业的数据(马丽丽和李强,2015)。构建的分析样本中包含实际和名义产出、企业资产水平、企业人员数量、企业薪酬、企业投入水平、企业所有制结构、吸收 FDI 水平、销售收入和出口的信息等。由于国有企业、外资企业和公有制企业行为上的差异性,在实证回归分析中,样本中去掉外资企业和国有资本占比高的企业,最后的实证分析样本为 24 个制造业行业的 106956 个企业的数据。环境分权变量的计算数据来自 2002—2012 年《中国环境统计年鉴》,其他地区数据来自我国各年统计年鉴。

2. 实证模型构建

为了对提出的理论假设进行实证检验,结合进行实证分析的数据特征,本书拟构建如下计量模型

$$GZL_{jikt} = \alpha_0 + \alpha_1 edec_{jt} + \alpha_2 edec_{jt}^2 + \alpha_3 Z_{jikt} + \lambda_j + \lambda_i + \lambda_t + \mu_{jikt}$$

上式中 j,i,k,t 分别表示地区、制造业行业、制造业企业和年份,TFP 为经济高质量发展水平,$edec$ 表示环境分权程度,Z 表示企业层面和地区层面的一系列控制变量,$\lambda_j,\lambda_i,\lambda_t$ 分别表示地区、制造业行业和时间控制变量。

（二）变量说明

1. 经济高质量发展变量（GZL）

经济高质量发展的测度参照第二章具体方法，为了稳健性检验本书第二章在测度全要素生产率时分别采用了 LP 和 OP 方法。

2. 环境分权变量（edec）

现有有关环境分权的测度多数采用的是财政分权指标作为代理变量，但是由于环境保护的特殊性，财政联邦主义不能很好地代替环境联邦主义（陆远权和张德钢，2016）。而且我国环境管理体制发展的历史路径依赖性，沿用传统的财政分权也不能客观地体现我国环境分权的变化历程，同时还有可能掩盖我国环境体制中的结构问题。因此，参照祁毓 等（2014）的做法，运用不同级次政府环境保护部门的人员分布特征来度量环境分权，这样的做法有着较强的适用性和可行性。一是不同层级政府间环境管理人员的配置能够反映我国环境管理制度的核心内容，是我国政治体制的体现，二是环境分权本身就是一种管理体制的分权，利用人员分布能够反映管理体制的本质。但是为了确保环境分权变量以及实证结果的有效性，在进行稳健性检验时本书还是选择了财政分权指标作为环境分权变量的代理变量进行分析。具体依据不同级次政府环境保护部门的人员分布特征来度量环境分权计算公式如下：

$$edec_{jt} = \left[\frac{(LEPP_{jt}/POP_{jt})}{(LEPP_t/POP_t)} \right] \times \left[1 - (GDP_{jt}/GDP_t) \right]$$

$LEPP_{jt}$ 表示 j 省第 t 年的环保系统人员数量，POP_{jt} 表示 j 省第 t 年的人口数量，$LEPP_t$ 表示全国第 t 年的环保系统人员数量，POP_t 表示全国第 t 年的人口数量，GDP_{jt} 表示 j 省第 t 年的人口数量国内生产总值，GDP_t 表示第 t 年的全国国内生产总值。

3. 控制变量

除了环境分权变量之外，影响经济高质量发展的变量还有很多，尤其是企业和地区层面的因素，本书在关注环境分权主要变量的同时，在实证分析中加入了企业和地区层面的控制变量。主要的控制变量包括：①企业规模变量（sca），具体用数据库中的年末从业人员合计进行度量；②企业沉没成本变量(sco),参考孙浦阳 等(2013)做法,具体用数据库中的资本与劳动的比率进行度量;③企业补贴收入变量(sub),参考孔东民 等(2013)做法,具体用数据库中的补贴收入总额与企业销售收入的比值进行度量;④企业盈利能力变量(pro),具体用数据库中的企业利润总额与企业资产总值(利用数据库中的流动资产、长期投资、固定资产和无形及递延资产加总算的)的比值进行度量;⑤企业工资水平变量(wag),具体用数据库中的企业应付工资总额与年末从业人员合计的比重进行度量;⑥企业成立时间(age),具体用样本分析当年年度与企业开工时间的差值进行度量。

(三)描述性统计分析和相关性分析

表 11-1 中列出了本章主要的变量描述性统计分析值,主要包括平均值、最大值、最小值和标准差。

表 11-1　主要变量的描述性统计分析

变量	平均值	最大值	最小值	标准差
GZL_LP	3.133	6.472	0.781	0.943
GZL_OP	3.143	6.427	1.357	0.814
$edec$	1.102	1.226	1.034	0.643
sca	241.2	101264	9	583.1
sco	63.05	34502	0	165.4
sub	0.0036	114	0	0.133
pro	0.712	33542	−7336	38.13
wag	11.37	21843	0.0004	21.58
age	9.65	107	1	10.84

表 11-2 中列出了主要解释变量间的相关系数大小,从表 11-2 中每个变量之间的相关系数来看,相关性都是比较小的,相关系数的具体数值的绝对值都没有超过 0.2,可以得到主要解释变量之间没有明显的相关性。同时计算了变量 VIF 数值的平均值来检验是否存在多重共线性的问题,VIF 数值的平均值为 1.07,由于 0<1.07<10,所以估计方程不存在

多重共线性问题。

表 11 - 2　主要变量的相关性分析

变量	$edec$	sca	sco	sub	pro	wag	age
$edec$	1						
sca	0.0115**	1					
sco	0.0008	−0.0027**	1				
sub	0.0062**	0.0039**	0.0023**	1			
pro	−0.0004	−0.0012	−0.0055**	−0.0003	1		
wag	−0.0078**	−0.0036**	0.0948**	−0.0007	0.0024**	1	
age	0.0605**	0.1909**	−0.0331**	0.0166**	−0.0049**	−0.0312**	1

注:** 和 * 分别表示 1% 和 5% 的显著性水平下显著。

四、实证分析

(一)基本估计结果

1. 总样本估计结果

本书使用的是我国 10 年的工业企业数据库构成的面板数据,微观样本数量巨大,因此异方差可能是需要重视的问题,本书在估计过程中参考 Gow et al.(2010)的做法,使用 cluster(聚类)调整面板数据标准误,具体选择按地区(省份)聚类来调整面板数据标准误。面板数据估计方法的选择采用 LR检验进行判别,在随机效应模型、固定效应模型与混合 OLS 模型之间进行选择,通过 LR 检验发现混合 OLS 模型都要劣于随机效应和固定效应。因此后续的估计中不利用混合 OLS 模型进行估计。而在随机效应模型和固定效应模型的选择上采用 Hausman 检验进行检验,并且检验结果报告在估计结果的表格中。为了进行比较分析,本书分别对 GZL 的 LP 法和 OP 法进行实证检验。

表 11 - 3 和表 11 - 4 的估计结果分别利用 LP 法和 OP 法测算 GZL 并作为因变量,在具体估计过程中逐步依次加入控制变量进行估计。从表

11-3和表11-4的估计结果可以看到,本书主要关心的环境分权变量的一次项的估计系数在1%的显著性水平下都为显著的正值,二次项的估计系数在1%的显著性水平下都为显著的负值。这说明环境分权对经济高质量发展的影响存在一个拐点,在环境分权程度到达拐点之前,环境分权程度的提升能够显著地促进经济高质量发展的增加,但是当环境分权程度的增加逐渐拐点时,环境分权对经济高质量发展的提升作用在下降,当到达拐点时作用将为零。当环境分权程度越过拐点后,环境分权将会抑制经济高质量发展的增长。因此,表11-3和表11-4中环境分权变量一次项和二次项的估计系数,验证了前文中提出的研究假设,即环境分权与地区内的经济高质量发展之间存在一种倒U型的关系。对地方政府部门来说,适度的环境分权有利于当地经济高质量发展的提升,尤其是落后地区,这与变相的地方政府保护,促进产业结构升级获取竞争优势实现地区赶超的初衷是相符的。但是,程度过高的环境分权或者不合理的环境分权,造成地方市场的保护壁垒过大,则会成为短视之举,违背了地方环境保护和国家环境分权的初衷。

从表11-3表11-4中控制变量的估计结果来看,企业规模变量的估计系数显著为正,这表明在我国制造业行业中企业规模与经济高质量发展之间有正向作用。企业沉没成本变量的估计结果为显著的负值,这表明企业沉没成本的增加阻碍了经济高质量发展的提升,主要是由于沉没成本的增加会提高新企业的进入成本,行业中现有企业受到的威胁不够,采取技术创新提升经济高质量发展的动力不足。企业补贴收入变量的估计结果为显著的负值,这说明政府给企业提供的各种补贴对经济高质量发展的提升并没有起到政府预期的效果,原因可能是补贴可能会使得那些按照市场规律需要退出市场的企业并没有退出,从而阻碍了整体经济高质量发展的提升。企业盈利能力变量的估计结果为显著的正值,这表明企业的盈利能力对经济高质量发展的提升具有促进作用,主要是由于企业盈利能力的增加能够改善企业的现金流,促进企业的转型升级。企业工资水平变量和年龄变量在表11-3和表11-4中具有不同的显著性,甚至符号都发生了变化,这表明这两个变量对经济高质量发展的影响是不稳定的。

表 11－3　总样本估计结果

	(1) GZL_OP	(2) GZL_OP	(3) GZL_OP	(4) GZL_OP	(5) GZL_OP	(6) GZL_OP	(7) GZL_OP
$edec$	5.0069** (7.65)	5.0864** (7.61)	5.0319** (7.69)	5.0618** (7.75)	5.0451** (7.72)	5.0713** (7.78)	5.0028** (7.67)
$edec^2$	−24.758** (−9.33)	−24.432** (−9.30)	−25.599** (−9.49)	−26.006** (−9.44)	−25.899** (−9.42)	−26.676** (−9.52)	−25.316** (−9.41)
sca		2e−06** (2.86)	2e−06* (2.20)	2e−06* (2.19)	2e−06* (2.22)	2e−06** (2.85)	2e−06** (2.82)
sco			−0.0001** (−6.85)	−0.0001** (−6.88)	−0.0001** (−6.88)	−0.0001** (−6.46)	−0.0001** (−6.39)
sub				−0.0361** (−3.46)	−0.0360** (−3.48)	−0.0352** (−3.75)	−0.0352** (−3.76)
pro					0.0001* (2.15)	0.0001* (2.14)	0.0001* (2.15)
wag						0.0011 (1.85)	0.0011 (1.85)
age							−0.0016 (−5.39)
$Hausman$ 检验	1107.61	1248.50	1036.23	1027.83	1018.78	1367.02	1171.08
P 值	0.0000	0.0000	0.0000	0.0000	0.0000	0.0000	0.0000

注：表中括号内的数值为检验的 t 值，** 和 * 分别表示 1％ 和 5％ 的显著性水平下显著；每个估计模型中都对地区、行业和时间变量进行了控制。下表同。

表 11－4　总样本估计结果

	(1) GZL_LP	(2) GZL_LP	(3) GZL_LP	(4) GZL_LP	(5) GZL_LP	(6) GZL_LP	(7) GZL_LP
$edec$	7.4306** (9.63)	7.1634** (9.04)	7.1739** (9.06)	7.1711** (9.06)	7.1617** (9.02)	7.1733** (9.09)	7.1814** (9.10)
$edec^2$	−79.086** (−12.82)	−74.306** (−12.22)	−74.524** (−12.25)	−74.427** (−12.23)	−74.316** (−12.20)	−74.770** (−12.29)	−75.053** (−12.31)

（续表）

	(1) GZL_LP	(2) GZL_LP	(3) GZL_LP	(4) GZL_LP	(5) GZL_LP	(6) GZL_LP	(7) GZL_LP
sca		0.0001^{**} (7.87)	0.0001^{**} (7.81)	0.0001^{**} (7.81)	0.0001^{**} (7.79)	0.0001^{**} (7.79)	0.0001^{**} (7.77)
sco			$-4e-06^{**}$ (-3.11)	$-4e-06^{**}$ (-3.13)	$-4e-06^{**}$ (-3.15)	$-6e-08^{**}$ (-3.74)	$-6e-08^{**}$ (-3.74)
sub				-0.0303^{**} (-3.05)	-0.0303^{**} (-3.05)	-0.0309^{**} (-3.11)	-0.0310^{**} (-3.11)
pro					0.0001^{*} (2.35)	0.0001^{*} (2.38)	0.0001^{*} (2.38)
wag						0.0012^{**} (2.98)	0.0012^{**} (2.98)
age							0.0002 (1.66)
Hausman 检验	5120.38	4075.13	2703.17	2686.84	2675.05	1801.41	2524.82
P 值	0.0000	0.0000	0.0000	0.0000	0.0000	0.0000	0.0000

2. 不同所有制企业样本的估计结果

不同所有制企业受到环境规制的程度不同,而且不同所有制企业治理机制不同,因此,在本部分中将分析不同所有制企业下本书的假设是否成立。具体来说按照《中国工业企业数据库》中的企业登记注册类型字段,将企业类型分为国有企业、外资企业和民营企业三种类型,分别对每种类型子样本进行验证,在对经济高质量发展进行测算时,仍然按照 LP 法和 OP 法分别进行估计。不同所有制企业样本估计结果见表 11-5 所列。

从表 11-5 的估计结果可以看到,国有企业、外资企业和民营企业三个不同所有制样本中,环境分权的一次项估计系数都是显著的正值,二次项系数均为显著的负值,这一估计结果表明在不同所有制子样本中本书的假设依然是成立的,环境分权与地区内的经济高质量发展之间在任何类型的所有制企业中均存在一种倒 U 型的关系。这一估计结果与表 11-3 和表 11-

4 总样本的估计结果是一致的,环境分权对经济高质量发展的影响并不会因企业所有制结构的差异而产生不同,这进一步说明了前文实证分析验证假说的稳定性。控制变量在不同所有制企业间显著性和符号变化较大,但本书主要关注的是环境分权变量,所以对控制变量就不再一一分析。

表 11-5 不同所有制企业样本估计结果

	国有企业		民营企业		外资企业	
	(1) GZL_LP	(2) GZL_OP	(3) GZL_LP	(4) GZL_OP	(5) GZL_LP	(6) GZL_OP
$edec$	5.4483** (7.20)	4.6080** (4.90)	11.8065** (8.75)	7.2746** (5.80)	2.0860** (2.99)	2.0961* (2.15)
$edec^2$	−48.405** (−12.02)	−26.082** (−5.44)	−97.222** (−8.04)	−95.202** (−5.32)	−58.136** (−3.39)	−68.102** (−3.84)
sca	0.0001** (3.83)	−7e−08 (−0.04)	0.0003** (9.01)	3e−05 (0.33)	0.0002** (4.08)	1e−07 (1.57)
sco	−0.0001** (−3.06)	−0.0002** (3.09)	−2e−05 (−0.64)	−0.0002** (−3.15)	−0.0001** (−4.01)	−0.0001** (−3.59)
sub	−0.0414** (−2.96)	−0.0334** (4.01)	−0.0112 (−0.84)	−0.0346 (−1.58)	−0.0773 (−1.21)	−0.1801 (−1.39)
pro	0.0001 (1.38)	0.0001 (1.00)	0.0004* (2.05)	0.0014 (1.40)	0.0003 (1.45)	0.0010 (1.30)
wag	0.0034** (3.30)	0.0047** (3.18)	0.0017 (1.58)	0.0011 (1.08)	0.0012 (1.34)	0.0010 (1.15)
age	−6e−8 (−0.00)	−0.0015** (−4.56)	0.0014** (4.27)	0.0002 (0.24)	0.0021 (1.70)	0.0021 (1.40)
Hausman 检验	1059.15	3302.72	2800.05	560.88	408.82	408.31
P 值	0.0000	0.0000	0.0000	0.0000	0.0000	0.0000

(二)稳健性检验

1. 环境分权替代变量的稳健性检验

为了使研究结果更加稳健,本部分中采用财政分权指标作为环境分权的另一种度量方法进行实证检验。在实证分析过程中除了考察总样本之外,还按照李强和郑江淮(2013)的做法,把制造业行业分为劳动密集型和资本与技术密集型两类总样本,分别进行实证检验,仍然按照 LP 法和 OP 法分别进行估计。环境分权代理变量的稳健性检验结果见表 11－6 所列。

从表 11－6 的估计结果可以看到,总样本、劳动密集型企业和资本与技术密集型企业三个不同样本中,环境分权变量的估计系数与前面的估计结果相比,虽然发生了很大的变化,但环境分权的一次项估计系数均为显著的正值,二次项系数均为显著的负值。这一估计结果表明用财政分权作为环境分权的代理变量后,无论在总样本还是不同要素密集型企业的子样本中,本书的假设依然是成立的,即环境分权与地区内的经济高质量发展之间均存在一种倒 U 型的关系,而且不同要素密集度企业样本中同样存在这种关系。而且环境分权对经济高质量发展的影响并不会由于度量变量的变化和企业要素投入禀赋结构的差异而产生不同,这进一步说明了文中实证分析验证假说的稳定性。控制变量在不同所有制企业间显著性和符号变化较大,但本书主要关注的是环境分权变量,所以对控制变量就不再一一分析。

表 11－6　环境分权代理变量的稳健性检验结果

	总样本		劳动密集型企业		资本和技术密集型企业	
	(1)	(2)	(3)	(4)	(5)	(6)
	GZL_LP	GZL_OP	GZL_LP	GZL_OP	GZL_LP	GZL_OP
$fedec$	0.2942**	0.2863**	0.2838**	0.2807**	0.2882**	0.3129**
	(7.07)	(9.83)	(8.61)	(5.25)	(8.77)	(5.10)
$fedec^2$	−0.0544**	−0.0517**	−0.0564**	−0.0534**	−0.0534**	−0.0540**
	(−3.20)	(−2.94)	(−4.37)	(−3.72)	(−3.44)	(−5.18)
sca	0.0002**	$2e-05$**	0.0002**	$2e-05$*	0.0001**	$3e-06$
	(7.78)	(3.04)	(3.43)	(2.09)	(7.86)	(0.62)
sco	−0.0001**	−0.0002**	−0.0001*	−0.0002**	−0.0001**	−0.0002**
	(−4.00)	(6.80)	(−2.42)	(−4.24)	(−3.64)	(−4.76)
sub	−0.0417**	−0.0456**	−0.0228	−0.0385**	−0.0526**	−0.1085*
	(−3.15)	(4.76)	(−1.82)	(−5.75)	(−3.99)	(−2.19)

（续表）

	总样本		劳动密集型企业		资本和技术密集型企业	
	(1) GZL_LP	(2) GZL_OP	(3) GZL_LP	(4) GZL_OP	(5) GZL_LP	(6) GZL_OP
pro	0.0001* (2.37)	0.0001* (2.13)	0.0001* (2.03)	0.0001 (1.77)	0.0002* (2.11)	0.0001 (1.46)
wag	0.0034** (3.30)	0.0022 (1.85)	0.0025* (2.33)	0.0026 (1.42)	0.0020 (2.13)	0.0019 (1.34)
age	0.0005** (3.40)	−0.0014** (−6.02)	0.0007** (3.42)	−0.0010** (3.24)	0.0005* (2.26)	−0.0015** (−4.50)
Hausman 检验	5008.05	6855.12	3743.08	2135.00	6057.57	3435.58
P 值	0.0000	0.0000	0.0000	0.0000	0.0000	0.0000

注：fedec 表示用财政分权指标作为环境分权变量的代理变量。下表同。

2. 工具变量法稳健性检验

为了使实证检验剔除掉由于估计方程和估计方法自身缺陷导致的估计偏差，例如方程可能存在的内生性问题等，本部分采用工具变量法进行稳健性检验。同时估计方程不可避免地存在异方差问题，在具体估计方法中使用 GMM 法作为回归方法。工具变量进行稳健性检验时，如何合理准确的选择工具变量是至关重要的，参考大部分文献中工具变量的选择方法，以环境分权变量的一期滞后变量作为工具变量。为了保证估计的稳健性，在本部分估计中还加入了财政分权变量作为环境分权变量的替代变量，依然选择其滞后一期作为 GMM 估计中的工具变量。GMM 法估计结果见表 11 - 7 所列。

从表 11 - 7 中对工具变量的各种检验来看，工具变量是合理和有效的。具体来说，Kleibergen - Paap rk Wald 的 F 值均超过了 5% 显著性水平的临界值，则可以明确拒绝工具变量存在弱识别的原假设；Kleibergen - Paap rk LM 检验的 P 值都为零，则可以明确拒绝工具变量存在识别不足的原假设，表明工具变量选择是非常有效的。

从表 11 - 7 的前两列可以看到，无论是用 LP 法还是 OP 法测算经济高质量发展,虽然和前面的估计结果相比显著性有所下降,但是环境分权变量一次项的估计系数在5%的显著性水平下为显著的正值,二次项的估计系数在5%的显著性水平下为显著的负值。这仍然表明环境分权与地区内的经济高质量发展之间存在一种倒U型的关系,这一结论与前文的表11-3到表11-5的结论是一致的,说明了实证分析对理论假设的验证是稳健的。表11-7中的后两列用财政分权作为环境分权变量的代理变量的一次项的估计系数在1%的显著性水平下为显著的正值,二次项的估计系数在1%的显著性水平下为显著的负值,采用工具变量GMM法的估计结论与表11-6的结果是一致的。这也从另一个角度证明了环境分权与地区内的经济高质量发展之间存在一种倒U型的关系的稳健性,理论研究假设得到进一步证实。

表 11-7　GMM 法估计结果

	(1) GZL_LP	(2) GZL_OP	(3) GZL_LP	(4) GZL_OP
$edec$	41.2634* (2.28)	43.3108* (2.36)		
$edec^2$	−44.133* (−2.40)	−53.772* (−2.72)		
$fedec$			0.6322** (7.05)	0.6313** (4.00)
$fedec^2$			−0.1140** (−8.53)	−0.1159** (−4.46)
sca	0.0004** (4.85)	0.0001** (4.07)	0.0004** (4.18)	0.0001** (4.26)
sco	−0.0005** (−3.11)	−0.0004** (3.90)	−0.0004** (−4.19)	−0.0004** (−5.06)
sub	−0.1228** (−3.00)	−0.3174** (3.19)	−0.1301** (−2.99)	−0.4480** (−3.25)
pro	0.0003* (2.40)	0.0001 (1.81)	0.0003* (2.39)	0.0001* (2.13)

（续表）

	(1) GZL_LP	(2) GZL_OP	(3) GZL_LP	(4) GZL_OP
wag	0.0066 ** (3.07)	0.0068 (1.62)	0.0063 ** (3.03)	0.0068 (1.62)
age	−0.0035 ** (7.02)	−0.0063 ** (−3.71)	0.0039 ** (3.46)	0.0054 ** (4.05)
$Kleibergen-Paap\ rk$	3388.66	1262.03	238205	178452
LM 检验 P 值	[0.0000]	[0.0000]	[0.0000]	[0.0000]
$Kleibergen-Paap\ rk$	281.205	26.4305	468359	270450
$Wald$ 检验 F 值	{7.02}	{7.02}	{7.02}	{7.02}

五、简要结论

本章在一个企业生产率提升的决策模型基础上,将本地区的环境分权因素引入模型中,在垄断竞争的环境中分析环境分权对本地经济高质量发展提升决策的影响。接着利用《中国工业企业数据库》2006—2015 年的数据,实证分析了环境分权对地区经济高质量发展的影响,理论和实证研究发现,环境分权与地区经济高质量发展之间存在一种倒 U 型的关系,即当环境分权导致的市场壁垒程度处于较低强度时,环境分权能够促进经济高质量发展的提升;反之,当环境分权导致的市场壁垒程度超过一定强度时,环境分权则会抑制经济高质量发展的提升。本章还通过分样本、替代变量以及实证检验方法进行稳健性检验,结论依然是十分稳健的。

本章研究结论表明,特定强度下的环境分权能够提升地区内企业的经济高质量发展,特定强度下的环境分权符合当地政府的利益诉求,研究结论为地方政府制定地区的环境规制政策提供了一个理论和实证的微观解释。尽管特定强度下的环境分权符合地方政府的需求,但从国家的角度来说,环境分权会阻碍国内统一市场的形成,产生市场机制的扭曲,带来地区间资源配置效率的下降。因此,未来在加强环境保护和地区环境保护公共服务上,如何保证环境分权的强度处于一个适度程度,在保证促进经济高质量发展提升的同时消除其负面影响是一个亟待解决的问题。

基于本章理论和实证分析结论,提出如下几点建议:

第一,推动中央与地方之间有关环境管辖权和事务权的结构性改革

我国环境事务的内部体制结构和环境管理制度的产生背景,使得中央与地方之间环境公共服务的权利划分必须分类对待。根据文章的实证结论,笔者认为我国的环境管理集权程度还可以进一步提高,特别是要加大中央环境事务中的支出和职责范围。正如尹振东(2011)所提出的"以垂直管理体制为代表的集权体制在实现地方监管部门否决坏项目上优于属地分权管理体制,能够减弱地方政府的干扰"。因此,在环境管理上适当的垂直管理可能是更加适合的。尤其是环境监测的权利,应该进一步地归属中央管理,这样能够使得环境监测数据具有更好的权威性和统一性,但在国家层面上要保证环境监测数据的公开透明。在环境规划、环境教育以及环境投资等环境行政管理权上应当给予地方政府充分的自主权,这样可以发挥地方政府在信息方面的优势,提高地方政府的环境服务提供能力。

第二,我国不同地区间要体现出环境分权程度的差异化

东部地区由于相对开放的经济环境和经济体制,对东部地区可以提高环境分权的下放力度,更好的发挥东部地区的资金、人才和技术优势,提高环境分权对经济高质量发展的促进作用。鉴于中西部地区生态环境的重要性和脆弱性,中央政府应该进一步加大对中西部地区的环境干预和介入力度,并从环境基础设施建设、环境基础监测能力和环境监察事务方面给予更大程度的政策倾斜,逐步形成中央政府和西部地区共建生态屏障的格局。

第三,建立环境分权改革的相关配套政策

配套政策要做到使环境分权处于适度规模,既要达到激励地方政府进行环境规制又要对其起到约束作用。具体来说,激励措施包括建立跨区域的生态补偿机制,同时提高均衡性转移支付在整体转移支付中的比重,提高生态环境保护和基本公共服务的分配权重。约束措施包括要对不同功能区进行细化,建立差异性的功能区环境考核机制,降低考核的外部性;在重点环境保护区要强化环境分权,同时加强考核,避免环境分权变相成为一种地区保护措施。

第四篇

经济结构调整引领我国经济高质量发展的政策

第十二章 经济结构调整引领经济高质量发展的制度安排

一、经济结构转向中高端的目标

我国经济进入新常态下,经济高质量发展有两个目标,一是经济增长速度转向中高速,二是经济结构转向中高端。就结构和速度的关系来说,根据库氏的分析,结构调整对速度有推动作用。现代经济增长的高速度是可以达到的,只要所需的经济结构的转移不致被劳动力、资本和人们的反抗及老常规中的资源所阻碍。[①] 这意味着,中高速增长速度依赖于经济结构向中高端转型升级。

经济结构转向中高端的必要性在于,虽然我国的 GDP 总量达到世界第二,人均 GDP 也达到了中等收入国家的水平,但与发达国家相比,我国的经济结构水准仍然处于低端,带有低收入发展阶段的特征:第一,我国制造业比重过大,不仅是高消耗、高污染行业偏多,资源、环境供给不可持续,更为突出的问题是资源环境承载力已经达到或接近上限,难以支撑如此大规模的制造业。第二是服务业比重太低,难以满足进入中等收入发展阶段后人民群众的更高需求。第三是制造业的科技含量和档次低。美国等发达国家是在飞机制造、特种工业材料、医疗设备、生物技术等高科技领域占据更大份额,我国是在纺织、服装、化工、家用电器等较低的制造业科技领域享有领

---

① 库兹涅茨:《现代经济增长》,北京经济学院出版社 1989 年版,第 138 页。

先地位。第四是中国制造部分处于价值链低端,高科技产业的核心技术和关键环节不在我国的居多,中国创造部分少,品牌也是用外国的多,由此产生高产值、低附加值问题。

1. 产业类型的中高端

经济结构从低端向中高端转变是指通过产业创新与向高附加值经济结构的转换,来提高经济总体增长率或生产率的现象,实际上是指经济结构的知识集约化和经济服务化,使得产业具有更高的附加价值。经济结构从低端向中高端转变意味着经济活动的中心转移到高附加值产业,即向高技术产业的转变与主导产业的创新。经济结构从低端转向中高端的一般表现为:第一,高加工度化,即经济结构表现为以原材料产业为中心向以加工组装工业为中心转变的趋势;第二,高附加值化,即经济结构表现为向附加值高的部门转变的趋势;第三,技术集约化,即产业资源结构趋向于以技术为主体的演进过程;第四,经济结构软件化,即知识和技术日益进入到产业生产活动中,从而对管理、技术和知识等"软要素"的依赖度大大增强([韩]李贤珠,2010)。

2. 全球价值链的中高端

全球价值链是指为商品或服务价值的实现,连接生产、销售、回收处理等过程的全球性跨企业网络组织。它涉及从原料采集和运输、半成品和成品的生产和分销,直至最终消费和回收处理的整个过程。它包括所有参与者和生产销售等活动的组织及其价值、利润分配。当前,散布于全球的、处于全球价值链上的企业进行着从设计、产品开发、生产制造、营销、出售、消费、售后服务、到最后循环利用等各种增值活动。我国产业目前具有一定国际竞争力的环节集中于产品制造环节,而在设计开发、服务和管理、品牌和国际营销等几个增值空间较大的环节,我国大多数企业还处于竞争劣势,在全球产业链中尚处于最低端。经济结构转向中高端体现在全球价值链上有三个层面:第一,将产品全球价值链链条拉长,既包括上游研发设计,也包括下游流通营销、品牌创新和维护活动一系列生产活动的环节,由于生产阶段本身的特性决定了其增值能力低,当平均收益长期低于边际成本时,企业不得不转移这些环节,重新组合生产要素,进入增值能力强的价值环节。微笑曲线表明,上游的研究开发和关键零部件以及下游的品牌和营销两端走,增值潜力和空间越大,因为两头是资本技术密集型环节。处于中间的加工制造环节增值空间最小,因为中间环节是劳动密集型环节。具体的全球价值链的中高端:①沿着产品分工链向上游延伸,从最后工序开始往前推,循着简单加工组装→复杂加工装配→关键零部件配套生产→主要原材料和技术设备的加工生产→产品研发的轨迹;②沿着产品分工链向下游延伸,循着简单加工组装→总装→销售→售后服务→渠道网络的建设→品牌的维护。第二,同一产业内产品结构的升级是指同一产业内依据要素密集度的不同可以将产品分为技术密集型产品、资本密集型产品、劳动密集型产品。通过技术创新或市场调整,企业可以实现从劳动密集型产品→资本密集型产品→技术密集型产品渐进式升级或跨越式升级;第三,依据不同的要素密集度可以将制造业划分为劳动密集型产业、资本技术密集型产业、技术密集型产业,不同要素密集度产业间升级是指产业由劳动密集型产业→资本密集型产业→技术密集型产业渐进式升级或跨越式升级,实质是离开分工水平低、利润率低的产业,进军分工水平高、利润率高的产业(刘志彪和张杰,2007)。

3. 绿色化的中高端

我国不仅是世界上最大的发展中国家,也是经济增长最快的工业化国家,选择绿色的产业发展道路相比较而言是一种更加理性的选择。"高碳经济"体系下,以化石能源为依托,形成了诸如石化、钢铁、建材、航空、电子、汽车等化石能源密集型的工业部门。伴随经济快速增长而来的是巨大的能源消耗需求,我国的碳排放量不断上升,不仅在国际发展空间上处处受到发达国家的排挤,而且给本国的资源以及环境带来巨大的压力。建立在对化石能源清洁利用以及不断开发再生能源基础上的低碳工业化代表了发展中国家未来工业化发展的方向。绿色化的中高端指的是国民经济的基本生产函数,实现从"高碳"向"低碳"的连续性突破性转变,使低碳的生产方式与低碳产业逐步取代高碳的生产方式和高碳产业的过程,通过低碳式的发展,超越传统的产业发展道路,实现跨越式的发展。

绿色化的经济结构中高端至少含有三层含义:一是整体产业部门中,高碳产业的比重下降,低碳产业的比重提升,高碳产品减少,低碳产品增多;二是高碳产业低碳化;三是新兴产业不断壮大发展。经济结构绿色化的中高端是依托技术创新,经济结构不断优化的结果,最终将形成以经济效益和生态效益双优的产业部门为主导的工业结构,形成经济增长和环境保护和谐发展的局面(万宇艳,2011)。

经济结构绿色化迈向中高端的核心在于经济结构的成功转变,目前我国经济运行中结构性矛盾越来越突出。一系列的问题如经济增长速度快而质量不高;能源消耗量巨大而利用效率不高;气候环境问题日益凸显等对我国的进一步发展构成了制约。即使考虑到经济规模不变、技术水平不变、产业类别不变的情况下,不同的经济结构产生的碳排放量也必然不同。加之国际上我们所面临的碳减排压力,产业绿色化必然要求我们对工业结构进行科学的调整,扩大低碳效应,推动经济结构向技术含量和附加值双高、社会效益与经济效益双优的方向转变,最后达到工业的整体节能减排。

二、我国经济结构处于中低端的制度原因

1. 处于中低端的经济结构的刚性

日本及"亚洲四小龙"的发展经验表明,通过国际代工向跨国公司进行学习从而促进技术进步,是后进国家和地区实现产业升级和经济腾飞的重要发展途径。二十世纪八十年代,随着日本、韩国、我国的香港和台湾地区等企业品牌销量的不断增加,这些品牌企业的利润越来越受到其产能短板和日益高涨的劳动力成本的约束,产业转移从而成为这些企业提升国际竞争力和持续发展的迫切要求。而刚刚改革开放的中国,正走在从计划经济逐步向市场经济转型过渡的道路上,从土地中解放出来的大量农业人口成为廉价产业工人的主要来源,再加上招商引资政策的鼓励,中国东南沿海地区成为国际产业转移的最佳对象,从而逐渐演变成重要的国际代工基地,对中国经济的快速增长与工业化都做出了巨大贡献。

近年来,在原材料和劳动力成本上升、人民币持续升值、国内外新标准的苛刻化以及加工贸易限制新政的调整等"四重咒"下,"中国制造"集体走向微利时代已是大势所趋,全球价值链在中国的经济发展史上正悄然走到了十字路口。经济结构从低端向中高端转变实现华丽转身,已是摆在中国经济结构面前的重大问题。然而,长期以来,中国的国际代工模式是依赖于劳动力和土地等低端生产要素的"依附性"代工,其核心竞争力主要体现在加工制造活动上,而缺乏足够的核心技术开发能力和品牌营销能力。因此

对于绝大多数中国代工企业特别是本土中小民营代工企业而言,通过寻求新的生产成本优势来源来降低制造成本,往往是其首选策略,从而在整个产业层面上表现为"宁往低处流不往高处走"的"低端经济结构刚性"现象,主要原因如下:

第一,我国产业价格定价权的缺失导致低端经济结构刚性。由于"中国制造"长期以来定价权的缺失,致使中国制造企业在参与国际竞争的过程中不自觉地采取了"价格战"策略。在富士康、伟创力、仁宝、比亚迪等"巨无霸"型的代工企业之间,为生存而相互争夺订单早已司空见惯,而且这些企业无一例外地都以牺牲自身利益为代价,来换取利润微薄的巨额订单。2006 年,富士康和比亚迪甚至还为争夺订单上演了一场名为"窃取商业秘密"的官司。一向关系良好的"鸿海"和"广达",也曾因争夺"苹果"订单而"大打出手"。2009 年初,广达集团负责"iPod touch"业务的资深副总裁被"鸿海"挖走,并一下子带走了数十位经验丰富的工程师。此后,"广达"则把"鸿海"已经到手的苹果"Mac Book"笔记本电脑订单抢了回来,并直接导致"鸿海"数位产品事业群总经理被撤换。据统计,珠三角代工企业绝大多数利润率不超过 10%,电子制造服务业平均毛利率自 2006 年的 6.2% 骤降到如今不足 3%,而净利润则不到 1%。类似地,"不惜代价"的低价竞争在纺织服装、鞋、玩具等行业中更是比比皆是(华夏经纬网,2013 - 06 - 13)。

第二,低端产业的转移减低向高端转变的压力导致低端经济结构刚性。在东部沿海地区综合成本不断高涨趋势下,通过将代工厂向中西部内陆地区及其他劳动力成本更为廉价的东南亚地区转移来进一步压缩成本,也成为许多东部代工企业谋求生存的出路之一。据亚洲鞋业协会的统计数据显示,在"世界鞋都"—东莞市的鞋企中,目前有 25% 左右到越南、印度、缅甸等其他亚洲国家设厂,有一半左右到中国内陆省份如湖南、广西、河南等地设厂,只有 25% 左右的企业目前还处于观望状态[①]。电子元件代工巨头"富士康"也正在离开原本熟悉的深圳,远赴运营成本、工人薪酬更低的内陆城市建立新的工厂,却不愿将品牌营销等向高端领域转型。

---

① 数据来源:中国皮革工业协会。

第三,品牌和技术创新能力不够导致低端经济结构刚性。在传统比较优势逐渐减弱的形势下,一些代工企业并不依靠自创品牌和发展核心技术来提高自己的盈利能力,而是通过为品牌厂商提供更多更优的服务,同时承担具有更高附加值的生产环节来提升竞争力。这方面最具有代表性的要数享有"世界鞋王"美誉的台湾宝成集团,其主要通过上游资源的纵向整合、与品牌客户互动来不断提高研发能力、制定完善的物流解决方案、采用"品牌隔离生产模式"为多品牌进行专用性投资等策略来提升自己的代工竞争力,与 Nike,Reebok,Adidas 等国际品牌企业建立稳定的信任合作关系,从而成为代工业的"常青树"。在东莞地区,也有许多 IT 代工企业,正设法从单纯的 OEM 向 ODM 转变,以寻求更大的代工利润空间和生存空间(姚洋和张晔,2008)。

当然,在代工微利困境逼迫下,不乏一些代工企业成功突围,实现了从国际代工到自有品牌的华丽转身,如"安踏""奥康""可儿娃娃"等自主品牌的崛起。但从总体来看,中国产业大多数还是徘徊于低附加值的代工环节,以较低的价格及较快的反应速度为国际品牌客户提供低成本的外包服务,从而形成低端经济结构刚性。

2. 片面追求 GDP 和资源错配

资源错配会使我国的经济结构产生刚性,我国的要素在低端产业和中高端产业部门间的流动并非完全无障碍,这种非均衡的部门间要素配置结果就会造成部门间产出和生产率差异,形成非均衡的经济结构,使得产业很难从低端向高端转变,从而形成低端经济结构刚性。中国目前存在着一个制度扭曲现象,正是由于这种特殊的制度安排鼓励了过度投资和区域间的过度竞争、重复投资,也造成了资源的配置方式不断与经济内在的禀赋结构相偏离,而与此同时,过低的要素价格为人为地为工业租金提供了方便,并以此不断地补贴低端产业,阻碍经济结构向中高端转变。诚然,人为降低要素的使用成本促进和维持了中国在工业化初期的高速增长,但这种增长并未以资源在产业间的优化配置为目标,在地方政府同质竞争和预算软约束的前提下,很难想象在存在行政干预的要素市场能够有效地将各要素配置到位,要素的流入并不满足经济结构向中高端转变的前提。

导致资源错配的诱因很多,从市场运行机制本身存在的缺陷看,不完全竞争市场结构导致企业加成的差异、调整成本阻碍技术冲击发生时资本的及时调整、就业市场存在的信号摩擦导致人力资本的错配、金融市场借贷双方信息不对称导致的信贷错配等都会导致 TFP 的损失。从政府对市场运行的干预看,行业存在的行政性进入壁垒、工会对经济衰退时期企业的自由裁员的阻碍、央行针对国有部门和非国有部门采取的非对称金融管制方式、政府对大企业和小企业设置的异质性税率也会诱导资源错配和 TFP 损失。尽管关于资源错配发生的原因学界不一而足,但最新文献更倾向于认为资源错配并不是单一因素作用下的结果,更多的是政治过程、制度安排、技术进步和资源配置(包括物质资本、人力资本、技术创新、自然资源)相互作用的均衡结果。

发展中国家普遍存在的针对特定市场(对产业关联性大的行业的政策偏向)和特定主体(对国有企业和正规部门的政策偏向)实施的有选择性的资金信贷配给政策会造成资源配置效率的降低,因为这意味着一部分高效率的非国有企业要么得不到足够的资金安排,要么被人为地排斥在一些存在高额垄断利润的行业之外。开放经济背景下,关税等贸易壁垒的存在也会影响资源配置效率。当不同行业面临的贸易壁垒不相同时,贸易壁垒低的行业比贸易壁垒高的行业更易被卷入到激烈的国际竞争中,在这个过程中,低效率企业会被挤出市场而潜在的高效率企业也会随之进入该市场,行业内的企业数量就会因为贸易壁垒的异质性而处于不断的动态变化中,造成资源的错配。

尽管自二十世纪九十年代以来,国企制度改革、户籍制度进一步放开等措施总体上有助于中国整体资源配置效率的改善,但因资源错配导致的总 TFP 损失仍有 20%,值得注意的是,阻碍要素自由流动的障碍不仅影响经济的产出总量及产出水平,还会对经济的生产前沿面产生影响,据测算,资源错配导致我国年均 GDP 增长率损失了 0.9 个百分点。造成各产业资源错配的原因也不尽相同。非农就业机会增加、农村金融信贷和土地规模化利用是影响农户资源配置效率的主要因素,尽管非农就业机会的增加可以改善农户的劳动配置效率,但考虑到资本配置效率存在的地区差异,现行制度下土地规模的调整可能是改善要素配置效率的更优解决方案。国企制度安排、地区分割对产品和要素自由流动的阻碍是造成制造业 TFP 损失的主要原因。

3. 地方保护导致优不胜劣不汰

第一,产品市场的地方保护。对商品流出的限制主要出现在供不应求的卖方市场条件下。流出限制有两种,第一种完全禁止或限制流出。一般由地方政府设立关卡,严防资源型产品流往外地,同时通过各种办法争夺其他地区的原材料。在原材料争夺战中,原材料产地地区具有明显的优势,才出现了这样的现象:非原材料产地拥有先进技术和设备的加工企业只能高价购进原材料维持生产,或停产;原材料产地一些低水平的企业满负荷生产。第二种费率控制,即由地方政府出台有关政策,向销往外地的本地资源征收一定的费用。流入限制主要出现在供过于求,处于买方市场条件下的产品和市场。进入九十年代,我国市场结构开始由卖方市场向买方市场转变,一些轻工产品供过于求,各地方政府纷纷制定政策,限制外地产品流入本地市场。地方保护主义的主要表现形式是限制过剩商品流入本地市场。不但产品受到地方保护主义的流入限制,服务市场也受到地方保护主义的流入限制。

第二,资本市场的地方保护。资本市场的地方保护主义表现在对资本进出的限制,限制本地资本流出本地市场;对外地资本进入本地某些领域进行限制。投资和消费是带动经济高质量发展的两驾马车,为了促进本地经济的发展,地方政府一般都是争相引进投资,留住优势企业,限制资本的流出。实际上,各地招商引资中的优惠政策也形成一种干扰资本自由进出的因素。资本的流入限制是比较少的,地方政府一般积极招商引资。资本的流入限制发生在少数垄断和准垄断行业,一般采取较隐蔽的方式。比如在不愿意让外地企业进入的领域,地方政府以环境保护、产业重点培育等缘由设置进入障碍,不批准外地企业的立项申请。在并购过程中,地方政府也在各方面加以干预,不愿失去控股权,还利用信息不对称,为外地企业进入设置障碍。

第三,劳动力市场的地方保护。我国长期存在的二元劳动市场使劳动力不能自由流动。改革开放后,二元劳动市场有所改变,农民进入城镇务工的人员增多,劳动力市场的自由流动增强。二十世纪九十年代中期以来,劳动力市场的供过于求越来越严重,各地纷纷出台政策促进本地居民的就业,同时,为外地劳动力流入本地设置障碍。2004 年,中央提出最大限度地提高农民收入,保护农民工的合法权益后,许多城市政府相继取消了一些对农民工的就业限制,并提出免收农民工子女的寄读费等政策,解除农民工的后顾之忧。但农民工的不平等待遇仍然存在,比如社会保险、社会福利、就业形式等方面,农民工与城市职工还有差距。变二元劳动市场为一元劳动市场还有很长的路走。在就业形势不乐观,地方政府就业压力增大的情况下,优先雇佣本地居民将会是地方政府近期内的选择。

第四,土地市场的地方保护。土地市场的地方保护主义主要表现在招商引资中的土地价格战。为了吸引投资,地方政府纷纷建立经济开发区,提供优惠政策;土地优惠批租、使用。至 1996 年底,全国经济开发区已超过5000 个。《国务院关于加强国有土地资产管理的通知》①规定,"各市、县人民政府要依法定期确定、公布当地的基准地价,切实加强地价管理";"各级人民政府均不得低于协议出让最低价出让土地"。协议出让最低价包括征地拆迁安置费用和国家土地所有权最低收益。制定这一政策的目的就是为了防止地方政府在出让土地使用权过程中,采取不正当竞争方式,随意压低地价,侵害农民利益,造成国家土地收益的流失。但是这一政策并没有有效地遏止土地批租中的价格战,只是使原来的显性价格战变成隐性价格战。地方政府再以奖励的方式将地款返还。有的投资商看到这一政策漏洞,玩起了"圈地运动"。在全国各地圈起 20 多个"软件园"的一家企业知情人士说"我们走的就是圈地—圈钱—圈人—圈项目的路线","空手套白狼"。在这家企业的"东部软件园",由于大量地皮闲置,正在发展"生态产业",进行草皮、花木的生产销售②。

4. 重复建设和重复投资的体制根源

重复建设和重复投资使出现严重产能过剩的行业普遍存在,但是在完全国有垄断、政府定价的行业(例如电力行业)或者基本进出自由、价格开放的行业(例如轻工业、餐饮业)都不容易出现产能过剩。这在一定程度上反映了政府在产能过剩中的助推作用,但是究竟是什么导致了政府的失灵,本

---

① 《国务院关于加强国有土地资产管理的通知》(国发〔2001〕15 号)。
② http://www.jixie.net/News/Detail—11173.html。

书认为主要还是在体制上：

第一，政策性介入破坏了市场经济常态。政府投资的政策性介入可能会带来负面影响，规制新企业的进入或引导部分企业的退出、对竞争进行限制、对企业的差别性保护，都有可能破坏竞争在改善资源配置中的基础性作用。体制上的根本性弊端扭曲了地方政府和企业的行为，才是导致重复建设和重复投资的主要原因。因而，以行政规制手段抑制产能过剩和重复建设的政策是缺乏依据的，也不能从根本上治理"重复建设"。竞争越有效，重复建设造成的经济损失就越小，国家采取的行政手段很难奏效，应该把着力点放在强化投资主体的利益约束机制和保持竞争的有效性方面。我国政府在制定抑制产能过剩的产业政策时以政府的判断和控制来代替市场的协调机制，具有强烈的计划经济色彩，即以政府对市场供求状况的判断以及对未来供求形势变化的预测来判断某个行业是否存在盲目投资或者产能过剩，并以此为依据制定相应的产能投资控制措施与目标，一些旨在抑制产能过剩的行业政策，凭借"提高市场集中度，避免过度竞争"的理由实则保护和扶持在位的大型企业（尤其是央企）（江飞涛和李晓萍，2010）。

第二，绩效考核与地方政府间竞争行为。我国的重复建设、产能过剩现象的根源在于政府行为，从政府角度解释重复建设应考虑两个环节，一个是讨论地方政府的内在驱动力（即为什么愿意投资），是不是明知道会造成一种重复建设的后果却还要引导该行业的投资；另一个是讨论地方政府在上述目标驱动下的行动能力（即如何干预地方投资行为）。政府绩效考核与官员晋升的体制不合理，在我国，决定官员晋升的主要因素是上级对下级的考核，就业、保持较高的经济增长速度成为主要衡量指标，地方政府追求任期内（短时间内）经济利益的最大化，这种政绩考核机制恰恰激励了地方政府的投资冲动行为。把现有的政绩考核制度比作地方政府间的 GDP 锦标赛，毕竟 GDP 是最易低成本显示的量化考核指标，追求高 GDP 意味着追求地方经济快速增长、财政收入增加、就业率上升，也会带来居民收入增加等多种对我国工业化和城市化进程有重要意义的其他指标增多（周黎安，2007）。地方政府的博弈行为最终导致了区域间经济结构的"同构化"，进一步形成了重复建设、产能过剩。

第三，模糊产权、制度缺陷和软预算约束。2004 年 7 月国务院发布《关于投资体制改革的决定》①(简称"《决定》"),在此之前,许多专家学者将不合理的或低水平的重复建设归因于以政府为主体的投资行为。但是近年来愈演愈烈的重复建设、产能过剩现象推翻了这一论断。本书认为,投资体制改革固然明确了企业的投资主体地位,规范了政府行为,但是地方政府的"引导投资方向"这一职能仍变相地为地方政府主导的重复建设提供了条件。在晋升锦标赛的行政基础下和财政分权的体制背景下,地方政府对经济资源(资金、土地、产业政策)的支配力及影响力巨大。生产要素市场包括土地市场、自然资源市场、资本市场等。要素市场不健全主要体现在价格机制的不健全,为企业内部成本外部化提供了制度上的可行性。新企业不断进入过剩的行业,其撒手锏就在于投资过程中获得了巨额补贴,包括土地、资金、环保各方面的优惠。模糊产权、制度缺陷主要表现在土地、环保方面,预算软约束,主要是资金供给方面,而这些都构成了企业成本,成本要素的扭曲最终形成生产的内部成本外部化,进而造成风险、收益主体不一致,加剧了盲目投资倾向(徐昌生,2006)。

5. 规制产业的低效益

产业规制通常是指在自然垄断和存在信息偏在的领域,为了防止发生资源配置低效率和确保利用者的公平利用,政府机关用法律权限,通过许可和认可等手段,对企业的进入和退出、价格、服务的数量和质量、投资、财务会计等有关行为加以规制。随着中央和地方分权过程及经济的迅速发展,掌握大量经济资源和行政权力的地方政府表现出滥用规制权力的倾向,实施了许多违背市场规律的行为,例如短期行为、税收上的涸泽而渔、过度规制、市场分割、保护落后产业等,这些都使得规制产业产生了低效益。

中国垄断行业经过多年的改革,生产效率有了一定程度的提高,但从总体上而言,垄断行业的生产效率还较低,这必然导致较高的生产成本。同时,在以成本加成为主导的价格机制下,垄断行业的产品或服务价格普遍较高,消费者要支付较高的价格。更为严重的是,一些垄断行业或垄断性业务凭借其垄断力量,获取高额垄断利润。以中国电信行业的手机漫游费为例,

---

① 《华南新闻》(2004 年 09 月 01 日,第三版)。

手机用户在外地拨打或接听电话就会产生漫游费。电信移动公司收取漫游费的主要依据是,手机异地漫游导致运营商增加对手机用户的管理费用,同时,手机漫游后造成运营商之间复杂的网间费用结算。有关电信专家认为,手机漫游的全过程,事实上只是网络传送几个由计算机自动生成的数据信息,其边际成本几乎接近于零。从国际比较看,在美国、澳大利亚等国,早已取消了漫游费;日本电信企业虽然收取漫游费,但收费标准很低;欧洲国家普遍较小,不但从未收过国内漫游费,连国际漫游结算费也正在被强制性取消。众所周知,从二十世纪九十年代以来,中国的移动通信业务是由中国移动和中国联通双寡头垄断经营的,在这两家移动运营商的各项业务收入中,漫游费一直是利润最为丰厚的一块,与极低的漫游成本相比简直是暴利,而暴利源于垄断,由于这两家移动运营商具有垄断力量(特别是中国移动一家独大),它们不会自动降低、更不会取消漫游费(张严方,2007)。

由于长期以来对规制产业缺乏激励约束机制,致使规制产业生产效率低下,缺乏国际竞争力;政府按照实际成本制定垄断行业价格,缺乏促使企业努力降低成本,提高生产效率的激励性价格形成机制,造成部分垄断行业的成本价格居高不下;一些垄断行业运用其垄断力量获得高额垄断利润。这些都致使广大消费者的利益受到严重损失。同时,由于对国有规制产业缺乏规范的收入分配制度,企业的垄断利润被不合理私分,垄断行业的收入水平大大高于全国平均收入水平,特别是一些国有规制产业管理层收入偏高问题已成为社会关注的焦点问题。所有这些造成垄断行业的生产效率和社会分配效率低下。而要从根本上解决这些低效率问题,必须深化垄断行业改革,以促进竞争和民营化为主要内容,提高垄断行业的生产效率;特别要处理好效率与公平的关系,使垄断行业的广大消费者都能享受到因改革和科学技术发展而带来的成果,不断扩大垄断行业普遍服务的覆盖范围,提高普遍服务的水平,以提高社会分配效率。有关资料表明,中国垄断行业职工的平均收入大多高于全国平均水平。据《中国统计年鉴2006》相关数据,2005年全国职工平均工资为18364元,而电力、燃气及水的生产和供应业职工平均工资为25073元,超出平均水平37%。电信和其他信息传输服务业职工平均工资高达36941元,超出平均水平101%。这里,垄断行业的高收入并不取决于其经营管理的高效率,而是由其行政垄断地位所产生。一个明显的例子便是,全行业亏损的邮政业,其职工平均工资也有 22321 元,超出平均水平 22%(王俊豪和王建明,2007)。

三、以制度创新推动经济结构从低端向中高端转变

1. 价值链替代,科技创新与产业创新衔接

人们往往把经济结构的调整看作是数字问题,也就是各个产业部门的比例问题。应该说数字和比例可以直观地观察一个国家或一个地区的经济结构水准,但是仅仅在数字上做本书就没有抓住经济结构调整的目标和重心。长期以来,服从于产业比例的结构调整,基本驱动力是投资结构,也就是以抑长补短的投资结构来进行结构调整,只是一种静态的调整,是一种不改变产业的基本水准的调整。我们今天所要进行的结构调整是要推进经济结构的高级化,是经济结构的根本性调整,是建立在产业创新基础上的转型升级。这意味着结构调整的基本驱动力要转向科技和产业创新。

现代经济增长的实践证明,先行国家的经济结构转型升级都是由在科学技术取得重大突破基础上的产业革命推动的。这意味着科学技术不仅是第一生产力,还是经济结构转型升级的第一推动力。技术革新及其成果的高速扩散是推动经济结构高度化的重要因素。没有科学技术的突破就不会有新产业的产生,没有新技术的扩散就不可能有经济结构整体水准的提升。我国的经济结构水准之所以长期处于低端,原因是已有的几次产业革命都同我国失之交臂,我国的产业创新只能是模仿和引进,跟随在发达国家后面。实践证明,模仿和引进,是后发国家提升经济结构的一条捷径,但只是模仿和引进,将永远落后于发达国家。现在中国经济高质量发展进入了新的历史阶段,一方面中国已经成为世界第二大经济体,具有了领先而不是跟随的科技和产业创新的经济实力。另一方面经济全球化、信息化、网络化为各个国家提供了均等的科技和产业创新的机会。在此背景下,我国完全可以通过科技和产业创新推动经济结构转向中高端。

我国的产业要进入世界前沿,需要解决三个认识问题。第一是比较优势不具有竞争优势。长期以来,我们把资源禀赋的比较优势作为一个国家和地区的经济结构的依据,这是现阶段经济结构转型升级的陷阱。拘泥于资源禀赋的比较优势,我国不可能缩短与发达国家的产业距离,更谈不上进

入世界产业前沿。因此产业创新应该由比较优势转向竞争优势,所谓产业竞争优势就是指:"一国产业是否拥有可与世界级竞争对手较劲的竞争优势"(波特,1996);第二是规模优势不具有价值链优势。我国的制造业只是具有规模的优势,没有价值链的优势,需要通过创新和新技术的应用进入价值链的高端,提高产业附加值;第三,模仿和引进不了高端。只有与发达国家进入同一创新起跑线才能进入高端。就如库兹涅茨所说,"科技和产业的时代划分是以许多国家所共有的创造发明为依据的。这是现代经济增长的一条特殊真理。"①这就是说,与发达国家进入共同的科技和产业创新领域,你研发新能源,我也研发新能源;你研发新材料,我也研发新材料;你研发生物技术,我也研发生物技术。不仅如此,还要把这些领域研发的新技术迅速转化为新产业,前瞻性的发展战略性新兴产业。这些都离不开自主的科技创新。

所谓创新,指的是新技术新发明的第一次应用。就如诺贝尔经济学奖得主费尔普斯的定义:"创新是指新工艺或新产品在世界上的某个地方成为新的生产实践。"②创新已经成为经济结构转型升级的原动力。就如熊彼特所说,创新是创造性毁灭。一个新技术、新产业出现就可能毁灭一个产业。例如:数码相机的产生毁灭了柯达为代表的使用胶片的相机制造业,2012年柯达这个拥有131年历史占据全球2/3的胶卷市场的老牌摄影器材企业,正式向法院递交破产保护申请。移动网络出现毁灭了传统的电报电话。这充分说明了产业创新对结构调整的革命性作用。产业化创新实际上是培育新的增长点。

就科技创新和产业创新的关系,在现阶段两者不是孤立进行的。科技创新是源头,产业创新是目的。如果说过去一项重大科学发现到产业上应用需要隔上数十年的话,那么现在的趋势是科技创新和产业创新几乎是同时进行的。因此,创新驱动经济结构转型升级的推动力,指的是科技创新的成果迅速转化为新技术、新产业,也就形成产业化创新。这就是2014年中央经济工作会议所指出的:创新要实,更多靠产业化的创新来培育和形成新的

---

① 库兹涅茨:《现代经济增长》。

② 费尔普斯:《大繁荣:大众创新如何带来国家繁荣》,中信出版社2013年版,第22页。

增长点,把创新成果变成实实在在的创新活动。

基于以上产业化创新对经济结构升级的引擎作用分析,可以对产业化创新的内涵做出规定。顾名思义,产业化创新包含创新和产业化两个方面:一是研发和孵化新技术、新发明的创新;二是新技术新发明的应用,即创业。产业化创新则是把两者有机地融合在一起。具体来说:

首先,应该通过制度建设的引导和制度环境塑造促进企业从模仿向自主创新转变,即制度建设要从对技术模仿创新的关注向重点关注技术自主创新转变。本土企业若要以更快的速度提升技术水平,不能过度依赖技术模仿,而要靠技术自主创新。但是,技术模仿虽然使得本土企业相对自己的过去而言以更快的速度提高技术水平,但仍旧不能缩小与外资企业的差距。对此,可以通过企业的培训制度建设,扩展他们开展技术自主创新活动的思路,鼓励企业从国内外、多种渠道获取技术自主创新的元素和灵感。

其次,应该通过制度建设引导各产业向技术水平的多元化发展,而不是鼓励产业内所有企业都一味地瞄准高精尖的技术定位,培育技术梯度更连续的市场。政府通过制度建设应该积极引导各产业向市场多元化的方向发展,鼓励产业内的企业基于自身的已有市场积极地往高端或者低端延伸,并避免产业内企业的同质化市场定位和垄断。

再次,应该通过合理的制度安排积极支持和培育各种研究开发机构,推动产业的技术自主创新更有效地开展。产业内企业的技术自主创新活动因为更容易招致同行领先企业的防御和警惕,因而不容易从技术自主创新活动中获益。但是研发机构的技术自主创新不会面临这一麻烦,对本土企业的技术追赶有着积极的作用。

最后,通过制度建设解决技术资源配置效率低下的问题。所有制结构中国有资产比重的提升,有利于本土企业缩小与外资企业在技术水平上的差距,但本土企业相对自身的过去而言并未表现出更高的技术发展速度。此外,在国有资本比重高的产业里,技术模仿创新并不能使本土企业以更快的速度提升技术水平,但是技术自主创新却可以使本土企业以更快的速度提升技术水平。这说明本土企业要进一步提升技术追赶的速度,需要更多地将注意力从技术模仿创新活动上向技术自主创新活动上转移。这也意味着政府需要鼓励本土企业进一步提高研发的投入,开展更多的针对市场的创新活动。

2. 凤凰涅槃,强化优胜劣汰的竞争机制

经济结构转向中高端的一个重要方面是夕阳产业和劣质企业被淘汰出局,其占用的资源转向新兴产业和优势企业,这些都是存量经济结构调整的内容。所谓存量结构调整,如马克思所说,是"以已经存在的并且执行职能的资本在分配上的变化为前提。"①存量结构调整的目标,就是通过优胜劣汰和资本流动及重组的过程使资本和资源向优势企业集中。要做到这一点需要通过改革来解决优胜劣汰和资本有效流动的制度障碍。经济结构调整也就是资源在各个产业部门配置比例的调整,市场决定资源配置就是指市场决定资源在各个产业部门之间的配置比例。在资本、劳动力、技术等要素自由流动的条件下,市场通过自主选择和优胜劣汰的机制进行结构的调整。市场调节结构也就是对产业和产品进行市场选择,其机制是市场需求和竞争性选择。首先是市场需求导向,一种产业能否发展起来,发展规模有多大,取决于市场是否需要,需求的规模和潜力有多大。不同产品的市场需求差别直接影响不同产品的供给规模。其次是市场竞争压力,对结构调整起决定性作用的就是优胜劣汰。

竞争对结构调整的杠杆作用突出在三个方面,第一,优胜劣汰就是竞争性选择机制。哪些产能应该成长发展,哪些产能应该削减和淘汰,只承认竞争的权威。在这个过程中,政府的介入,尤其是地方政府的介入,难以做出符合市场规律的准确选择。第二,竞争的结果是吞并,"某些资本成为对其他资本的占压倒优势的引力中心,打破其他资本的个体内聚力,然后把各个零散的碎片吸引到自己方面来。"②第三,优胜劣汰的制度条件是要素的自由流动。资本有更大的活动性,更容易从一个部门和一个地点转移到另一个部门和另一个地点。长期以来我国经济结构的调整缓慢,说到底,就是这种市场力量用得不够,竞争不充分。因此,要充分发挥竞争对结构调整的杠杆作用,关键在两个方面:一是打破垄断,实践证明,凡是垄断的部门,技术进步一定最缓慢。所以需要打破除了自然垄断以外的一切垄断,尤其是行政

---

① 马克思:《资本论(第1卷)》,人民出版社2004年版,第722页。
② 马克思:《资本论(第1卷)》,人民出版社2004年版,第723页。

性垄断。二是打破地方保护,现实中存在的部门、地区的分割和封销阻碍这种调整,强化了地方的利益,进一步增加了结构调整的阻力,致使该上的上不去,该压的压不下,甚至可能出现劣币驱逐良币的状况。现在过剩产能越积越多,污染产能淘汰不了,应该淘汰的落后产业"死不了",根本原因是地方政府和部门的保护,行政藩篱阻碍了要素流动,限制了竞争。因此,打破地方保护和行政垄断,是强化市场竞争,在更大范围、更大程度上发挥市场的结构调整的调节作用的前提。只有打破地方保护和封锁,市场才能发挥优胜劣汰的功能。

按结构调整的要求淘汰过剩的、落后的、污染的、高能耗的产能,不等于完全消灭这些产能。可行的途径是并购,马克思提供了两种方式:一种是吞并的方式。也就是在充分竞争的基础上,优势企业成为"引力中心",把被竞争打碎的"各个零散的碎片吸引到自己方面来"。另一种是建立股份公司这种平滑的办法,把它们"溶合起来"。① 这两种方式就是我们现在讲的并购的方式。这种并购和资产重组的方式就相当于科斯所说的企业代替市场的方式,可以大大降低破产所产生的社会成本。市场调节结构调整效率的前提是形成完善的市场机制。最大的动力是资本的推动。最后是足够的产业创新能力。涉及新产业技术的供给,以及相应的人力资本的供给,包括员工的学习能力。

但是,并购需要淘汰的产能及其企业不是没有交易成本的。其中包括被并购企业的债务承担、员工安置。同时也要支付大量的原有产能转变为可用产能所需要的成本等。这种交易成本可能会大到超过并购收益。面对这么大的交易成本,优势企业往往会望而却步,这时候就要政府出场了。本来淘汰产能所需要的成本是社会成本,应该由政府来承担,现在企业通过并购的方式来淘汰落后产能,实际上是将其外部成本内部化,并购企业实际上承担了这些成本。这意味着政府应该对并购企业给予激励,对其承担的过高的交易成本给予补贴,基本要求是对符合产业政策,符合经济结构转型升级方向的并购给予足够激励作用的补贴。

---

① 马克思:《资本论(第1卷)》,人民出版社2004年版,第723页。

但是,市场对结构调整的决定性作用程度还是有限制的。首先,在我国这样的发展中大国,虽然市场对产品结构的调整是非常有效的,但对经济结构的调整则有失灵之处。原因是我国的经济结构长期处于低水准,结构性矛盾积重难返。现在所要进行的经济结构调整可以说是整体性转型升级。尤其是对存量结构的调整,个别企业无能为力,市场机制也无济于事,需要政府的强力推动。如北京周边地区导致雾霾的高污染产业长期难以淘汰,中央政府一声令下,很快就被拆除。其次,现在市场推不动经济结构也不完全是市场本身缺乏调节能力,也还存在政府的阻力。因此为了在更大范围发挥市场对经济结构调整的调节作用,需要政府自身的改革。

3. 腾笼换鸟,培育战略性新兴产业

习近平总书记谈到全面深化改革、促进结构调整时,用了"腾笼换鸟、凤凰涅槃"八个字,强调要着力推动产业优化升级,充分发挥创新驱动作用,走绿色发展之路,努力实现凤凰涅槃。一方面,要积极引进培育"新鸟",即培育新兴战略产业;另一方面,"老鸟"也要凤凰涅槃。产业化创新驱动经济结构转型升级,不仅仅是培育战略性新兴产业,战略性新兴产业不能一花独放,更重要的是驱动已有的各个产业部门的创新。需要以战略性新兴产业带动整个经济结构的提升,包括新技术的扩散,以及产业链的延伸等。例如,信息产业是战略性新兴产业,在此基础上信息化和工业化融合,就能实现工业结构的技术跨越。在现代信息技术基础上产生的互联网的广泛应用就可能带来产业的提升。"互联网＋"就有这种效应。互联网＋零售即产生网购,互联网＋金融即产生互联网金融,互联网＋媒体即新媒体,互联网＋教育即慕课(MOOC),第三次工业革命的作者里夫金则把第三次工业革命的标志称为移动互联网＋清洁能源。显然,移动互联网进入哪个产业领域,哪个产业领域就能得到根本改造并得到提升。基于此,从依靠制度建设培育战略性新兴产业可以从以下方面着手:

第一,促进战略性新兴产业的发展研发投入制度建设。战略性新兴产业是一种技术密集型产业,在我国相对其他产业来说也是一种年轻的产业,即使是在国外发达国家之间战略性新兴产业的发展也是一种新兴的产业,国家间的差距要比普通产业要大得多。因此,这为我国战略性新兴产业在技术上缩小与西方发达国家的差距甚至赶超提供了机遇。就世界上战略性

新兴产业发展好的国家来说,这些国家相应的也是基础性研究表现非常好的国家,像美国和德国等国家每年都投入大量的资金进行基础性研究,提高技术创新能力,引导本国家的战略性新兴产业技术创新的方向。在这种情况下,有学者认为可以通过技术外包的方式实现我国战略性新兴产业技术进步,利用技术引进来改变我国战略性新兴产业技术落后的局面。但是这种战略性新兴产业的发展方式本书认为并不合适,由于国外对我国高新技术的封锁,通过技术引进很难提升我国战略性新兴产业的技术水平到达领先水平。因此,我国战略性新兴产业的技术创新应该以自主创新为主,加强战略性新兴产业的技术研发能力,重点加强基础性研究。但是基础研究投入大和风险高,大部分战略性新兴产业企业还处于成长初期,自身基础性研发投入不足,仅靠战略性新兴产业企业自己的力量无法完成足够的技术创新,必须加大政府的研发投入。

第二,完善促进战略性新兴产业的发展财税制度建设。在促进战略性新兴产业的发展方面,财税政策是大多数国家普遍采用的一种政策,例如通过减免税、政府采购以及补贴等方法引导战略性新兴产业的合理发展。像德国就是利用财税政策促进战略性新兴产业发展比较好的国家,在促进本国新能源产业发展时通过对太阳能和风能等新能源实施免收生态税的方法给予税收上的优惠,而对常规能源产业征收销售税的同时还征收生态税,通过税收优惠政策促进战略性新兴产业的发展。另外政府采购也是被西方发达国家广泛采用的促进战略性新兴产业发展的财税政策,政府在进行公共采购时首先考虑战略性新兴产业的产品和服务。因此,我国在引导和扶持战略性新兴产业的发展过程中也可以参照发达国家的做法,利用税收减免、财税投入和政府采购促进战略性新兴产业的发展。具体来说,在税收政策方面,针对战略性新兴产业人力资本、研发费用比例较高、产品发展初期进入市场难度较大的问题,切实完善税收激励政策,重点在落实好现行各项促进科技投入、科技成果转化和支持高技术产业发展等税收政策的基础上,结合税制改革方向和税种特征,综合运用各种手段,从激励自主创新、引导消费、鼓励发展新业态等角度,针对产业的具体特征,制定流转税、所得税、消费税、营业税等支持政策,形成普惠性激励社会资源发展战略性新兴产业的政策手段。在政府采购上政府的扶持资金要用在"刀刃"上,可通过政府优先采购等方式,"扶上马送一程"促使新兴产业产品加快入市,实现产业化、技术创新和市场培育"三驾马车"同步推进。

第三,增加促进战略性新兴产业内需的制度建设。我国很多战略性新兴产业从一开始就没有国内市场的支撑,内需不发育,以单一出口为导向,名义是高科技,实际上凭借低价劳动力搞加工组装,两头在外。发展战略性新兴产业,理当建立在拥有强大内需的全球化基础上,例如我国战略性新兴产业光伏产业遭遇的危机,按照刘志彪的说法"根子在于这样一个朝阳产业,在我们这儿采取了夕阳的做法!"(刘志彪,2015)。因此,增加战略性新兴产业的内需是解决产业衰退,促进战略性新兴产业发展,提升战略性产业对经济增长贡献的有效手段。另外,按照供需理论的观点,供需平衡社会才能达到福利最大化,所以要加快战略性新兴产业的技术转化率,提升国内需求加快产品周转速度。美国等西方发达国家在促进本国战略性新兴产业发展时,增加本国需求也是常用的一种方式,通过刺激国内战略性新兴产业消费和政府采购等方式拉动或刺激国内需求。因此,我国政府在促进战略性新兴产业发展时也要发挥推动和引导国内市场消费的作用,通过鼓励战略性新兴产品的使用促进消费需求,利用内需带动战略性新兴产业发展。

第四,加强促进战略性新兴产业发展的产学研合作制度建设。战略性新兴产业是以重大技术突破和重大发展需求为基础,对经济社会全局和长远发展具有重大引领带动作用,知识技术密集、物质资源消耗少、成长潜力大、综合效益好的产业。创新人才和自主关键技术是战略性新兴产业的核心要素,而产学研用合作创新是培育这两大核心要素的"母机"和"加速器"。现实需求与历史经验表明,产学研用合作创新最有利于培育和发展战略性新兴产业。以国家技术创新工程为载体,深化以构建战略性新兴产业技术创新链为目标的产学研合作。国务院近期发布的《关于加快培育和发展战略性新兴产业的决定》明确指出,要"结合技术创新工程的实施,发展一批由企业主导,科研机构、高校积极参与的产业技术创新联盟"。因此,要把构建和提升产业技术创新链、发展战略性新兴产业作为产业技术创新联盟组建的主要方向,把体制机制的创新作为战略联盟发展的主要突破口,充分运用市场机制调动产学研各方积极性,发挥大企业的龙头带动作用;发挥转制院所在行业技术创新中的骨干和引领作用;发挥高校和科研机构作为技术创新的源头作用,激发中小企业的创新活力,不断完善和发展战略性新兴产业的技术创新链和产业链。通过加大对产学研用联合开展的重大创新项目的支持力度、完善产学研用联合承担国家科技计划的组织管理机制、建立和完善产学研用合作公共信息平台、改革相关考核和评价导向等方式,强化产学研合作与发展战略性新兴产业的有机结合。

4. 互联网＋,改造传统产业

在现代信息技术基础上产生的互联网的广泛应用就可能带来产业的提升。"互联网＋"就有这种效应。互联网＋零售即产生网购,互联网＋金融即产生互联网金融,互联网＋媒体即新媒体,互联网＋教育即慕课(MOOC),第三次工业革命的作者里夫金则把第三次工业革命的标志称为移动互联网＋清洁能源。显然,移动互联网进入哪个产业领域,哪个产业领域就能得到根本改造并得到提升。

"互联网＋"的效应说明了产业化创新是实现产业转型升级的活力之源。如熊彼特所说:创新通常可以说是体现在新的企业中,它们不是从旧企业里产生的。例如,并不是驿路马车的所有主去建造铁路。[①] 原因是,已有的各个产业部门(或者说传统产业)没有对自身的创新带来毁灭自己的动力。资产的专用性,已有的市场都会阻碍对自己的产业创新。因此,产业创新往往产生在已有产业的外部。但只有在已有产业都能进入产业创新的轨道,才会有整个经济结构的转型升级。以"移动互联网＋"为例,现有的实体零售业遇到网购产业的冲击,迫使其也要进入"互联网＋",再如已有的金融业受到互联网金融业的冲击,迫使其也要采用互联网技术并且也要采取移动支付的方式。发展趋势是谁都要进入"互联网＋",否则就会被新产业淘汰。反过来也可以说,新产业往往不是在从事传统产业的企业中产生的,只要采用最新技术,再传统的产业都可以成为现代产业。"互联网＋"的发展可以在制度上采取如下措施:

第一,完善相关法律法规制度建设,强化规划的引导作用。采取有效措施,将互联网发展规划纳入到国家信息化战略及各级政府的总体规划中,加

---

① 熊彼特:《经济发展理论》,商务印书馆 1990 年版,第 74 页。

强政策的制定,保证互联网的发展按照规划布局合理发展。加大相关政策的扶持力度,完善市场准入机制,合理引导和鼓励互联网企业进行创新,营造有利于企业健康发展的良好政策环境;对互联网中急需解决的问题,如数字签名、电子支付、税收管理、安全认证、网络与信息安全、知识产权保护、消费者权益保护等,可由有关部门先制定部门规章制度,必要时,由国务院发布行政法规,待条件成熟时,再按程序上升为法律;在机构设施上,可以设立产业发展的综合管理部门,全面统筹、协调产业发展中的重大事件和发展工作;建立互联网企业发展联合会等,负责互联网企业的认定、享受政策优惠条件的审定及专项资金的管理等。互联网的立法要在借鉴国外经验的基础上,保持与国际法律的衔接,按照网络经济的规律制定,并随着网络经济的发展进行及时修改。我国互联网相关立法虽多,但是在原理方面涵盖不全,完善网络法律体系,不只是让各种纠纷的解决有法可依、各归其位,更重要的是确立网络世界公平正义的总的法理原则,以避免出现立法虽多,但却挂一漏万的情况。具体的制度政策措施应该包括:①尽快将商业方法专利纳入到专利体系,保证我国互联网企业国际竞争的合理地位;②完善著作权法,明确网络著作权问题的相关处理办法和惩罚措施;③服务商标及域名的保护,提升服务商标的审核力度,加强域名相关的法律制定,希望将域名的申请与企业商标相联系;④增强对网络犯罪的处罚条款,倡导电子取证等在侵权诉讼中的使用,以解决互联网中知识产权纠纷难取证的问题。

第二,建立行业道德规划,形成良好的自律氛围。法律的涵盖面总是十分有限的。在社会生活的大多数情况下,起到更多制约作用的往往是道德力量的约束。互联网无边界性决定了互联网的行业秩序需要更强大的"执法者"。确立网络行业规范,由互联网企业经营者和使用者自律,不但可以使互联网规则的执行更加容易,也会促进人们对网络规则的自觉遵守。具体的制度政策措施应该包括:①完善和建立社会信用体系,规范和整顿市场秩序,加快互联网标准化体系的建设。②构建互联网领域的公共服务平台,为互联网的健康发展提供廉价、便捷和成功的公共技术和服务资源,提升互联网整体的竞争力。③建立良好的信誉体系和评价监督体系,对企业的信用情况做出定期监督,对信用不良的企业及时给予整顿或清除,鼓励信誉良好的企业健康发展,有效保障广大公众的权益。

第三,加大财政投入,完善税收制度建设。设立互联网发展专项资金或产业发展基金,并加强对相关资金和基金的规范、监督、统筹和管理,重点支持产业核心技术攻关和应用示范,提升产业创新能力,产业链关键环节创新和培育,互联网企业创新模式与品牌培育,市场拓展,电子商务发展等;完善相关的投融资机制,鼓励企业风投基金和产业投资基金投向互联网企业,支持互联网企业的成长;以互联网产业基础较好、发展较快的城市为试点,先行先试,出台试点城市的产业发展优惠政策。目前国际上普遍采用的方法是对互联网网上交易部分采用豁免制,但是随着产业规模的逐渐扩大,同时便于国家对产业发展的控制,互联网相关行业也应纳入国家税务体系。因此应完善现行的税法,对网络经营有关的税收条款,例如纳税主体、征税对象、纳税环节等进行及时的补充。

第四,加强国内人才培养和吸引海外优秀人才的制度建设。吸收优秀人才参与到我国互联网的发展中来,具有 IT 技术基础、网络运作管理经验和开阔眼界的多专业复合型人才是产业发展所必需的。因此,政府在人才培养方面要重视的两项工作:一方面是加大国内人才培养力度,设置相关交叉学科专业,并面向市场需求培育出从经营运作管理、技术研发、管理系统构建、物流配送等方面合格的人才队伍;另一方面,也急需要高端的开阔眼界的顶级管理人才,可以采取各种优惠政策吸引国内外优秀的人才参与到我国互联网的发展建设之中。培养人才队伍具有包括以下几个方面的措施:①增设高等学校相关学位培养点,储备大量的后备人才团队;②鼓励企业和高等院校、科研所联合培养人才,为企业制定和培养实用型人才;③建立人才交流信息平台,促进互联网人才交流和合理的人才流动;④通过专业技术、继续教育、上岗培训等手段培育相关的网络客服、物流配送人员,建立多层次合理的人才供应体系。

5. 经济结构转型升级的金融推动

由于金融结构之于经济结构的内生性,而产业的运行以及经济结构的变迁和升级在很大程度上又依赖于既定的要素禀赋和可变的资源配置规模、渠道、成本及金融制度安排。这样,当一国或地区的金融结构与对应阶段的经济结构相适应,那么会因为金融资源和金融服务的有效配置而促进与要素禀赋结构相匹配的经济结构水平的提升,进而有利于实体经济的发展。反之则可能导致产业运行或经济结构提升因不能获得有效的资源配置或金融服务而被阻碍。换句话说，该国或地区的金融结构就背离了与经济结构的最适原则，出现了超前或者滞后于产业发展需要的状态。这时，经济结构就会内在的要求调整金融结构体系进而要求改变现有的金融制度安排，来为金融结构体系的优化提供必要的制度支持，并最终实现金融结构与经济结构在规模、比例关系上的协调发展。有必要指出的是，这里的金融制度安排改革包括但不限于，允许筹建更加多元化的融资性金融中介，以部分满足数量庞大的中小企业的融资需求。完善股票市场、债券市场的审批和发行制度，为更多的大中型企业提供期限、规模和成本不一的融资服务，并有效地分散金融体系的系统性风险。建设现代化的交易支付体系，为产业扩张和升级提供更加高效的资金往来渠道，主要有以下途径。

第一，通过金融管理制度建设合理控制金融规模，优化东中西部地区的金融规模分布。虽然目前金融规模对中国经济结构高端化的提升效应显著，但是依旧需要合理控制金融规模，以防金融规模的过度扩张导致实体投资动力的缺乏，抑制经济结构高端化提升。同时由于目前中西部地区的金融中介数量少和金融服务体系不完善，资金很大一部分经由银行、证券和保险等行业流向东部地区。因此优化中西部地区的金融规模：可以通过完善该地区的金融中介种类和服务体系予以实现。结合当地优势，打造和优势产业相关的金融产业，从而扩大其金融规模。比如通过制度安排，西安可以利用西北地区的能源产业优势，发展煤炭期货交易等。

第二，通过金融管理制度建设提高金融效率，金融效率对经济结构高端化的提升效应有着举足轻重的作用。但是目前中国金融效率低下，金融体系市场化的项目筛选机制薄弱，未形成通过价格信息引导资金投向和外部约束机制，使得企业的融资需求和风险控制需求得不到有效的满足。提高金融效率根本上是要通过制度建设打破垄断，鼓励民间资本参与地方金融机构改革，通过设立或参股村镇银行、贷款公司、农村资金互助社等新型金融组织，逐步打破国有大型商业银行的垄断地位，近年来温州市金融综合改革试验区的设立可视为提高金融效率的一次探索。

第三，通过金融管理制度建设完善金融中介市场，形成适合中国国情的金融结构，适应不同企业的融资需求、风险和流动性偏好。中国有效的金融结构应包括：能够为大型企业提供短期大规模融资服务的大型银行；能够有效分散技术创新和产品创新风险的股票市场，这不仅包括能为大型企业服务的主板市场和债券市场，还包括能为高成长性、高风险性的创新型中小企业提供融资服务，分散技术创新和产品创新风险的创业板市场（二板市场）和风险投资；能够为数量众多的劳动密集型的中小企业提供金融服务的区域性中小银行和其他中小金融机构；允许非正规金融交易方式在一定范围内存在，让各种非正规金融机构可以通过某些人缘和地缘关系获得当地中小企业及其企业家的信息、降低交易成本。

主要参考文献

[1] AMADOR J, CABRAL S, MARIA R J. A Simple Cross-country Index of Trade Specialization[J]. Open Economies Review, 2011, 22(3): 447 – 461.

[2] ASKER J, COLLARD-WEXLER, A, DE LOECKER J. Productivity Volatility and the Misallocation of Resources in Developing Economies[R]. Cepr Discussion Papers, 2011.

[3] BERNARD A B, REDDING S J, SCHOTT P K. Multi-Product Firms and Trade Liberalization[J]. Quarterly Journal of Economics, 2011, 126(3):1271 – 1318.

[4] BERNARD A B, JENSEN J B, REDDING S J, et al. Firms in International Trade[J]. Journal of Economic Perspectives, 2007, 21(3): 105 – 130.

[5] BRANDT L, TOMBE T, ZHU X. Factor Market Distortions across Time, Space and Sectors in China[J]. Review of Economic Dynamics, 2013, 16(1):39 – 58.

[6] CHEN S, JEFFERSON G H, ZHANG J. Structural Change, Productivity Growth and Industrial Transformation in China[J]. China Economic Review, 2011, 22(1):133 – 150.

[7] DELOECKER J. Do Exports Generate Higher Productivity? Evidence from Slovenia[J]. Journal of International Economics, 2007, 73 (1):69 – 98.

[8] EGGERS A, IOANNIDES Y M. The Role of Output Composition

in the Stabilization of U S Output Growth[J]. Journal of Macroeconomics, 2006, 28 (3):585 – 595.

[9] GÖRG H, HENRY M, STROBL E. Grant Support and Exporting Activity[J]. The review of economics and statistics, 2008, 90 (1): 168 – 174.

[10] HAUSMANN R, KLINGER B. The Evolution of Comparative Advantage:The Impact of the Structure of the Product Space[J]. 2006, CID Working Paper No. 106.

[11] HSIEH C T, KLENOW P J. The Life Cycle of Plants in India and Mexico[J]. The Quarterly Journal of Economics, 2014, 129 (3): 1035 – 1084.

[12] HSIEH C T, KLENOW P J. Misallocation and Manufacturing TFP in China and India[J]. The Quarterly Journal of Economics, 2009, 124(4):1403 – 1448.

[13] JOVANOVIC B. Misallocation and Growth [J]. American Economic Review, 2014, 104(4):1149 – 1171.

[14] LOS B, TIMMER M P. The 'Appropriate Technology' Explanation of Productivity Growth Differential:An Empirical Approach [J]. Journal of Development Economics, 2005, 77(2):517 – 531.

[15] MAZA A, HIERRO M, VILLAVERDE J. Measuring Intra-distribution Income Dynamics:an Application to the European Regions[J]. The Annals of Regional Science, 2010, 45(2):313 – 329.

[16] OBERFIELD E. Productivity and misallocation during a crisis: Evidence from the Chilean crisis of 1982 [J]. Review of Economic Dynamics, 2013, 16(1):100 – 119.

[17] OPP M M, PARLOUR C A, WALDEN J. Markup cycles, dynamic misallocation, and amplification[J]. Journal of Economic Theory, 2014, 154(11):126 – 161.

[18] PARK A, YANG D, SHI X, et al. Exporting and Firm Performance:Chinese Exporters and the Asian Financial Crisis[J]. The

Review of Economics and Statistics，2010，92(4):822 - 842.

[19] RESTUCCIA D，YANG D T，ZHU X. Agriculture and aggregate productivity:A quantitative cross-country analysis[J]. Journal of Monetary Economics，2008，55(2):234 - 250.

[20] ZHENG J，BIGSTEN A，HU A. Can China's Growth be Sustained? A Productivity Perspective[J]. World Development，2009，37(4):874 - 888.

[21] 曹玉书,楼东玮. 资源错配、结构变迁与中国经济转型[J]. 中国工业经济,2012(10):5 - 18.

[22] 曹永福. 美国经济周期"大缓和"研究的反思[J]. 世界经济研究,2010(5):69 - 74.

[23] 程国强. 中国农产品出口:增长、结构与贡献[J]. 管理世界,2004(11):85 - 96.

[24] 陈钊,熊瑞祥. 比较优势与产业政策效果——来自出口加工区准实验的证据[J]. 管理世界,2015(8):67 - 80.

[25] 戴觅,余淼杰,Madhura. 中国出口企业生产率之谜:加工贸易的作用[J]. 经济学(季刊),2014,13(2):675 - 698.

[26] 邓向荣,曹红. 产业升级路径选择:遵循抑或偏离比较优势——基于产品空间结构的实证分析[J]. 中国工业经济,2016(2):52 - 67.

[27] 方福前,詹新宇. 我国制造业结构升级对制造业全要素生产率的熨平效应分析[J]. 经济理论与经济管理,2011(9):5 - 16.

[28] 范剑勇,冯猛. 中国制造业出口企业生产率悖论之谜:基于出口密度差别上的检验[J]. 管理世界,2013(8):16 - 29.

[29] 干春晖,余典范. 中国构建动态比较优势的战略研究[J]. 学术月刊,2013,45(4):76 - 85.

[30] 干春晖,郑若谷 余典范. 中国产业结构变迁对经济增长和波动的影响[J]. 经济研究,2011,46(5):4 - 16.

[31] 孔宪丽,米美玲,高铁梅. 技术进步适宜性与创新驱动工业结构调整——基于技术进步偏向性视角的实证研究[J]. 中国工业经济,2015(11):62 - 77.

［32］黄亮雄,安苑,刘淑琳.中国的产业结构调整:基于企业兴衰演变的考察［J］.产业经济研究,2016(1):49－59.

［33］韩剑.中国本土企业为何舍近求远:基于金融信贷约束的解释［J］.世界经济,2012,35(1):98－113.

［34］何玉长.结构调整与分配改革:新常态经济跨越"中等收入陷阱"之路［J］.学术月刊,2015,47(9):27－33.

［35］李强.技术创新、行业特征与制造业追赶绩效［J］.科学学研究,2016,34(2):312－319.

［36］李强,郑江淮.基于产品内分工的我国制造业价值链攀升:理论假设与实证分析,财贸经济,2013(9):2013.

［37］李强,郑江淮.基础设施投资真的能促进经济增长吗?——基于基础设施投资"挤出效应"的实证分析［J］.产业经济研究,2012(3):50－58.

［38］刘斌,王杰,魏倩.对外直接投资与价值链参与:分工地位与升级模式［J］.数量经济技术经济研究,2015,32(12):39－56.

［39］马丽丽,李强.知识产权保护、行业特征与我国制造业出口比较优势［J］.南方经济,2015(5):82－96.

［40］毛海丹.中国制造业比较优势的动态变化及其影响因素分析［D］.杭州:浙江大学,2012:30－35.

［41］聂辉华,贾瑞雪.中国制造业企业生产率与资源误置［J］.世界经济,2011,34(7):27－42.

［42］辜胜阻,李睿,曹誉波.中国农民工市民化的二维路径选择——以户籍改革为视角［J］.中国人口科学,2014(5):2－10.

［43］邱斌,唐保庆,孙少勤,等.要素禀赋、制度红利与新型出口比较优势［J］.经济研究,2014,49(8):107－119.

［44］史安娜,胡方卉.基于科技进步的江苏省制造业结构调整影响因素研究［J］.江苏社会科学,2016(1):261－266.

［45］沈国兵.显性比较优势与美国对中国产品反倾销的贸易效应［J］.世界经济,2012,35(12):62－82.

［46］田巍,余淼杰.企业出口强度与进口中间品贸易自由化:来自中国企业的实证研究［J］.管理世界,2013(1):28－44.

[47] 于斌斌. 产业结构调整与生产率提升的经济增长效应——基于中国城市动态空间面板模型的分析[J]. 中国工业经济,2015(12):83 - 98.

[48] 杨高举,黄先海. 中国会陷入比较优势陷阱吗?[J]. 管理世界,2014(5):5 - 22.

[49] 朱喜,史清华,盖庆恩. 要素配置扭曲与农业全要素生产率[J]. 经济研究,2011,46(5):86 - 98.